科学家
家国情怀
丛书

他日归来

钱学森的求知岁月

吕成冬 著

浙江科学技术出版社

图书在版编目（CIP）数据

他日归来：钱学森的求知岁月 / 吕成冬著. -- 杭州：浙江科学技术出版社，2019.8（2022.8重印）
（科学家家国情怀丛书）
ISBN 978-7-5341-8752-0

Ⅰ.①他… Ⅱ.①吕… Ⅲ.①钱学森（1911-2009）－生平事迹 Ⅳ.①K826.16

中国版本图书馆CIP数据核字(2019)第163081号

书　　名	他日归来：钱学森的求知岁月
著　　者	吕成冬

出版发行	浙江科学技术出版社
	杭州市体育场路347号　邮政编码：310006
	办公室电话：0571-85176593
	销售部电话：0571-85176040
	网　　址：www.zkpress.com
	E-mail：zkpress@zkpress.com
排　　版	杭州真凯文化艺术有限公司
印　　刷	浙江海虹彩色印务有限公司

开　　本	787×1092　1/16	印　　张	19
字　　数	290 000		
版　　次	2019年8月第1版	印　　次	2022年8月第4次
书　　号	ISBN 978-7-5341-8752-0	定　　价	78.00元

版权所有　翻印必究

（图书出现倒装、缺页等印装质量问题，本社销售部负责调换）

责任编辑　刘　燕　　　　　　　　责任美编　金　晖
责任校对　张　宁　　赵　艳　　　责任印务　田　文

科学家家国情怀丛书

杭州电子科技大学融媒体与主题出版研究院　组编

编辑委员会

主　编：韩建民　吴明华

编　委：（按姓氏笔画排序）

王　卉　吕成冬　汤弘亮　吴明华

张　凯　钱永刚　黄劲草　盛　懿

章建林　韩建民

序　章　　　一次特殊的苏联访学之行　/ 001

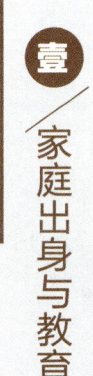

家庭出身与教育

第一章　　**父亲钱均夫**　003
　　吴越钱氏之后　/ 003
　　接受传统与现代双重教育　/ 004
　　教育救国思想的实践者　/ 008
　　辞职后的寓居生活　/ 011

第二章　　**母亲章兰娟**　014
　　大家闺秀　/ 014
　　母爱似水　/ 016

第三章　　**中小学教育**　019
　　注重学科发展的均衡　/ 020
　　注重课外阅读的积累　/ 023
　　注重基础知识的夯实　/ 024
　　注重实践能力的培养　/ 026

第四章　　**家庭教育**　028
　　家庭教育的理念　/ 028
　　家庭教育的内容　/ 029
　　父子之间切磋学问　/ 031

目录 CONTENTS

贰 / 大学时期立志工科报国

第五章　在交通大学的求学生活　035
通过自主招生考入大学　/ 035
为分数而奋斗的工科生　/ 038
为何难忘两位大学老师　/ 042

第六章　"钱学森之问"的思想起源　045
"每天必去的地方"　/ 045
敢于对教材内容提出异议　/ 047
"这是几句忍不住要说的话"　/ 048

第七章　一位工科生的艺术修养　051
专业水平的次中音号乐手　/ 051
具有"技术美学"思想的设计师　/ 053
专业且狂热的摄影发烧友　/ 054

第八章　学术兴趣转向航空工程研究　056
钱学森发表的航空文章　/ 056
交通大学的航空工程教育　/ 060
课程之外的知识积累　/ 062

第九章　考取清华大学留美公费生　064
前往南京参加选拔考试　/ 064
清华大学的放榜日　/ 067
在国内的专业实习　/ 068

第十章　北上办理出国手续　075
MIT 同意接受钱学森就读　/ 075
北上办理出国护照　/ 077
申请"另纸签证"　/ 078

第十一章　从 MIT 硕士到 CIT 博士　081
从上海外滩码头启程赴美　/ 081
麻省理工学院的硕士生活　/ 084
加州理工学院的博士生活　/ 087

第十二章　清华大学的两次"延期"　091
第一次延长奖学金　/ 091
第二次延长奖学金　/ 092

第十三章　受益终身的科研方法　095
先博后约：强化梳理学术史的能力　/ 095
以专致精：撰写高质量的学术论文　/ 096
由精求通：构建广博的科学知识体系　/ 100

第十四章　专业的音乐评论家　103
第一篇评论：《音乐和音乐的内容》　/ 103
第二篇评论：《机械音乐》　/ 106
第三篇评论：一封"美国通信"　/ 109

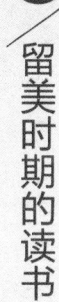

叁 / 留美时期的读书生活

目录 CONTENTS

肆 从青年学者到世界科学家

第十五章　加州理工学院的青年学者　115
决定留在加州理工学院　/ 115
科研与教学"双肩挑"　/ 118
受聘担任委托研究员　/ 123

第十六章　清华和北大"特聘"未果　125
清华大学两次聘任钱学森　/ 125
胡适拟聘钱学森之经过　/ 127

第十七章　美国"上校"的欧洲之行　133
钱学森的"再入境"问题　/ 133
"强壮"行动的参与者　/ 136
参与撰写《迈向新高度》　/ 139

第十八章　MIT 历史上首位中国籍教授　141
钱学森加盟 MIT 航空工程系　/ 141
MIT 启动晋升教授程序　/ 143
为何申请美国永久居留证　/ 145

第十九章　归国传播技术科学思想　148
母校交通大学的邀请函　/ 148
向国内科学界传播科学前沿　/ 150
技术科学思想与马克思主义哲学　/ 154

第二十章　一次工作报告与世界学术地位　156
重回加州理工学院任职　/ 156
奠定世界学术地位的工作报告　/ 159

伍 / 婚恋与家庭生活

第二十一章　"蒋英独唱会"蜚声乐坛　165
　　名门之女　/ 165
　　赴欧留学　/ 167
　　蜚声乐坛　/ 169

第二十二章　钱学森与蒋英的婚礼账单　175
　　钱学森回国探亲访友　/ 175
　　一份珍贵的婚礼账单　/ 176
　　一场简约朴素的婚礼　/ 178

第二十三章　男主外、女主内的家庭生活　182
　　波士顿的新婚生活　/ 182
　　洛杉矶的家庭生活　/ 184

第二十四章　钱学森的经济来源与生活支出　187
　　依靠奖学金完成学业　/ 187
　　执教后实现经济独立　/ 189
　　实现财务自由之后　/ 190

第二十五章　钱学森的穿着与朋友圈　195
　　冯·卡门学派的穿着风格　/ 195
　　中国留学生的朋友圈　/ 196
　　交大和清华的"双重校友"身份　/ 198

目录 CONTENTS

陆 / 思想启蒙与报国初心

第二十六章　青年时代的"思想启蒙"　203
中学时代朦胧的"革命思想" ／203
大学期间"人生观上升了" ／205
参加党的外围组织活动 ／207

第二十七章　珍藏国画《西湖一角》　209
《西湖一角》的创作者 ／209
他日归来：国画中的家国情怀 ／211

第二十八章　婉拒教育部长的聘请　214
交通大学校长更迭风波 ／214
为何拒绝教育部长的聘请 ／216

第二十九章　"北方局"的秘密来信　218
"北方局"来信之后 ／218
FBI和CIA的联合调查 ／221
"钱学森案件"的发生过程 ／224

第三十章　揭开层层迷雾　228
美国各方的利益考量 ／228
涉密文献的技术鉴定 ／229
"敌人怎会轻易放过" ／231
中国政府做好随时出手准备 ／233

第三十一章　苦等五年终回新中国　236
　　咖啡苦与甜的寓意　/ 236
　　美国总统的一次误判　/ 239
　　求援信的转寄过程　/ 241
　　回国旅费及预提所得税　/ 244
　　中国政府派员迎接　/ 247

第三十二章　一份绝密档案的首次公布　253
　　国务院安排的东北之行　/ 253
　　起草绝密文件的前后　/ 255
　　"依靠外援"还是"独立自主"　/ 259

终　章　　时代与韶华　/ 263
附录一　　主要参考文献　/ 265
附录二　　钱学森大事记（1911—1956）　/ 269
后　记　/ 283

序 章
一次特殊的苏联访学之行

1956年6月25日，第三届苏联数学大会开幕式在莫斯科隆重举行。参加大会的不仅有2000余名苏联科学家和青年学者，还有60余名来自美国、英国、中国、法国、意大利、瑞典、印度、匈牙利、波兰、捷克斯洛伐克等国家的顶尖学者。开幕式结束后，进入分组报告环节。6月27日上午10点至11点，一位中国科学家在"力学的数学问题组"分会场上做了题为 The Poincaré-Lighthill-Kuo Method（庞加莱—莱特希尔—郭永怀方法）的报告。这位科学家正是刚从美国回到中国，此时已经担任中国科学院力学研究所所长的钱学森。

参加大会的中国科学家还有华罗庚、陈建功、关肇直、冯康、李俨、程民德、吴文俊等。特殊的是，钱学森并非专门前来参加大会，乃因访学苏联之际正值大会召开而被安排了一场报告。[1]这次访学由苏联科学院发出邀请，时间为6月20日至7月21日。钱学森访学的身份是中国科学院力学研究所所长，夫人蒋英一起受到邀请。此外，同行者还有钱学森亲点的俄文翻译、北

---

[1] 第三届苏联数学大会6月25日开幕，7月4日闭幕。在大会上做报告的除钱学森之外，还有四位中国科学家做了报告，分别为：华罗庚在"函数论组"分会场上的报告《典型域上的调和分析》和"数论组"分会场上的报告《Tarry问题》，陈建功在"函数论组"分会场上的报告《Faber多项式Cesaro平均逼近问题》，李俨在"数学史组"分会场上的报告《中国数学史的几个问题》，吴文俊在"拓扑学组"分会场上的报告《多面体在欧几里得空间中的实现问题》。

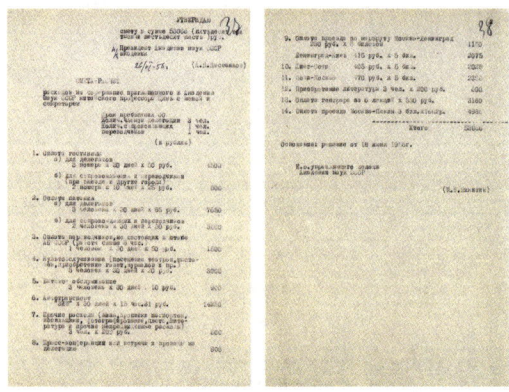

图0-1 苏联科学院1956年6月18日决议拨付53066卢布作为接待钱学森访苏的费用（原件存俄罗斯科学院档案馆）

京大学数学力学系助教吴鸿庆[1]。

6月20日，钱学森一行乘坐的飞机抵达莫斯科。前来接机的不仅有苏联科学院对外联络局的工作人员尤里·伊万诺维奇·莎士洛夫，还有中国驻苏联大使馆的工作人员。这是一次高规格的接待，苏联科学院专门拨款53066卢布作为接待费，包括飞机票、交通费、住宿费、宴请餐费、翻译费、参观门票等。这位参加过卫国战争的对外联络局的工作人员全程陪同，负责整个行程的安保工作。

访学结束回国后，吴鸿庆起草了一份《访问苏联科学院的观感》的报告，并经钱学森亲自修改和审定后提交中国科学院。通过这份珍贵档案，人们才了解到钱学森访学的整个过程，以及苏联科学院高规格接待他的原因。从档案可知，钱学森的访学活动主要有三个内容：报告、座谈和参观。

（一）报告。除在数学大会上做报告外，钱学森还分别在苏联科学院主席团上做了《航空技术的展望》《技术科学中的新方向》《工程控制论中的一些问题》等三个报告，以及在苏联科学院力学研究所做了《物理力学研究中的一个结果——纯液体的性质》报告。

（二）座谈。参加座谈的人员主要是苏联科学院的科学家和工程师，内

---

[1] 吴鸿庆（1931— ），1953年毕业于北京大学数学力学系，留校担任力学专业助教。1954年加入中国共产党，并担任苏联流体力学专家别洛娃的翻译。1956年在"十二年科学技术发展规划"制订过程中，曾作为钱学森的俄文秘书，专门负责钱学森与苏联顾问团团长米哈伊诺夫的翻译工作。1956年再次以俄文翻译身份随同钱学森夫妇访问苏联。1960年至1962年担任北京大学数学力学系副主任。1971年调入兰州铁道学院（现兰州交通大学），先后担任基础课部副主任、科学研究所副所长、所长等职。著有《结构有限元分析》等。

容聚焦三个问题：空气动力学问题、导弹问题和自动控制问题。苏联旨在通过钱学森的回答，印证苏联对美国航空工业和航空科学发展的判断。吴鸿庆后来回忆说：

到苏联第二天，苏联科学院主席团就组织了一个座谈会，有二三十位苏联的一流学者参加。他们向钱先生提出了各种各样的问题。从那些问题可以看出，他们对美国力学特别是与航空航天关系密切的空气动力学的研究状况很感兴趣，希望了解一些新的信息，特别是了解钱先生对有关学术问题的见解。[1]

借此之机，钱学森提出了两个探讨交流的问题，即"科学研究力量的组织问题"和"燃烧问题"，试图了解苏联方面的情况。在座谈会上，苏联科学家和工程师就两个问题与钱学森做了坦诚交流。

（三）参观。按照苏联科学院的既定安排，钱学森访学之际将参观16个科研机构，分别是：

苏联科学院力学研究所

莫斯科大学力学实验室

莫斯科航空学院空气动力学实验室及推进机实验室

苏联科学院机械学研究所

苏联科学院精密机械及计算技术研究所

苏联科学院原动机实验室

苏联科学院各向异性结构实验室

苏联科学院自动学及远距离机械学研究所

苏联科学院大气物理研究所

苏联科学院核子问题研究所

苏联科学院超高压物理实验室

苏联科学院可用燃料研究所

---

[1] 熊卫民：《忆1956年钱学森首次访苏：吴鸿庆教授访谈录》，《科学文化评论》2017年第1期。

地下煤气化站（在莫斯科南约二百公里的图拉）
苏联科学院化学物理研究所
苏联科学院综合运输问题研究所
季米里亚捷夫农业科学院蔬菜试验站

但钱学森访学期间共计参观了17个科研机构，还有一个是钱学森主动提出的"中央流体空气动力学研究院"。这个研究院并未出现在预定参观名单上，苏联方面经过慎重考虑后同意了钱学森的要求，但参观范围仅限于跨音速风洞和巨型低速风洞，钱学森因此成为第一个获准参观那里的外国科学家。然而，钱学森在参观时发现一个细节：风洞中原先用来做实验的军用飞机被换成了民用飞机。这就是钱学森提出参观要求，苏联直到几天后才给予明确答复的缘由。

钱学森访学期间，苏联还安排了丰富多彩的文化活动，既有苏联科学院主办的各种欢迎宴会，又有观看歌剧、话剧和舞剧，以及参观展览馆、艺术馆、博物馆和美术馆等活动。钱学森后来说："苏联有丰富多彩的传统艺术、文化，这是我以前完全不知道的，这使我对苏联人民产生敬意。"苏联科学院还特别安排钱学森前往苏联科学工作者家中，体验苏联人民的日常生活。

7月21日，钱学森结束访学。当日下午4点，苏联科学院在莫斯科布拉格饭店为其举行了隆重的欢送会。随后，钱学森一行乘坐中国民航飞机经停蒙古乌兰巴托机场回国。钱学森回国前，苏联科学院还共计支付他4500卢布[1]，作为报告、讲座和会谈的"专家费"。钱学森回国后全部上交。这次访学在中国和苏联都未公开报道，直到几十年后中国科学院和俄罗斯科学院公开档案后才逐渐为人所知。

近年来美国解密的档案显示，美国联邦调查局得知钱学森访苏的消息后，密令间谍全程跟踪。因为联邦调查局和钱学森此前已经"过招"五年，太了解这位曾经在美国顶尖学府加州理工学院担任"戈达德教授"的科学家，在美苏太空竞赛之际受邀前往苏联访学的真实目的。恰如钱学森所言：

---

[1] 《苏联科学院外事部主任斯捷潘·加甫里洛维奇·可里耶夫致苏联科学院副主席伊万·巴甫洛维奇·巴勒金的信（1956年7月）》，俄罗斯科学院档案馆，档号：8.579-1g-390（44-45）。

图0-2 钱学森在莫斯科的留影（蒋英摄）

根据在最后几天和苏联科学家们的谈话，估计我这次访问对苏联的帮助有下列两点：第一是有些问题他们在以前已经注意了，但是他们因为我也指出其重要，他们的意见得到了又一个对证，巩固了他们的结论；第二个是有些问题他们在以前没有看到，经过我指出，他们考虑后觉得有道理，忽略了是不对的，并决定开始研究。据他们说有一个问题，"喷气襟翼"，他们已经因此开始了研究。

钱学森的访学活动行程安排紧凑，且有各种社交活动需要参加，有点"走马观花"。但对钱学森这样的世界顶尖科学家来说，即便蜻蜓点水般地仅看表面，也能够准确判断苏联的科研水平。如其所言："苏联在航空技术和力学方面已一般达到或超过美国水平，尤其在理论结合实际方面有独到之处。"正因如此，钱学森出访前向中央提交的《建立我国国防航空工业意见书》中就有先见之明地建议一定要争取苏联的援助。

可以说，钱学森的访学绝非纯粹的学术活动，其特殊意义在美苏争霸的"冷战"时期和新中国做出研制导弹决策的时代背景之下不言而喻。然而拉长历史镜头，总会不断有相似的历史场景出现。恰在此际，钱学森导师冯·卡门正在北约组织科学家团队开展军事科学研究，以压制苏联对北约和美国构成的军事威胁。这幕历史剧可谓"再次上演"，因为早在十一年前的德国就曾出现过相似的场景。

壹

家庭出身与教育

钱学森出生在一个典型的知识分子家庭。父亲钱均夫是一位有留学经历的教育部中层官员，母亲章兰娟是一位出生在富裕家庭的大家闺秀。出生在民国肇始之际的钱学森，童年及少年时代接受了较为完整的现代学校教育。钱学森曾说过"我是接受了我父亲和母亲的培养和教育"的话，意在说明父母在其成长过程中的重要作用。学校教育和家庭教育相辅相成，为钱学森提供了良好的读书氛围和成长空间。

第一章

父亲钱均夫

钱学森去世之后,钱均夫以其父亲的角色逐渐为公众所熟知,但公众对他的具体生平事迹又多语焉不详。其实,钱均夫的人生履历足够丰富、多彩和传奇。通过梳理史料,我们不仅能够了解他的生平经历和教育贡献,而且还能从中理解钱学森为何会将父亲列为影响自己人生的第一位老师。

吴越钱氏之后

1882年12月26日(光绪八年十一月十七日),钱均夫出生在浙江省杭州府仁和县的城东街钱家老宅。钱均夫家世可以追溯至吴越国王钱镠(公元852—932),钱均夫是其第三十二世孙。吴越钱氏家族源远流长,自钱镠建立吴越国后繁衍不息。钱均夫祖父钱继祖,世居仁和县城东街,经营丝行,家境富有。钱继祖育有四子:长子钱承镕、次子钱承镒、三子钱承铎,四子过继给钱继祖夫人卢家,改姓卢。

钱承镒育有两子:长子钱家润,字泽夫;次子钱家治,字均夫,后以字行。钱家润之子钱学榘曾求学于交通大学机械工程学院,后考取清华大学留美公费生资格,前往美国麻省理工学院航空工程系留学,是美国航空界的知名专家。钱学榘与李懿颖夫妇育有三子,长子钱永佑为美国科学院院士,次

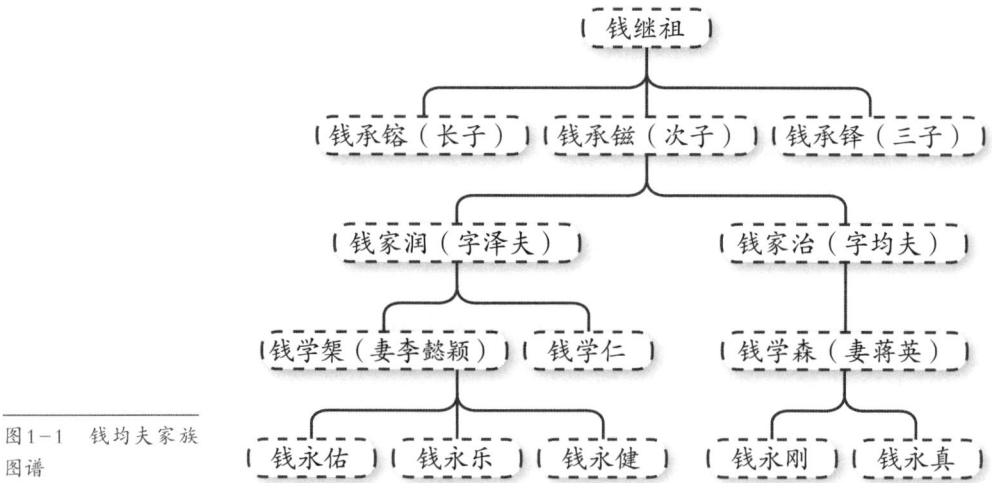

图1-1 钱均夫家族图谱

子钱永乐是计算机专家，幼子钱永健是2008年诺贝尔化学奖得主。钱均夫和章兰娟婚后不久育有一子，不幸夭折；此后又育有一子，即钱学森。由此可见钱承镒家族的勃兴。

接受传统与现代双重教育

钱均夫出生在一个特殊的时代，即中国社会由传统至现代的过渡阶段，因而他的人生经历被打上深刻的时代烙印，集中体现在接受传统教育和现代教育的双重影响上。

中国传统社会阶层有"士农工商"的划分，钱继祖致富后同样希望子嗣能够学而优则仕。于是，他将丝行交由大伙（即经理）管理，自己则全身心地培养儿子读书。未料，大伙在管理中渔利，谋得万贯家产；钱家丝行因此破产，家道衰落，仅能维持一般生活。

钱均夫出生时，其家庭经济状况已大不如从前，但父亲钱承镒仍支持他读书。他1888年六岁时被送到蒙馆读书，开始学习《千字文》《三字经》《百家姓》《神童诗》等启蒙读物。1895年因无力支付私塾学费，钱均夫便转到不收学费的正蒙义塾读书。1898年他离开杭州，在亲友的资助下前往上海王氏育才书塾（现上海南洋中学前身）求学。

1899年钱均夫考入浙江求是书院（现浙江大学前身），其间他经常与同学讨论如何救国的问题，并参与创办《杭州白话报》以推广白话文。他逐渐意识到教育与民族复兴、国家存亡之间的关联，并树立起"教育救国"之志。1901年求是书院做出决定，由"抚院给资"，派遣钱均夫等人前往日本"分习专门"。[1]

1902年9月，钱均夫以浙江官费生资格东渡日本留学，同批赴日留学者还有周承菼、施雨若、韩强士、章馥亭、韩叔陶、沈苞舫、许寿裳、寿昌田。[2]他们抵达日本后均进入东京宏文学院普通科，被编为浙江班。此前，稍早抵日的周树人（即鲁迅）虽为绍兴籍，但因以江南官费资格派出，故编为江南班。此间，钱均夫与周树人相识、相交，且日后成为挚友。

宏文学院是一所语言学校，学制三年，若提前完成课程也可提前毕业。1902年9月至1904年3月，钱均夫修完规定课程后提前毕业，并于同年7月考入东京高等师范学校（现日本筑波大学前身），以期他日教育救国。该校是一所以专门培养师范生为目的的现代化大学。东京高等师范学校分为四个学部，钱均夫在第二学部（地理历史部），学制四年，预科一年，本科三年，第四学年"在本校附属学校，从事实地授业"。[3]

钱均夫留学期间刻苦坚毅、广泛阅读，同时还经常参加留学生组织的各种社会活动，因而结识了同在日本留学的李叔同。此外，1907年钱均夫、许寿裳、周树人、周作人、龚宝铨和朱希祖等人还在东京组织过"同学振起社"。[4]另据钱均夫学生黄萍孙说，钱均夫留学日本期间还参加过同盟会。[5]当时，同在此校留学的还有许寿裳、经亨颐、陶孟和、杨昌济、陈衡恪、陈文哲、毛邦伟等人。他们经常聚集议论时政，针砭时弊，回国后大多数终生从事教育事业，在中国近代教育史上均有卓越贡献。

每年春季是日本高等学校的毕业季。1908年春，钱均夫在东京高等师范学校顺利毕业。毕业后，他认为纸上得来终觉浅，于是计划用半年时间考察日本

---

[1] 陈仲恕：《本校前身——求是书院成立之经过》，《国立浙江大学校刊》1947年廿周年校庆特刊。
[2] 《浙江同乡留学东京题名（癸卯三月调查）》，《浙江潮》1903年第3期。
[3] 湖北师范生：《学校制度》，东京秀英舍第一工厂印刷，光绪三十一年三月二十八日，第80页。
[4] 葛能全：《钱三强年谱长编》，科学出版社，2013年，第5页。
[5] 黄萍孙：《我所知道的钱学森及其父亲》，《浙江日报》1987年10月31日第3版。

图1-2 钱均夫留学日本时的留影

教育现状。同时毕业的许寿裳因准备留德需补习德语,故以35日元租下东京本乡西片町十番地吕字七号,邀请钱均夫、朱谋宣、周树人和周作人同住,均担房租。许寿裳还在门边电杆上写了一个"伍舍"的牌子,意为五人居住。"伍舍"期间有一件事情对他们产生过重要影响,即成为章太炎弟子。

1906年章太炎受孙中山邀请东渡日本加入同盟会,担任同盟会机关刊物《民报》的总编辑以及发行人。1908年章太炎借用东京大成中学教室讲授《说文》《庄子》《楚辞》等,在留学生中很有影响力。"伍舍"中的钱均夫、许寿裳、周树人和周作人都去听讲,后因学校课程与讲课时间冲突,他们便与章太炎女婿龚未生商量,希望周日上午能另设一班讲学。章太炎慨然应允,地点就定在牛込区二丁目八番地的《民报》社,即章太炎寓所。于是周日清晨,钱均夫、许寿裳、周树人和周作人结伴前往《民报》社听讲,此前在大成中学听讲的龚未生、钱玄同、朱希祖和朱宗莱四人也前来听讲。

《民报》社仅有八席大小,中央放置矮桌。章太炎坐在一面,八位学生三面围着听讲。讲课时,章太炎盘膝而坐。周作人说:"太炎对于阔人要发脾气,可是对青年学生却是很好,随便谈笑,同家人朋友一般,夏天盘膝坐在席上,光着膀子,只穿一件长背心,留一点泥鳅胡须,笑嘻嘻地讲书,庄谐杂出,看去好像是一尊庙里的哈喇菩萨。"[1]师生在愉快的氛围中高谈阔论,章太炎对他们的思想产生重要影响。许寿裳后来回忆说:

> 民元前四年(一九〇八),我始偕朱蓬仙(宗莱)、龚未生(宝铨)、朱逷先(希祖)、钱中季(夏,今更名玄同,名号一致)、周豫才(树人)、启明(作人)昆仲、钱均夫(家治),前往受业。每星期日清晨,步至牛込区新小川町二丁目八番地先师寓所,在一间陋室之内,师生席地而坐,环一小几。先师讲段氏《说文解字注》、郝氏《尔雅义疏》等,精力过人,逐字讲解,滔滔不绝,或则阐明语原,或则推见本字,或则旁证以各处方言,以故新谊创见,层出不穷。即有时随便谈天,亦复诙谐间作,妙语解颐,自八时至正午,历四小时毫无休息,真所谓"默而识之,学而不厌,诲人不倦"。其《新方

---

[1] 周作人:《知堂回想录》,香港三育图书有限公司,1980年,第216页。

言》及《小学答问》二书,皆于此时著成,即其体大思精之《文始》,初稿亦权舆于此。[1]

正当钱均夫一面考察日本教育现状,一面聆听章太炎讲学之际,浙江因创办两级师范学堂派遣王廷扬前往日本考察学务,并与钱均夫、经亨颐、许寿裳、张邦华等浙籍学子洽谈办学事宜,同时邀请他们回浙江执教。钱均夫因此于1908年冬季结束了在日本七年的留学生活,回籍执教,实践其早年树立的教育救国思想。

教育救国思想的实践者

1909年初,钱钧夫前往浙江两级师范学堂执教。其间,他主要承担优级学堂的外国地理和外国历史两门课程,同时兼授论理(即现在的逻辑学)课程。不久,由于经亨颐辞去教务长一职,教务长便由钱均夫暂代,同时增加讲授教育理论和教育史两门课程。[2]鲜为人知的是,他还曾在王廷扬丁忧回籍后短暂代理监督(即校长)职务。[3]此外,他还要担任日籍教师的传译和协助编写讲义的工作。他在执教浙江两级师范学堂期间,还在浙江高等学堂和浙江私立法政专门学堂兼职讲授心理学课程。当时,陈布雷在浙江高等学堂就读,成为钱均夫的学生。

钱均夫初到浙江两级师范学堂执教,颇为繁忙。而且由于当时国内师范学堂还没有统一教材,教材一般都由教师根据课程内容编写。钱均夫执教期间广泛收集材料,先后编写了《名学》《地学通论》《外国地志》《西洋历史》等四本教材。

1905年(光绪三十一年)清政府废除科举制,出国留学成为不少知识分子的选择,人数和规模不断扩大。与之相适应,清政府对归国留学生的考核与授职制度也不断完善,出台了相关章程。1908年(光绪三十四年)冬钱均夫从日本回国后,参加了1909年(宣统元年)清政府学部组织的留学毕业生

---

[1] 许寿裳:《纪念先师章太炎先生》,《制言半月刊》1936年第25期。
[2] 《钱均夫致姜丹书函(1960年9月4日)》,原件存姜丹书之子姜书凯处。
[3] 郑晓沧:《浙江两级师范和第一师范校史志要》,《杭州大学学报》1959年第4期。

考试。其实,钱均夫回国后无意于功名,且无心从政。例如他在浙江两级师范学堂执教时,就曾与鲁迅等25人参与了著名的"木瓜之役",反对守旧监督夏震武的颟顸。

1909年(宣统元年)清政府出台了留学生参加考试的办法,规定所有留学生必须到北京参加考试。无奈之下,包括钱均夫在内的383名留学生只能报名参加考试。钱均夫的考试成绩被列为"优等",并"着赏给文科举人"。随后,钱均夫又于1910年4月再次前往北京参加"廷试",考试成绩为七十分,被列为二等。经过廷试后,钱均夫被"着以内阁中书补用"。内阁中书官阶从七品,主要掌管撰拟、记载、翻译和缮写等,经过一定年限后可升同知、直隶州知州,也有保送军机处任章京的。但他并未留京谋职,而是回到浙江担任学

图1-3　1910年1月10日参加"木瓜之役"的25名教员在杭州湖州会馆合影(前排左起:丁存中、朱希祖、章嶔、夏铸、王葆初、朱宗侣、张宗祥、周树人、余冠澄、张宗绪。后排左起:胡濬济、钱均夫、沈瀰、陈树基、张孝曾、杨乃康、关鹏九、范琦、冯祖荀、张邦华、许寿裳、吴敔、许秉坤、陈景鎏、刘川)

务公所普通科副科长，直至1911年6月改任浙江省立第一中学校长。

1914年1月4日，北京政府教育总长汪大燮向大总统袁世凯呈请任命一批教育部官员：

> 许士熊为秘书，钱家治、张宗祥、王孝缉、汪森宝、王家驹、白振民、齐宗颐为视学，范鸿泰为佥事。[1]

钱家治即钱均夫，他接到任命后便只身北上，前往教育部任职视学。钱均夫任职后，由于恪守职责、坚持操行，于1915年7月23日被大总统策令"授为上士"[2]，1917年3月12日又受到国务院总理和教育总长"进叙四等"的嘉奖。1917年10月3日，教育总长范源廉签署任命令：

> 委任视学钱家治为本部普通教育司第三科科长。[3]

钱均夫担任科长后仍兼任视学，但只参与临时视察。担任科长期间，钱均夫还积极参与并推动国语运动的发展。国语运动旨在推动全国语言的统一，主张"言文一致"和"国语统一"，即建立全国统一的官话。1918年教育部成立"国语统一筹备会"，钱均夫是创始会员。1920年教育部颁布《国语讲习所章程》，决定成立隶属于教育部的国语讲习所，"以养成国语教员为宗旨"。[4]随后，钱均夫被任命为国语讲习所副所长，具体负责讲习所的日常工作。其间，他先后聘请蔡元培、胡适、黎锦熙、汪怡、王璞、钱玄同等前来授课，培养了大批国语教师，对国语运动的发展起到了重要推动作用。

1927年4月，南京国民政府成立后，包括教育部在内的中央机关迁往南京。翌年，钱均夫由教育部次长马寅初聘任为普通教育司一等科员。1928年至1929年钱学森在北京师范大学附属中学读高中三年级，正值准备考大学之际。钱均夫考虑到搬家和转学对钱学森有影响，便只身前往南京任职，仍将

---

[1] 《命令·一月四日大总统命令》，《申报》1914年1月6日第2版。
[2] 《命令·补录二十三日大总统策令》，《申报》1915年7月26日第2版。
[3] 《教育部委任令第四六号》，《政府公报》1917年10月6日第619号，第10页。
[4] 《国语讲习所章程》，《教育公报》1920年4月20日第7年第4期。

钱学森留在北京,由妻子章兰娟照顾。钱均夫在南京任职未及一年,于1929年由浙江省教育厅召回,担任教育厅督学。钱学森同年考入交通大学,是年秋钱家举家南下,回到杭州居住、工作和生活。

1931年3月6日,经浙江省政府主席张难先提请国民政府颁布命令,任命钱均夫为浙江省教育厅秘书。教育厅秘书既要"核阅来文""撰拟及保管机要文稿"和"复核各科文稿",同时还要主持"厅务会议"。这是因为时任浙江省教育厅厅长陈布雷因担任教育部次长,常年在南京履职,所以教育厅各项厅务便由钱均夫代理。钱均夫代理教育厅厅长之后,为家乡教育事业做出了很多重要贡献,包括加强学校教育、提升教师薪酬、发展社教事业、举办体育赛事、发扬传统文化等。

辞职后的寓居生活

1934年对钱均夫来说是一个特别值得纪念,但又有些悲伤的年份。钱家在这一年发生了两件事情,一喜一悲。喜的是钱学森考取清华大学留美公费生资格,悲的是正当钱家沉浸在喜悦氛围之际,章兰娟突患伤寒病重,经医治无效后离开了人世。这对钱均夫和钱学森无疑是沉重的打击。钱均夫无法接受妻子去世的事实,很长时间内郁郁寡欢、茶饭不思,不久便患上严重胃疾。当时,钱学森正在杭州笕桥飞机制造厂参加清华大学安排的专业实习。得知母亲病危消息后,他潸然泪下,立即向清华大学请假回家,才得以见上母亲最后一面。

章兰娟去世时,钱均夫五十二岁,事业正当年。但自从患上胃疾后他便无法安心工作,于1934年12月22日辞去教育厅职务,此后一直静养于杭州方谷园2号的家中。1935年8月20日,钱学森在上海乘坐"杰克逊总统号"邮轮赴美留学。钱均夫前往上海送行,此后便只身一人在国内生活。其间,很多亲友劝其续弦,但都被他婉拒。经过一段时间的调节,钱均夫逐渐从丧妻的悲伤情绪中走出来。此后,他虽然已辞去教育厅公职,但仍然热心参与地方文化和教育事业,做出了力所能及的贡献。

钱均夫本可在杭州安度余生,但不久之后发生的七七事变改变了他的生活轨迹。经过长期蓄谋,1937年日本借口寻找失踪的日兵,进入宛平城搜查,伺机发动了震惊中外的卢沟桥事变，开启了全面侵华战争的序幕。不久，日寇开始对杭州实施轰炸，并于11月5日登陆杭州湾，占领杭州。

当时，杭州有不少知识分子都有留学日本的经历。日寇占领杭州后便决定组织这些人员管理市政秩序，并拟出了一份名单，钱均夫名列其中。当11月11日钱均夫听到名单中有自己的名字时，便前往杭州郊外的河上店镇避乱。因短期内无法回到杭州，且方谷园2号又被日寇空袭中投下的燃烧弹击中，家中物品毁于一旦，1938年2月，钱均夫决定离开杭州，前往上海避难。

钱均夫到上海后，借住在妻兄章乐山位于愚园路1032弄岐山村111号的家中，此地位于公共租界。这是一座三层单开间连体别墅，产权原归属章乐山，章因故变卖后仍以返租的形式居住在二楼。钱均夫到上海之初借住在二楼章家，他定期缴纳房租、饭费以及水电费，直到1943年11月租下一楼居住。一楼面积约为40平方米，被隔成一间客厅和两间卧室，以及厨房和卫生间。当时，钱学森正在美国留学，钱均夫的日常起居生活由干女儿钱月华照料。1947年钱学森回国探亲期间，曾在此居住过两个月左右。

总体而言，钱均夫在上海过着平和的寓居生活，即当时报刊中经常提及的"寓公"。平时，他总是身着长衫，留着三绺髯须。好友厉家福（字绥之）的晚辈回忆说，钱均夫给人留下"学养有素、平易近人、和蔼可亲"的深刻印象。[1]他在上海期间，还经常以"显念居士"身份参加各种义捐活动，帮助贫弱群体。不仅如此，每当杭州钱氏家族中有生活困难者急需用钱时，钱均夫都会提供帮助，例如支付学费、生活费等。

1956年5月，钱均夫随钱学森前往北京生活。钱均夫前往北京前，已经由政务院秘书长习仲勋批准并由周恩来签发聘任书，聘任为中央文史研究馆馆员。中央文史研究馆成立于1951年，受聘者都是硕学之士、社会名流和专家学者，旨在"敬老崇文"，发挥他们的文史专长。

钱均夫在北京的晚年生活，无疑是快乐和欣慰的。钱学森、蒋英夫妇经常带着钱永刚、钱永真去看望他。而钱均夫曾在北京工作近十五年时间，不少老友此时都在北京安度晚年，他们经常走动，聊天叙旧。

---

[1]　厉声教：《听父辈谈钱均夫钱学森父子逸事》，《钟山风雨》2013年第3期。

1969年8月23日,钱均夫因胃出血医治无效去世,享年87岁。9月2日,中央文史研究馆在八宝山革命公墓为钱均夫举行告别会。钱均夫临终前,有落叶归根的想法。钱学森依其遗愿,将父亲安葬于杭州市茅家埠里鸡笼山,与母亲章兰娟合葬。1996年因西湖风景区改扩建的原因,经钱学森同意,钱均夫和章兰娟合葬墓迁至南山公墓。钱学森步入晚年后,他在自己卧室里摆放了两件经过装裱的物品,其中一件就是父亲钱均夫晚年拍摄的半身肖像。可见,这寄托了钱学森对父亲的无尽思念。

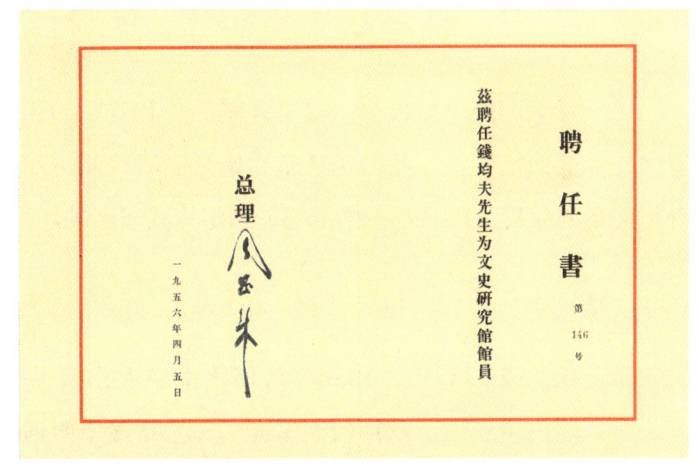

(上)图1-4 1956年4月5日钱均夫文史研究馆馆员聘任书

(下)图1-5 1961年中央文史研究馆成立十周年纪念会邀请函

第二章

母亲章兰娟

关于章兰娟的史料极少,仅有几张照片和几段回忆留存。其中,钱学森曾大体如此回忆说:"我的母亲章兰娟是当时杭州富商的大女儿,据说我的外祖父是因为我父亲的才,才把我母亲嫁给我父亲的。"

大家闺秀

章兰娟生于1887年,1934年底因不幸患上伤寒医治无效去世,年仅47岁。章兰娟出生在一个富裕的大家庭,父亲章珍子曾通过捐纳担任两广地区的盐官数年。卸任后,他在杭州以经营盐业、丝业和酱园业起家,资产雄厚,并在上海、杭州等地广置房产。

现在位于浙江杭州方谷园2号的"钱学森故居"和上海市愚园路1032弄的"钱学森旧居",产权原均归章家所有。但章家因在20世纪20—30年代的股票投资中惨败,家族经济走向衰落,不断通过变卖房产抵债,最后只能勉强维持温饱。

章珍子育有一子三女:长子章乐山,长女章兰娟,章兰娟之下还有两个妹妹。长子章乐山以家族产业为依托,热心地方公益事业,积极参加沪杭两地的公益活动,是有一定知名度的社会贤达,还曾经是中华全国道路建设协

（左）图1-6 章兰娟少女时代的留影
（右）图1-7 钱均夫与钱学森在上海的合影（钱学森周岁）

会浙江分会的第一届会员。

章兰娟出生时正值家族极盛之际，家境优越。她自幼受过良好的家庭教育和私塾教育，知书达礼。从留存照片可见，章兰娟端庄秀丽，五官精致，流露出温柔贤淑的气质。钱均夫和章兰娟的婚姻虽是媒妁之言、父母包办，但他们极为恩爱、相处融洽，这从章兰娟去世后钱均夫终身不续弦可以明了。

钱均夫和章兰娟结婚后，章家便将杭州方谷园2号作为嫁妆赠予他们。1911年辛亥革命之际，钱均夫携带有孕在身的章兰娟到上海避乱。12月11日（农历十月廿一日），钱学森在上海出生。钱均夫和章兰娟昵称钱学森为"申儿"，因"申"字与"森"谐音，又因上海被称为"申城"，一字双关。钱均夫还给钱学森取了一个字：柏青。钱学森读书时很多同学和朋友都用"柏青"称呼他。

1913年革命风潮渐息，钱均夫带着章兰娟和钱学森回到杭州，仍任第一中学校长。1914年钱均夫接到教育部任职之令，只身先行北上赴命。出发前，他们还在杭州大方伯照相馆拍了一张全家福留念。钱均夫抵京办完入职手续且安顿好之后，便写信告诉章兰娟可以携儿北上来京团聚。

1914年初夏，章兰娟母子二人由杭州乘坐火车前往上海，等待北上的轮船。在上海逗留之际，母子二人在一家照相馆拍了一张合影。他们在天津登陆后乘坐火车抵达北京，一家人经过短暂分别后重新团聚。

钱均夫一家刚到北京时，借住在族叔钱承志家。钱均夫一家在钱承志家借住不久之后,便搬到北京的杭州会馆暂住。钱家暂住杭州会馆期间,结识了杭州会馆馆长夏循垲,且章兰娟与其夫人张时田成为好友,两人经常一起喝茶、聊天和打麻将,消磨时光。

夏循垲和张时田夫妇育有七个孩子,而且都已长大成人。其实,钱均夫和章兰娟婚后不久曾育有一个小孩,但不幸夭折,于是他们便提出将爱子钱学森寄居夏家,并称夏循垲夫妇为"干爹、干娘"。这段寄居生活大约有两年时间,平日里钱学森便与夏家几个孩子做玩伴。1955年钱学森回国后在北京见到夏家儿子夏陆利,还称其为"二哥"。结束寄居生活后,钱家在口袋底胡同租下一处住所居住,并在这里生活了十五年时间。

母爱似水

钱均夫的学生黄萍孙描述过这样的场景,他说:"闻之章太夫人言,学森有手不释卷之癖,三餐亦不例外,夹菜除近箸处就之,他不与焉。母亲不时为之调动肴馔,俾其易口。"[1] 此言意在说明钱学森手不释卷的程度,也从

(左)图1-8 1914年钱均夫北上任职之前在杭州拍摄的全家福
(中)图1-9 1914年初夏章兰娟和钱学森北上时在上海的留影
(右)图1-10 钱学森与母亲章兰娟的合影

[1] 黄萍孙:《一生正气与一颗红心——钱学森家世及其轶闻》,《新民晚报》1992年4月4日第6版。

另一方面反映出母亲章兰娟的细腻情感，母爱似水。

钱学森自己曾回忆母亲对他的影响是"爱花草"，但显然母亲对他的影响绝不限于此。花草代表生态自然，象征生命张力。章兰娟培养钱学森"爱花草"的兴趣，更重要的目的是希望儿子能够在接触自然的过程中完善人格和丰富情感。真是润物细无声！此外，还有一例足见母亲章兰娟的育儿智慧。钱学森说，在北京读小学时每到冬至之际，母亲便会要求他用毛笔描九个字：

庭前垂柳珍重待春风

这是有名的"九九消寒图"，据说是由咸丰皇帝的母亲创造的。由于这九个字均为九笔，于是章兰娟给钱学森布置了一项硬性任务，即每天端坐桌前描写一笔，描完正好81天，冬天最冷的时候也就过去了。通过这种方法，不仅让钱学森练习了毛笔字，而且在无形之中锻炼了他的耐心和毅力。这种意志力的训练和培养，在钱学森的科学研究中发挥了重要的"基因作用"。

钱均夫在北京任职之际，因担任视学而经常出京，前往各省视察，家中事务均由章兰娟打理得井井有条。钱家在北京生活期间唯一不习惯的就是饮食，由于钱均夫和章兰娟都是南方人，他们初到北京不太习惯北方的面食，反而钱学森因为年纪尚小，经过一段时间便适应了北方面食。所以1955年钱学森回国后，家庭日常饮食仍以面食为主。

钱家在北京生活时，蒋百里也在北京任职。在此期间，章兰娟提出希望蒋百里将三女儿蒋英过继给他们做女儿，于是便有了钱学森和蒋英爱情故事的开端。不过，那个时候双方父母还不会想到钱学森和蒋英会走到一起。章兰娟当时的想法就是给钱学森找一个玩伴，儿子不至于养成孤僻和认生的性格。钱家在北京生活的这十五年，恰是钱学森的少年时光，青灯有味在此时。钱均夫和章兰娟还经常带着儿子游览古都风光，1993年钱学森曾在一份手稿中不无感怀地写道：

我从前在旧北京呆过15年，1955年回来后，在新北京也已38年了。在这前后53年中，曾无数次到中山公园北面筒子河旁的树荫下坐望紫禁城，看城上建筑，看那构筑别致的城上角楼，更有说不尽的滋味。

由此感受，我想到一件可以不但"把古都风貌夺回来"，而且可以增添古都风貌的事：在南长街、北长街街道东侧，从中山公园西北角，把现有的民房拆去；再在南池子、北池子街道西侧，从劳动人民文化宫东北角起，也把现有的民房拆去。在空出来的地段，多种些高大长青树，多种花卉，形成人民公园。北面岗子河北岸、景山前街南侧也多种些高大长青树。这样紫禁城四面都浸在公园中，朝阳夕照，风貌一定胜过旧时！

1929年钱学森考取交通大学之后，全家又南下搬回杭州居住。

1934年底，热心肠的章兰娟为居住在上海的一位友人之子介绍女朋友，专程从杭州乘坐火车去上海，在回杭州的列车上不幸感染伤寒，虽经医治却仍撒手人寰。当时，钱学森正在参加清华大学安排的专业实习，接到父亲发来的母亲重病的电报后，他立刻向清华大学写信请假回家看望母亲。青年丧母，对他无疑是沉重打击。

1935年，钱学森为母亲立好墓碑后才安心出国留学。出国时，他还将与母亲的合影珍藏在身边，在美国每当想起母亲时便会拿出来看，默默回忆母亲的点点滴滴。1947年暑假钱学森从美国回国探亲，第一件事情就是陪同父亲回杭州为母亲扫墓。扫墓之际，钱学森还专门拍了母亲墓碑和周边风景的照片以作留念。

第三章

中小学教育

客观地说，1914年钱均夫任职教育部是其个人仕途的一次升迁。这次升迁改变了他的人生轨迹，同时也使钱学森得以在教育资源集中的北京接受完整的中小学教育。钱学森在北京读书的时期，国家政治相对稳定，经济指数总体呈上升趋势；教育既有物质基础，又有宽松的社会环境。

钱永刚教授曾经总结说："我爷爷是教育部第三司的一个科长，是专管中小学教育的，把他（钱学森）送到当时最好的幼儿园，最好的中小学，后来我父亲上了最好的大学，到美国上加州大学也是最好的学校。"[1]这段话精练地概括了钱学森接受学校教育的历程。若列出这些学校名单，便能体会这段话的分量：

1915年　北京女子高等师范学校附属蒙养园
1917年　北京女子高等师范学校附属小学校
1920年　北京高等师范学校附属国民学校高等小学校
1923年　北京师范大学附属中学校初中部
1926年　北京师范大学附属中学校高中部

---

[1]　吕成冬：《钱学森的父亲钱均夫》，《传记文学》2011年第10期。

1929年　交通大学机械工程学院
1934年　清华大学留美公费生
1935年　美国麻省理工学院航空工程系
1936年　美国加州理工学院航空系

钱学森晚年提出著名的"钱学森之问"时，重要参照就是自身的教育经历，尤为重要的是他在北京读书时的体验，因而他总结影响其一生的十七位老师时有八位来自中小学。可以说，中小学教育在整个教育过程中起着重要的基石作用。那么，这些中小学教育又给钱学森带来哪些令其终生难忘的经验？如果细致考察，大体有四点较为重要，这四点也是钱学森本人经常提及的。

注重学科发展的均衡

民国教育注重整体性，学校课程设置注重发展均衡，没有主课与副课之分。在当时的教育者看来，任何课程都有价值，且不分轻重。以钱学森就读的北京女子高等师范学校附属小学校为例，整个课程体系包括五个方面：

符号科系（国文、国语、作文、英语、数学等）
科学科系（历史、地理、观察、自然科、家事等）
艺术科系（工艺、美术、习字、缝纫、烹饪、音乐、体育等）
常识科系（公民、卫生、园艺等）
特设科系（阅书法、讲演、表演、集会等）

此外，学校还特别重视过程教育，倡导"视学习过程较学习结果尤为重要"。这种教学理念要比单纯的"分数主义"更符合教育本质。所以，学校授课注重循序渐进，根据学生特征因时授课、因材施教。为此，学校制定八项基本原则：

一、须从心理的渐次引入论理的。
二、须顾及个人和社会的需要。

（左）图1-11　钱学森十周岁时就读北京高等师范学校附属国民学校高等小学校时的留影

（右上）图1-12　北京高等师范学校附属国民学校高等小学校

（右下）图1-13　1921年9月北京高等师范学校附属国民学校高等小学校集会

三、须备具进步和建设的性质。

四、须注重升学预备并兼及生活预备。

五、须适合两性发展的阶段。

六、须使含有弹性规定最小的限度。

七、须力除拥挤和重复的弊病。

八、须顺应世界趋势以及保持固有的利点和矫正向来的缺陷。[1]

直到晚年，钱学森仍对小学时的读书经历记忆深刻。有一次，钱学森参加国防科工委组织的新年联欢会，在观看电影《城南旧事》的过程中不禁"泪如泉涌"。这是因为剧中小学就是钱学森曾经就读的小学，剧景让钱学森一下子回到了他的小学时代。他说："剧中小学即我曾经就学的师大附小，我的老师有年级主任于士俭先生和在校但未教我们班的邓颖超同志。我想念他们！"不仅如此，钱学森还被《城南旧事》主题曲《送别歌》深深地打动，这首歌的填词者弘一法师李叔同是其父亲钱均夫的好友，钱学森晚年仍经常吟唱：

长亭外，古道边，芳草碧连天；晚风拂柳笛声残，夕阳山外山。天之涯，地之角，知交半零落；一瓢浊酒尽余欢，今宵别梦寒。

---

[1] 赵鸿志：《北京女子高等师范附属小学校设施概况》，《中华教育界》1924年第14卷第3期。

再如，钱学森就读的北京师范大学附属中学（简称北师大附中）在设计课程体系时，同样注重整体观和均衡发展。北师大附中实行"三三制"，即初中三年和高中三年，拾级而上，不仅设置必修课，同时设置选修课以满足学生的个性化需求。从下表可以看出钱学森初中三年和高中三年的基本学习概况。

钱学森在北京师范大学附属中学的课程表

		学期	必修课（每周次数）			选修课（每周次数）	
初中部	初一	第一学期	公民科（1） 算学（5） 植物（2） 体育（2） 乐歌（1）	国文（7） 地理（3） 图画手工（2） 童子军训练（1）	英文（5） 生理卫生（1）	无	
		第二学期	公民科（1） 算学（5） 植物（2） 体育（2） 乐歌（1）	国文（7） 地理（3） 图画手工（2） 童子军训练（1）	英文（5） 生理卫生（1）	无	
	初二	第一学期	公民科（1） 算学（5） 理化（2） 体育（2）	国文（6） 历史（3） 图画手工（2） 童子军训练（1）	英文（6） 动物（2）	国文（2） 商业常识（2） 图画（2）	珠算（2） 手工（2） 乐歌（1）
		第二学期	公民科（1） 算学（5） 理化（2） 体育（2）	国文（6） 历史（3） 图画手工（2） 童子军训练（1）	英文（6） 动物（2）	国文（2） 手工（2） 乐歌（1）	商业常识（2） 图画（2）
	初三	第一学期	公民科（1） 算学（5） 体育（2）	国文（5） 地理（4） 家事（2）	英文（7） 理化（2）	国文（2） 算学（2） 工业常识（2） 簿记（2） 图画（2）	英文（2） 矿物地质（2） 化学工艺（2） 手工（2） 乐歌（1）
		第二学期	公民科（1） 算学（5） 体育（2）	国文（5） 历史（4） 家事（2）	英文（7） 理化（2）	国文（2） 算学（2） 工业常识（2） 手工（2） 乐歌（1）	英文（2） 矿物地质（2） 化学工艺（2） 图画（2）
高中部	高一	第一学期	国文（3） 算学（5）	英文（5） 体育（2）	化学（4）	代数演习（1） 矿物学（3） 手工（2） 短篇故事（2） 科学通论（2） 心理学（2） 音乐（1）	植物学（4） 用器画（2） 会话（1） 世界地理（2） 论理学（2） 画图（2） 刺绣（2）

续 表

学期		必修课（每周次数）			选修课（每周次数）	
高中部	高一 第二学期	国文（3）算学（5）	英文（5）体育（2）	化学（4）	代数演习（1） 矿物学（3） 手工（2） 短篇故事（2） 科学通论（2） 图画（2） 刺绣（2）	植物学（4） 用器画（2） 会话（1） 世界地理（2） 心理学（2） 音乐（1）
	高二 第一学期	国文（3）算学（5）	英文（4）体育（2）	物理（4）	近世几何（2） 动物学（4） 地文学（2） 定性分析（2） 长篇小说（2） 经济学（2） 音乐（1） 政治学（2）	高等三角法（1） 地质学（3） 无机化学（4） 会话（1） 世界历史（2） 图画（2） 社会学（2） 第二外国语（3）
	高二 第二学期	国文（3）算学（5）	英文（4）体育（2）	物理（4）	近世几何（2） 动物学（4） 天文学（2） 定性分析（2） 长篇小说（2） 经济学（2） 图画（2） 社会学（2）	高等三角法（1） 地质学（3） 无机化学（4） 会话（1） 世界历史（2） 法学通论（2） 音乐（1） 第二外国语（3）
	高三 第一学期	伦理学（1）算学（4）	国文（3）体育（2）	英文（4）	微积分大意（3） 有机化学（3） 力学（3） 会话（1） 哲学概论（1）	普通生物学（3） 应用化学（2） 磁电学（3） 修辞学（2） 第二外国语（3）
	高三 第二学期	伦理学（1）算学（4）	国文（3）体育（2）	英文（4）	微积分大意（3） 测量学（3） 应用化学（2） 磁电学（3） 修辞学（2）	普通生物学（3） 有机化学（3） 力学（3） 会话（1） 第二外国语（3）

（资料来源：《国立北京师范大学附属中学校一览》，上海图书馆）

需要指出的是，钱学森的第二外国语选修了德语课程。

注重课外阅读的积累

客观地说，学校课程设置毕竟有限，因此课外阅读就成为扩大知识面的有效途径。并且，课外阅读还是自学的一种有效方法。钱学森就读的小学就有一间不大的阅览室，每天午餐和放学后开放两次，包括钱学森在内的学生都可以自由进入读书看报。当钱学森进入北师大附中读初中和高中时，学校

图1-14 北京师范大学附属中学图书馆的阅览室

里的图书馆就成了他常去的地方。

北师大附中的图书馆规模不大,但藏书量不少。藏书分为两大类:一类是属于"文科"性质的古典小说,如《三国演义》《西游记》《儒林外史》等;另一类则是属于"理科"性质的自然科学和科学技术书籍。前一类书籍需经过国文老师批准才能借阅,后一类可以由学生自由取阅。

钱学森读高中一年级时,有一次去学校图书馆看书,他在书架上看到了一本介绍相对论的书籍,于是出于好奇便翻完了整本书。他说:"虽不十分看得懂,但知道了爱因斯坦的相对论概念和相对论理论是得到天文观测证实了的。"[1]毫无疑问,高中生确实难以理解如此深奥的科学理论,但却激发了钱学森对自然科学的浓厚兴趣。

注重基础知识的夯实

地基不牢,建楼不高。钱学森后来深得导师冯·卡门赏识,且成为技术科学家的素养之一就是他的数学禀赋。可以说,这种禀赋的激发得益于他在中学时代的数学老师傅种孙。

傅种孙的数学教学别无二法,即"讲课+习题"。事实上,对于数学这种逻辑思维课程的学习,"习题法"是非常有效的途径。但傅种孙还特别强

---

[1] 《图书馆与钱学森》,上海交通大学钱学森图书馆,档号:RW-钱学森-1930-10。

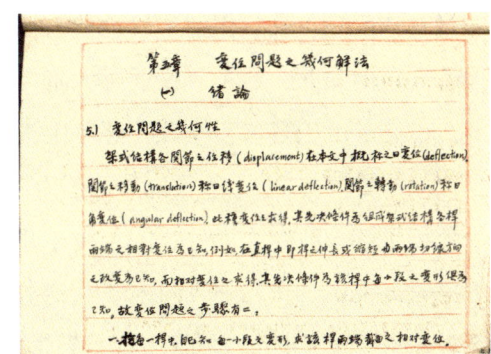

图1-15 钱学森的高中数学作业本

调,学生要在反复练习的过程中学会找出事物的规律性。这种方法旨在将复杂问题简单化,且经此长期训练可以有效地提高逻辑思维能力,能够在处理复杂问题时迅速找到对策。显然,钱学森在此方面得到了有效训练,拥有超出常人的逻辑思维和抽象思维能力。这充分说明适当的"习题法"对于理解书本知识有一定的积极作用,如其所言:

学习要靠实干,光听讲不行。教育不都是先听老师讲解,然后再让学生做习题吗?就是文学艺术也要靠背诵嘛!这都是学生在锻炼思维能力;有形象思维,也有逻辑思维,不只是形象思维!是干中学。[1]

所以钱学森后来执教中国科学技术大学时,同样强调学习数学、物理等基础学科的不二法门就是要勤学苦练,"这就要做习题,多练习",因为"不熟练,你就认不出它的真面目来",并且还要记住必要的公式和处理方法,才能灵活应用。[2]这是因为"习题法"不仅是夯实基础的有效方法,同时还是通往"熟能生巧"的必要途径。钱学森后来诙谐地讲道:"不熟练就没有技巧,抄书还会抄错。"[3]

但毫无疑问,这需要老师的耐心、热心和细心,通过不断反复"灌输式"讲解,不仅能够使学生提纲挈领地了解整个学科的知识体系,同时还能

---

[1] 涂元季、李明、顾吉环编:《钱学森书信(10)》,国防工业出版社,2007年,第451页。
[2] 钱学森:《谈谈工作与学习:1961年10月28日在中国科学技术大学师生大会上所作的报告记录》,中国科学技术大学档案馆,案卷号:21。
[3] 同[2]。

通过具体问题理解知识体系的构成与关联，从而构建起从宏观到微观的知识体系。正因如此，钱学森说北师大附中的老师们都非常耐心，"老师不怕麻烦"，且"无论自然科学课，还有中文、外语课，都要做习题、或作文"，这使他深受教益。[1]此外，傅种孙还为钱学森所在的理科班"开小灶"，提前为他们讲解一般在大学一、二年级才开设的微积分课程。钱学森在交通大学读书时就说："从北师大附中毕业到上海交大念书，就感到闲得没事，一年级教的内容我在高中都学了，而且还学得多。"[2]

注重实践能力的培养

民国时期，实践课程是由小学至高中的必修课程，其目的在于培养学生的观察和动手能力，将课本知识与实践知识有效结合，既学以致用，又加深对课本知识的理解。钱学森就读小学的课程设置中有很多诸如家事、工艺和缝纫之类的内容，意在培养学生的动手能力，不至养成饭来张口、衣来伸手的惰性。钱学森进入北师大附中后，实践能力的课程设置比例有所增加，而且实践课程的途径多种多样，举两位老师的教学方法可以说明。

一位是钱学森的生物老师俞君适，他特别重视通过采集制作标本培养学生观察自然和动脑动手的能力。钱学森1982年2月5日在写给俞君适老师的信中仍能回忆起六十多年前的情形，他说：

随老师到北京天坛采昆虫标本；在老师住所槐庐吃饭有蛋和豆腐羹；蒙赐玻璃酒精瓶装蛇等。我对老师的教诲是感激不尽的！我若能为国家为人民做点事，皆与老师教育不可分。[3]

另一位是化学老师王鹤清，他特别重视化学原理和化学实验的结合。他在教学过程中鼓励学生学好理论知识的同时，还要通过参与实验的方式，观察现象。所以，王鹤清规定学生任何时候只要有兴趣即可去实验室由老师亲

---

[1] 涂元季、李明、顾吉环编：《钱学森书信（10）》，国防工业出版社，2007年，第451页。
[2] 顾吉环、李明、涂元季编：《钱学森文集（卷四）》，国防工业出版社，2012年，第362-363页。
[3] 《钱学森致俞君适函（1982年2月5日）》，原件存俞君适之孙俞新民处。

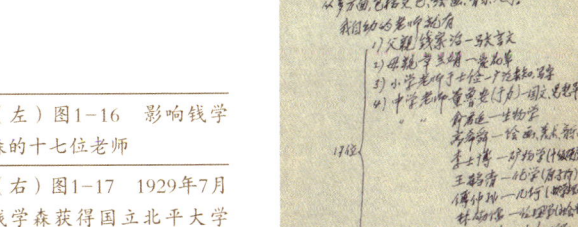
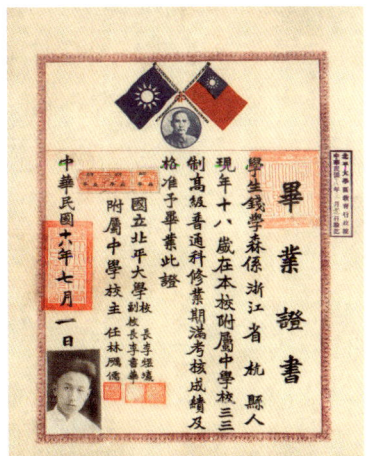

（左）图1-16 影响钱学森的十七位老师

（右）图1-17 1929年7月钱学森获得国立北平大学附属中学校的毕业证书。当时因实行大学院制，国立北京师范大学改为"国立北平大学"

自指导做实验。钱学森就读北师大附中时就对化学有浓厚的兴趣，还学习了大学才会开设的有机化学、无机化学、应用化学等课程。这种理论与实践结合的教学法，可以达到从了解知识到理解过程的学习目的。正如钱学森自己所说："最主要的就是不在于背书，而是理解。"

俞君适和王鹤清只是北师大附中教师群体中的两位代表。北师大附中在整个民国中等教育史上有着重要地位，不仅因其属于"国字号"教育系统，更主要的是不少老师具有创新性的教育思想，能将理论与实践紧密结合。

当然，还有一位不得不提及的人就是北京师范大学附属中学的校长林砺儒。其实他的本职工作是北京师范大学教育系主任，附属中学校长是他的"兼职"。他担任校长之时推行"三三制"，同时实施"全人陶冶"的教学理念，使得附中教学质量得到快速提高。钱学森1989年9月21日给林砺儒女儿林安娣的信中说："林砺儒先生是我尊敬的老师，我也非常感激他和他主持的北京师范大学附属中学给我的教育。这是我一辈子忘不了的。"所以，晚年钱学森谈到教育问题时，特别强调校长的重要作用，他说：

学校有一个好的校长，有一个正确的教育方针，是很重要的。

第四章

家庭教育

钱学森总结父亲钱均夫对他的影响在于"写文言文"。这里的"文言文"是指传统文化和人文精神。尤其是钱均夫在日常生活和家庭教育中言传身教，使钱学森耳濡目染，给予钱学森人文和艺术方面的熏陶，奠定了他成为科学家的"思维基础"。可以借用钱学森秘书涂元季的一段话来说明："钱均夫是一位很有才华的人，但他的才华没有全部施展出来。如果要论钱均夫的贡献，他最大的贡献就是为中国培养出了钱学森。"

家庭教育的理念

不得不说，钱学森的成才与作为教育家的父亲钱均夫不无关系。钱均夫大学时期专攻教育理论，又拥有二十多年教育救国的实践经验，既执教过大学和中学，又有教育行政机关的任职经历。他深刻地认识到要培养"完善的人"，学校教育之外的家庭教育不可或缺，家庭教育不是学校教育的补充，而是整个教育体系的重要组成部分。他说：

中国家庭训练其子弟，深可疑虑。盖教育非仅恃学校所能收效，尚有赖乎家庭为之协助。倘家庭与学校共负教育责任，斯教育可收成效。……曾有一般家庭父兄以为子弟送入学校，责任即了，此其观念根本错误。更有责备学校教育如何不良者，曾不思家庭教育是否完美。所谓薄责于己，而厚责于人，良可慨也！希望今后家庭中为父兄者深切觉悟，与学校共同合作，则教育前途，自必乐观，更有进步。[1]

所以，钱均夫认为亟须改变那种"子弟送入学校，责任即了"的观点。钱均夫还经常用"人生如船行海中"作比喻，说："如船身不固，连帆不灵，司舵不准，未有不遭倾覆者。"言外之意，就是一个人的全面发展应当包括健康的身体、充分的知识和崇高的道德，即德智体的全面发展。正因如此，钱均夫特别注重家庭教育。钱学森有如此懂得教育的父亲是人生之幸。

事实上，当时的学校普遍认为完善的教育一定是老师和家长相互配合的过程。例如1920年钱学森入北京高等师范学校附属国民学校高等小学读书时，钱均夫就收到学校的规定：第一，家长应了解学校教育的各项方针、政策和活动；第二，家长应及时向学校通告学生在家庭里的情况。[2]学校意在做到学校与家长之间的互动沟通，同时也是注重学校教育与家庭教育共同发展。所以，好的学生既要有好的学校、好的老师，同样还要有好的家长，缺一不可。

家庭教育的内容

钱均夫的家庭教育有广义和狭义之分。广义的家庭教育集中体现在培养钱学森的人文气质和艺术兴趣，重在训练他的形象思维能力。这种能力有助于钱学森"大跨度"地思考问题，尤其在他后来成为科学家的过程中起到了相当大的作用。晚年钱学森回忆父亲时颇为感恩地说道：

我父亲钱均夫很懂得现代教育，他一方面让我学理工，走技术强国的路；另一方面又送我去学音乐、绘画这些艺术课。我从小不仅对科学感兴

---

[1] 《本厅第四十五次纪念周钱秘书均夫先生讲词》，《浙江教育行政周刊》1931年第3卷第16号。
[2] 《北京高等师范学校附属高等小、国民学校简章》，《北京高等师范学校校友会杂志》1916年第1期。

趣，也对艺术有兴趣，读过许多艺术理论方面的书，像普列汉诺夫的《艺术论》，我在上海交通大学念书时就读过了。这些艺术上的修养不仅加深了我对艺术作品中那些诗情画意和人生哲理的深刻理解，也学会了艺术上大跨度的宏观形象思维。[1]

可见，钱学森受到良好的人文与艺术熏陶主要得益于父亲钱均夫的悉心安排。钱均夫结交了不少文化学者，他便利用这种人际关系，请他们为钱学森"补课"。

1917年钱学森六岁即将进入小学时，就被父亲领到好友孙厪才家中拜师"学艺"。孙厪才是晚清进士，不仅在民国书法界颇有声望，而且具有相当扎实的国学功底。钱学森后来回忆拜师当天的情形说："厪才师提笔写一短句，此为我习字的始点。"孙厪才不仅传授如何写书法的技艺，同时还讲解书法流派及其背后的国学知识。所以，钱学森一直将孙厪才看作"启蒙老师"，正是这位启蒙老师后来为他和蒋英书写了结婚鸳鸯谱。

书画同源，钱均夫发现钱学森练习书法时对绘画产生了兴趣，于是又请好友高希舜担任钱学森的美术老师。钱学森心灵手巧，很快掌握了绘画技巧，开心地对父母说："在观察景物，运笔作画时，那景物都融在我的心里。那时，什么事情都被忘掉了，心里干净极了。"钱家搬到杭州后，钱均夫还特地将钱学森的几幅绘画作品装裱后挂在家中。可惜的是，1937年日本轰炸杭州时投掷的燃烧弹正中方谷园，那几幅作品被毁。

所以，钱学森在晚年思考教育问题时，就直言不讳地说："教授不但是科学家、工程师，而且同时又是文学家、诗人，这是中国知识分子的优良传统。惜当今的中青年中，这个传统已近消亡！"[2]而当他回忆自己中学时代所受到的人文与艺术熏陶时，不无自豪地说："我自己在中学就画过水彩画、中国画，拉过小提琴，写过小品文。在大学吹过号，参加过学校的管乐队。要注意的是：形象思维不同于抽象思维，他只能意会，不可言传。"[3]

---

[1] 顾吉环、李明、涂元季编：《钱学森文集（卷六）》，国防工业出版社，2012年，第420页。
[2] 李明、顾吉环、涂元季编：《钱学森书信补编（3）》，国防工业出版社，2012年，第396页。
[3] 涂元季、李明、顾吉环编：《钱学森书信（6）》，国防工业出版社，2007年，第158页。

狭义的家庭教育便是指具体的课外辅导。有意思的是，钱均夫在钱学森小学和中学时代都曾请过家庭教师，尤其是高考前还请过两位大学生为钱学森补课冲刺：一位是正在北京大学读书的赵迺抟，专门辅导中文和英文；一位是正在北京女子高等师范学校读书的骆雯，专门辅导数学、物理和化学。赵迺抟和骆雯是男女朋友，而赵迺抟是钱均夫担任浙江省立第一中学校长时的学生。当时赵迺抟因经济出现困难，面临辍学，钱均夫便请他们两人一同来家中为钱学森辅导，同时还能解决他们的经济困难，一举两得。

赵迺抟毕业后前往美国哥伦比亚大学攻读经济理论硕士学位，回国后执教于北京大学经济系，是我国著名的经济学家，著有《欧美经济思想史》《欧美经济学史》《披沙录》等。

父子之间切磋学问

钱均夫读书时就有良好的阅读习惯，还总结出一套行之有效的"三步读书法"，后来便将这套方法秘传给儿子。每到暑期，钱均夫会开列阅读书目，并且还同钱学森一起阅读。每次阅读分三步：第一步初读，浏览书籍基本内容；第二步精读，将感兴趣的书籍从头至尾地读；第三步重点地读，即将书籍中的重要内容反复阅读且做读书笔记，并须将读书笔记交给父亲审阅。

这种读书方法是父子两人切磋学问的途径，父亲通过审阅读书笔记可以知晓钱学森对书本知识的了解程度及其所思所想。与此同时，这种读书法对扩大钱学森的知识面也有相当大的作用，使他可以接触更多学校里无法学到的知识，而且还能够培养钱学森的求知欲。鲜为人知的是，这种切磋学问的方法对钱学森走上航空航天道路还发挥过重要的"激发"作用。

钱均夫有阅读报刊的习惯，尤其关注世界科学技术的发展动态。经过长年累月积累，钱均夫具备了非常丰富的航空知识。1932年3月7日，钱均夫任职浙江省教育厅期间，在一次演讲中做了《御侮声中应具备之航空知识》的专题讲座。他从航空事业、空军组织、航空势力和航空经营四个方面，对国际国内的航空形势做了分析。当时日寇气焰嚣张，凭借飞机优势，侵沪轰杭。钱均夫的演讲使听者如醍醐灌顶，深以为然。讲座最后，钱均夫认为，德国和日本已经从儿童、小学时代培养"航空事业之兴趣"，然而我国"非特事事落后,即临渴而欲掘井",因此呼吁大力培养航空人才。[1]

实际上,钱均夫准备讲座前同钱学森有过深入交谈,探讨世界各国航空事业现状和中国发展航空事业的前景。此后,钱学森在1933年至1935年陆续发表六篇有关航空航天方面的文章,并且钱学森在文章中使用的例子、数据和观点,与钱均夫在讲座中的举例存在相同或相似之处。这一历史细节透露出父子之间相互切磋学问,极有可能是促使钱学森转向航空航天研究的思想源头。最终,钱学森于1934年考取清华大学留美公费生"航空门(机架组)"名额,实现了父亲的航空强国梦。

由此可见,懂得现代教育的父亲钱均夫和秀外慧中的母亲章兰娟,在家庭教育中充分尊重并激发钱学森的兴趣爱好,同时引导钱学森树立积极向上的人生观。因此,钱学森的那句"我是接受了我父亲和母亲的培养和教育"是有重要内涵的,值得当今为人父母者思考。

---

[1] 钱均夫:《御侮声中应具备之航空知识》,《浙江教育行政周刊》1932年第3卷第28号。

大学时期立志工科报国

钱学森高考时,"为复兴祖国所以决心学工科"。1929年9月,钱学森以高分考入交通大学机械工程学院。他在上大学时不忘初心,坚守"工科报国"志向,逐渐将学术兴趣转移到航空工程领域。钱学森大学毕业后考取清华大学留美公费生资格并赴美求学,从此走上航空科学研究的学术道路。钱学森在大学时期打破那种刻板的工科生形象,在音乐、设计和摄影等艺术领域表现出出众才华。他还关注和思考教育问题,成为"钱学森之问"的思想起源。可以说,钱学森在大学时期学业有成,同时找到了人生努力的方向。

第五章

在交通大学的求学生活

1929年至1934年钱学森在交通大学度过五年求学生活,其间因染上伤寒休学一年,休学期间仍坚持自学。这五年是他科学人生的起步阶段,系统和完整地接受了工科教育,同时又在老师的指导下践行理论与实践相结合的科学方法,为他留美时期提出和发展技术科学思想奠定了基础。

通过自主招生考入大学

交通大学由著名实业家、教育家盛宣怀创办于1896年,初创之际名为南洋公学,以培养经济和政法人才为主要目标。交通大学办学目标历经几次转变,逐渐发展成为以工科为主,兼及理科和管理科学的综合性大学。钱学森在交通大学读书的时代正是交通大学发展的黄金期,被称为"东方麻省理工"。学校既有"大师",又有"大楼",办学经费充裕,科研教学设备齐全,为其他大学所羡慕。

与现行高考制度不同,民国时期高等教育规模不大,大学自主招生,自行制定招生章程和组织考试。并且,很多大学彼此默契,错开考试时间,以便考生可以同时投考几所大学,最后由大学和学生根据成绩彼此"双向选择"。所以一个考生同时考取几所大学的例子比比皆是,但钱学森当年只报考了交通大学。

（左）图2-1　钱学森读书时期的交通大学校门

（右）图2-2　1929年钱学森考入交通大学后在杭州方谷园家中的合影（右起：女佣、奶奶、母亲章兰娟、父亲钱均夫、钱学森）

1929年6月，交通大学按照惯例在《申报》《大公报》《晨报》等影响力较大的媒体上公布招生章程。考试时间安排在7月23日至25日，考点设在交通大学校内。每天考两门课程，共计六门：国文、英文、物理、化学、高等代数、解析几何。交通大学虽属工科院校，但历来重视国文教育，每年入学考试首门就是国文。这年国文考题有作文、简答和解释三类，每题又分几道小题目，试题如下：

（一）作文（任选一题40分）

1. 试各述立身之大本及为学之方针。
2. 交通事业与国家之关系。

（二）答下列各问（30分）

1. 孔子之教以六艺，何谓六艺？
2. 秦始皇焚书坑儒，何以至今仍有秦以前之载籍？
3. 孔安国所传之尚书，系古文抑系今文？
4. 六朝最盛行者为何种文体？
5. 唐代文章家以何人为最有名，其理安在？
6. 何谓六书，能举例以明之否？

（三）试释下列各题（30分）

1. 韩愈谓"文以载道"，但谚云"文人无行"，何说为是？试抒所见。
2. 文字为民族精神所寄，而时人有倡废中国字以代拼音字者，是否可行？试举所见以对。
3. 胡适谓文言文为死文学，白话文为活文学，试各抒所见以评之。
4. 西文重文法，中文则须"思之思之，神明通之"，究竟中文有文法否？

不难看出，国文考查内容涵盖的是整个文史哲范围。除属于史实性的典故有标准答案，其余国文题目均无标准答案，重在考查学生的"历史借鉴""时代问题""哲学思辨"以及"批判精神"等。

8月4日，《交通大学录取新生案》在《申报》第二版头条公布。在机械工程学院录取名单中排名第三的便是钱学森，整个机械工程学院录取新生二十名。钱学森的总分是396分，各科成绩分别为：国文51分，英文80分，物理50分，化学85分，高等代数60分，解析几何70分。直到晚年，钱学森仍记得当时被录取的情形。他说：

我是北京师范大学附属中学高中二部（理工科）毕业后，于1929年夏考入上海交大机械工程系的。记得当录取名单在上海《申报》公布时，我在机械工程系的名次是第三。第一名是钱钟韩，现在的南京理工大学名誉校长；第二名是俞调梅，现在的上海同济大学教授。不过他们二位后来都转入它系，只有我留在机械工程系。

事后据学校统计，投考者与录取者的比例约为5∶1，可见竞争之激烈。当时自主招生均采取笔试，没有面试环节，一锤定音。这种考试模式有其优势，可以最大限度保证考试的公平和公正。

有一种观点：在北京读中学的钱学森为何没有选择清华大学，而是舍近求远选择交通大学，主要是因为交通大学毕业生普遍能够找到体面且高薪的工作。这是符合历史事实的合理推断，交通部管辖范围的铁路客货运输及其周边行业能够提供不错的"铁饭碗"，其他如邮电、航运、基建、建筑、银

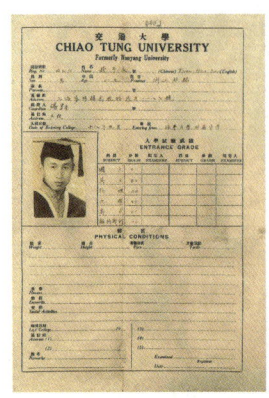
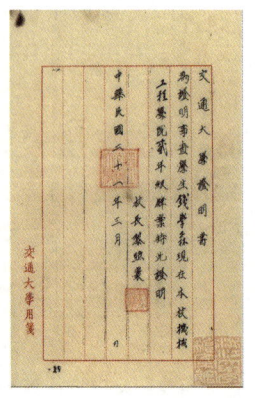

（左）图2-3　钱学森的入学登记表

（右）图2-4　1932年交通大学因一·二八事变延期至四月份开学，其间包括钱学森等浙江籍交通大学学生曾到浙江大学短暂借读（原件存浙江大学档案馆）

行以及管理等都是高薪行业。且其他大学一、二年级学生退学，重新投考交通大学也是常有之事。

但就钱学森而言，报考位于上海的交通大学除了工科报国的主观原因之外，还有就是出于举家南下的客观原因。1927年父亲钱均夫便前往南京任职教育部一等科员，不久又回到杭州任职。当时他考虑到搬家对钱学森学业的影响，于是就让章兰娟留在北京为钱学森高考做好后勤保障。直到1929年钱学森考入交通大学，钱家才彻底搬回杭州，钱学森寒暑假都会回到杭州居住。

另外一个因素就是，北京师范大学附属中学的学子对交通大学的名声早已如雷贯耳了。那个时候，每年开学教务主任都有一篇成绩报告，说：我们北师大附中今年暑假毕业多少人，有多少人考上了北京大学、清华大学，多少人考上了交通大学。所以，在同学们的心目中这三所学校是最好的，将来就要到这三所学校去。

为分数而奋斗的工科生

9月9日是交通大学新生报名入学之日，当年包括钱学森在内的145名工程学院新生开启了大学生活。其中，55名为大学预科直接入读，90名为校外通过考试录取的新生。三个工程学院（机械工程学院、电机工程学院和土木工程学院）新生被编成三个班，钱学森在甲班上课。

钱学森入校后不久，就感受到一种不适应：尖子生会集的交通大学特别注重分数。交通大学素以培养工科生著称,专业特征要求必须夯实基础知识。因此所有工程学院一、二年级学生必修数、理、化等基础课程,直到三年级才分为机械、电机、土木等专业授课。

交通大学的学生有"四多",即课程多、作业多、考试多、论义多。从钱学森在交通大学的课程表可见,钱学森在交通大学读书期间的课程繁多,且每周课程都处于饱和状态。不仅如此,为了区别学生成绩排名,考试成绩计算到小数点后两位,以"一分论英雄"。当时,学校里存在着"北师大附中派"和"扬州中学派"之分,钱学森属于"北师大附中派"。这些尖子生经常为了"母校"的名誉,在考试成绩上暗中竞争。

钱学森在交通大学的课程表

学年	第一学期课程(每周课时)		第二学期课程(每周课时)	
第一学年	国文(2) 党义(2) 物理实验(3) 化学实验(3) 铸造厂实习(3) 军事科学(2)	英文(3) 大学物理(4) 大学化学(3) 机械制图(6) 微积分(4) 法语(3)	国文(2) 大学物理(4) 大学化学(3) 画法几何(6) 微积分(4)	英文(3) 物理实验(3) 化学实验(3) 铸造实习(3) 军事科学(4)
第二学年	机械学(4) 物理实验(3) 化学分析(3) 经验设计(6) 军事科学(2)	大学物理(4) 工程化学(2) 机理(3) 木工车间(3) 微分方程(2)	木工车间(3) 工程化学(3) 运动图(3) 材料强度(3) 微分方程(2) 热力工程(3)	大学物理(4) 化学分析(1) 机械车间(4) 军事科学(2) 应用力学(3)
第三学年	热力工程(3) 电气工程(3) 工程材料(3) 机械设计理论(3) 工程经济学(3)	化学实验(3) 电气实验(3) 机械设计(6) 机械车间(6)	热力工程(3) 电气工程(5) 机械设计(6) 水力学(3) 调查报告和实地考察(4)	化学实验(3) 电气实验(3) 机械设计理论(3) 工程合同(2)
第四学年	电站(3) 内燃机(2) 机车车辆设计(7) 汽轮机(3) 机械工程研讨会(3)	机械试验(3) 铁道工程(3) 工业管理(3) 发电厂(3) 航空工程(3)	发电厂(3) 内燃机(2) 机车设计(7) 车辆设计(2) 机械工程研讨会(3) 公文(2)	机械实验(3) 铁道工程(3) 铁道管理(2) 汽车工程(3) 成本核算(3) 航空工程(3)

(资料来源:钱学森交通大学成绩大表,原件存上海交通大学档案馆)

钱学森在大学一年级仍采取高中时期的学习方法,两个学期分别取得83.34和83.30的总平均分,且名列甲班第一,但在整个年级不算最好。他很快意识到大学与高中的不同之处,作为"北师大附中派"的成员要为"分数"而奋斗,必须改变以往的学习方法,且暗下目标:考试成绩要达到90分!他回忆说:

后来我进入上海交通大学,在上海交大的头一年,我就感到没什么学,因为那些课基本都学过,不过那时上海交大讲考分,80分还不行,得90分才算好学生,所以我在上海交大的第一年都花在背书上了,你要90分得背书啊!我记得很清楚,那时有一化学分析课,实际上是定性分析课,这课也要考。这课要考九十几分,除了背之外没有别的办法。我那时下苦功,临考试几天,我就把那本不厚的英语分析化学教科书,从头一页到最后一页,连加注、书页下端的注,全部背下来,去应付这个考试。

(左)图2-5　1930年"北师大附中派"同学合影留念(后排左三为钱学森)
(右)图2-6　钱学森大学毕业前与同学的合影

这种死记硬背式的"童子功"学习法很快见效，钱学森渐渐适应了这里的学习节奏，成绩"扶摇直上"，从大三开始每学期都实现了成绩超过90分的目标。按照学校规定，学期成绩达到90分可以享受免除缴纳学费的奖励，因此钱学森大三和大四的四个学期都享受到了免交学费的待遇，相当于拿到全额奖学金。几十年之后，钱学森仍记忆犹新地回忆说：

当时交通大学的求知空气并不很浓，但却十分重视考分，学期终了，平均成绩计算到小数点以后两位数字。我对此很不习惯，但也不甘落后，每门功课必考90分以上，获得了免交学费的鼓励。

1934年7月，钱学森以总平均成绩89.10的高分毕业，名列机械工程学院榜首。校长黎照寰特地给他颁发奖状，表彰他"潜心研攻，学有专长"。大学毕业时，他还得到了一份众多学子梦寐以求的荣誉：斐陶斐荣誉学会会员。

斐陶斐荣誉学会创办于1921年，是由北洋大学美籍教授J.H. Ehlers发起的全国励学组织，定名为斐陶斐（The Phi Tau Phi Scholastic Honor Society）。斐陶斐即哲学（Philosophia）、工学（Techologia）及理学（Physiologia）希腊字母Phi Tau Phi之音译。学会总干事由Ehlers担任，范源濂、郭秉文、胡适、张伯苓、司徒雷登、包文和卜舫济等皆为创始会员。学会宗旨是"选拔贤能、奖励学术研究、崇德敬业、共相劝勉、俾有助于社会之进步"。

该学会成立后便在国内主要高校建立分会，以严格标准遴选会员。一般由高校知名和杰出教授担任会员，并以全体会员全票通过方式遴选毕业生为会员。1934年交通大学毕业生中，除钱学森之外，还有张光斗、安定一、倪文杰、壮怀、徐人寿、鲍成佐、袁祥等人经过投票入选为斐陶斐荣誉学会会员。

1934年6月30日下午3点，交通大学第三十四届毕业典礼在文治堂举行。当天中午，校长黎照寰按照惯例在家中宴请新入选斐陶斐荣誉学会的八位会员。宴会结束后，由校长黎照寰和八位学子一起前往参加毕业典礼。无论是在留学时还是归国后，钱学森一直非常妥善地珍藏着斐陶斐荣誉学会会员证书。

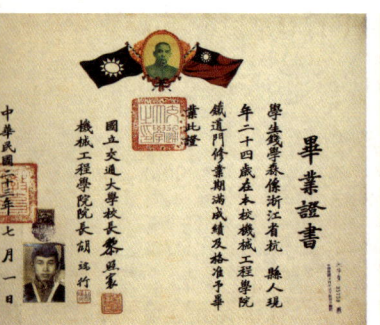 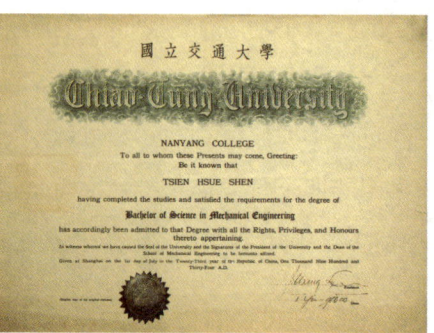 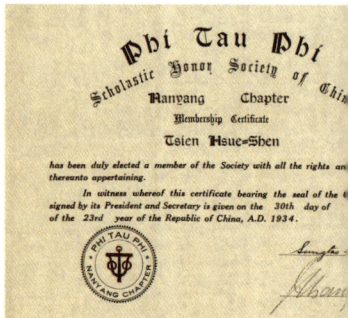

（左）图2-7　钱学森的国立交通大学毕业证书
（中）图2-8　钱学森的国立交通大学学士学位证书
（右）图2-9　钱学森的斐陶斐荣誉学会会员证书

为何难忘两位大学老师

钱学森晚年回忆大学生活时，经常提及两位难以忘怀的老师：陈石英和钟兆琳。陈石英是工程热力学教授，钟兆琳是电机工程教授。钱学森大学时代上过三十多位老师的课程，为何念念不忘这两位老师呢？对此，有必要了解两位老师的学术经历和教学方法。

陈石英生于1890年，是我国著名热工学教育家。1906年毕业于山东烟台海军学校，1913年前往美国麻省理工学院留学。1916年学成归国后，历任交通大学教授、系主任、代理教务长等职。1949年以后，历任交通大学校务委员会副主任委员、副校长，兼任中国机械工程学会上海分会会长。1983年因病去世，在交通大学工作长达六十七年，被亲切地称为"陈老夫子"。

陈石英讲授的课程主要有力学、水力学和热力工程等，教学认真严谨，一丝不苟。据说，钱学森的一次热力学考试答卷原本能获得满分，但老师只给了他99分，并且把扣分的理由告诉了他，称这是为了防止滋长自满情绪。及至晚年，钱学森仍怀感恩之心回忆说：

> 专业基础课中给我教育最深的是陈石英先生，他讲工程热力学严肃认真而又结合实际，对我们这些未来工程师是一堂深刻的课。我对陈先生是尊敬的。

除讲课之外，陈石英还负责指导学生做热工实验课程。钱学森动手能力强，且特别细心。有一次，钱学森和同学记录的热工实验报告长达100多页，书写工整、思路清晰，且具有设计美感。陈老师看到这份实验报告后，为之惊叹，知道钱学森未因被扣一分而气馁，而是谦虚向上，于是就给了满分。此外，陈老师还特别注重培养学生的创新精神。他讲课时经常举的例子是美国福特汽车公司创始人老福特的孙子，敢于改造祖父创办的企业以适应新时代，进而告诫学生要敢于创新。这对钱学森产生过重要的影响，他晚年经常用老师的例子来鼓励年轻人要敢于创新、勇于创新、善于创新。

1955年10月，钱学森回国途经上海时，曾经到母校交通大学座谈讲学。座谈会主持人正是陈石英老师，座谈会结束后他还陪同钱学森游览校园，参观曾经读书的教室、住过的宿舍等。1980年钱学森出差上海，又专程前往陈石英家中拜访，可见钱学森的尊师之道。几年之后，钱学森在他写下的那份影响自己一生的十七位老师的手稿中，将他和另一位大学老师钟兆琳一并列入，且写明原因："理论与实践"。

钟兆琳生于1901年，浙江德清人，我国著名电机工程专家，1923年毕业于南洋大学（现交通大学前身），翌年前往美国康奈尔大学留学，获得硕士学位后于1927年归国，到母校执教。历任交通大学电机系主任、电工器材制造系主任、西安交大教授、陕西省电机工程学会第一届理事长等职。20世纪30年代研制出中国第一台交流发电机和电动机。

交通大学是一所工科大学，向来注重实验和动手能力的培养，电机实验更是闻名全国高校。交通大学工程馆有一间电机实验室，各类电机实验设备齐全，在高等学校中屈指可数，这为当时包括钱学森在内的交大学子提供了培养实际操作能力的平台。钟兆琳老师身体力行，经常指导学生动手做实验。

钟兆琳老师不仅"授业"，而且"传道"，经常教导学生处理好做事与做人之间的辩证关系。1990年4月钟兆琳在上海华东医院病逝，钱学森闻之不胜悲痛。随后，钱学森在追悼会上敬献花圈，表达对老师的哀思。钟兆琳百年诞辰时，年届九十高龄的钱学森亲笔致函母校：

我是一个交通大学学生，毕业于1934年，在那年夏日出校。钟兆琳是我的老师，我是钟老师的一个学生！

"师恩永志于心！"钟兆琳过世以后，钱学森和他的两个儿子结下了学术缘分。钟兆琳长子钟万勰教授是著名的古文字和考古学家，幼子钟万勰是著名计算力学家。钱学森晚年与他们建立起频繁的书信往来，与钟万励讨论中国传统文化，又与钟万勰讨论工程力学问题。每当两人有新的研究成果，也一定会请钱学森"指正"，这后来成为学术界的一段佳话。

从接受教育的专业角度看，钱学森属于典型的工科生，尤其是通过系统的大学工科教育，奠定了他成为工程师的专业基础。但钱学森似乎并未满足于此，恰在此时两位大学老师在教学过程中主张"理论与实践"相结合，给了钱学森思想上的启迪。正因如此，他后来反复强调说：

在交大，非常感激两位把严密的科学理论与工程实际相结合起来的老师，一位是工程热力学教授陈石英，一位是电机工程教授钟兆琳。

如何理解钱学森的"非常感激"之情？1994年2月7日钱学森在写给钱学敏的信中道出原因说："30年代初入上海交通大学学机械工程（铁道门），基本上是工程课，但教电机工程的钟兆琳教授和教热力学的陈石英教授都非常重视理论根底。"纵观钱学森科学思想的发展过程，技术科学思想是他早年思想的重大理论成果，是他后来创立"工程控制论""系统工程""现代科学技术体系"等思想的基础。

技术科学思想的核心是"科学理论与工程实际"的结合，可以理解为"科学家"和"工程师"的合一。1947年交通大学邀请已经成为著名青年科学家的钱学森回国讲学时，他首次系统地阐述了技术科学思想的理论内涵、研究方法和研究对象。当然，这是后话。由此来看，两位大学老师是钱学森从工程师转变为科学家的启蒙导师，交通大学是钱学森科学生涯的起点。

第六章

"钱学森之问"的思想起源

"钱学森之问"是钱学森晚年系统思考教育问题,尤其是创新人才培养问题的一次"呐喊"。"钱学森之问"引起社会各界人士的广泛关注,各种求解法相继而生。其实,钱学森早在交通大学读书时便思考过教育问题,并且公开发表己见。而为他提供思考空间的,就是他"每天必去的地方":图书馆。

"每天必去的地方"

图书馆藏书量是衡量大学综合实力的重要指标。交通大学图书馆建成于1918年,楼高三层,面积近3000平方米。当年建成便投入使用,为学子读书与学习提供了舒适环境。至今,这所中西结合式的建筑仍矗立在交通大学徐汇校区,见证了交通大学近百年的发展历程。

民国时期的交通大学虽是一所以工科为主,兼及理科、管理的大学,但学校图书馆藏书范围不限于理、工、管等专业,还收藏了大量文、史、哲等方面的书籍,共计有各类中西藏书7.5万册,以及各类报刊近千种。

钱学森读小学和中学时就养成了"泡图书馆"的习惯,他到交通大学读书后,图书馆几乎成了每天必去之地。图书馆每天早上8:45开馆,晚上9:45闭馆。只要没有课程安排,钱学森都会去图书馆。他后来回忆说:

图2-10　交通大学图书馆

那时上海交大图书馆在校门右侧红楼,是我每天必去的地方。一是读报,二是看书。当时学校订了许多报纸,有国民党办的,也有进步人士办的。国民党的报纸"太臭",我是不读的。对图书,特别是科技书,那真是如饥似渴,什么科目的书都看。[1]

钱学森在图书馆读书不带任何功利目的,"什么科目的书都看",且"如饥似渴"。从这段回忆,可以感受到大学时代的钱学森对于获取知识的渴望,同时也能想象到每天在图书馆埋头读书的青年钱学森的形象。水力学老师金悫经常在图书馆里看到钱学森,他说钱学森在校时"总是在图书馆里钻研、攻读,掌握了课堂上没讲过的知识,他深深懂得学海无涯,攫取知识务求渊博"。

后来,钱学森自己也承认说:"从一定意义上讲,没有图书馆和资料馆,就没有今天的钱学森。"正是在图书馆里漫无目的的阅读过程中,钱学森不仅养成了自律的学习习惯,同时还培养了善于思考的科学精神和敢于批判的思辨精神。无形之中,他逐渐对教育问题产生兴趣,并从"受教育"角度对当时的教育问题提出异议,敢于发声。

---

[1] 《图书馆与钱学森》,上海交通大学钱学森图书馆,RW-钱学森-1930-10。

敢于对教材内容提出异议

众所周知，教材是知识的官方认证，教材内容的正确性是无疑的。但钱学森在一次阅读过程中，却发现一份教材中存在着两处错误。这两处错误并非明显的印刷错误或内容错误，而是"逻辑"错误。

1931年11月30日，钱学森照例来到图书馆阅览室读书。他拿起一本新刊《浙江教育行政周刊》（第三卷第十二号）阅读，当看到署名"浙省立六中附小"的文章《抗日救国中心教材举例》时便觉得该文存在问题。随后，钱学森便写了一封信件寄给杂志社主编。《抗日救国中心教材举例》一文是浙江省立六中附小针对如何抗日救国，就国语科、算术科、社会科、自然科和音乐科的教材问题举出的例子。钱学森发现《社会科教材例》所刊之《日本出兵侵占东三省的原因》及《自然科教材例》两篇中存在着"隐性"错误。

《日本出兵侵占东三省的原因》认为，日本侵占东三省的原因是想向东三省迁移人口，垂涎东三省丰富的物质资源，尤其是粮食资源，最后达到"开拓新大陆"的目的。随后文章对日本人口问题和粮食问题进行了具体分析，归纳起来，就是因为日本人口迅速增加，急需向外移民，而美国、澳洲等地排斥黄种人。同时，日本国内山岳居多，又常遭地震火山侵袭，全国耕地不及国土面积的三分之一，人口增长速度超过粮食产量增速，当"他们看见我们东三省的豆类、麦类等农产物出产很多，所以他们便乐于侵略了"。

但钱学森觉得这种分析存在逻辑问题，于是他从图书馆里找来《日本年鉴》仔细核对数据，并分析1897年至1922年日本每人每年稻谷、甘薯、麦、豆等粮食的平均产量，最后得出结论：

> 日本之粮食生产，远超过其人口之增加，故日本人无粮食问题，即日人无人口问题。而谓人口问题、粮食问题，完全为日本预备侵略之国际宣传耳。

由此可见钱学森洞察力的敏锐，一针见血地揭穿了日本侵略者的本质。不仅如此，钱学森还发现《自然科教材例》提到飞机部件的技术名词时有两处错误。他指出错误所在，同时还画了一幅"飞机之尾部"示意图：

研究栏第十六页下方，第四行有："藉蒸汽力而旋转"一句，似亦有错误；盖今日飞机之发动机，全依汽油及空气混合之爆炸力为动力也。

同页第六行之"后端制一舵，以司上下左右"，此说亦欠正确，盖通常飞机之一尾部，有舵、鳍、水平平衡器，及升降器四部（附图），为飞机之主要操纵装置，此外尚有副翼（Aileron）。

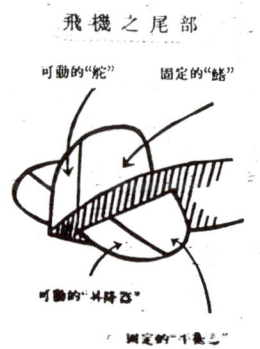

钱学森手绘"飞机之尾部"图

当杂志社主编孙弗侯收到信件后，看到钱学森"引各项详实统计与学理实物作证"，"深佩钱君读书之精细"，于是将其刊登在杂志"读者论坛"栏目。恰如其言，此种精细读书是钱学森严谨学风的体现，是一位科学家应当具备的基本素养。这充分反映出钱学森"尽信书不如无书"的独立思考精神，及其背后对教育问题的关注和思考。如其在信中所言："用陈鄙见，以献一得之愚，幸赐刊载，俾资研究；并希教界先进，有以教我也！"

"这是几句忍不住要说的话"

钱学森性格中有一种豪爽之气，有时对待某些问题会毫不客气地给予批评，敢于发出自己的声音。他在交通大学时就有过一次"这是几句忍不住要说的话"的感慨。究竟何事会让年轻的钱学森"忍不住"要说呢？

钱学森不是那种"一心只读圣贤书"的人，他对当时的教育现象有着极为热切的关注。他通过观察发现普遍存在着如下情况：

现在都说一般学生平均成绩不良，我总以为是对于功课从来没有彻底了解的缘故。读书的时候，只知道应付考试，不求书籍中之真意义。譬如：读完了几何学而根本不知道几何学的立足点何在，公理及推出定理之关系，以及所用推理方法对于结果之关系。因为根本不明白这些基本的东西，所以做出来的解答，往往会引用了未知的定理，或引用了题断而变成了循环论证。

他对产生这种现象的原因进行分析后，认为："我想其主要原因，为教师的失职，及学生头脑训练之不足。"随后，他又展开具体分析，说：

这真是可叹的事，中国自废私塾以来，教学的外形是变化了很多——不，直可以说是追上了世界上的先进国。但是教学生的方法，总是不管学生懂不懂，而一味地注射，很少能注意到养成其思考、解决问题的能力。其实，要知道，堆积式的知识，其价值决不如有条理、敏锐的头脑。

紧随其后，钱学森"对症下药"，提出培养"敏锐的头脑"的措施。

第一，应当从幼年或小学时代训练，"教师应该努力将玄学式的论断方法，模糊的意识，自学生头脑中排去"，使学生能够明白事物的规律性和因果关系。

第二，教学内容应当与时俱进，其理由是："在今日世界工业高速度进步之下，我想必须注意到一时一刻，简直一分一秒的进展。不如此的话，你无论如何不能在学生面前描出一幅正确的、有系统的现代文化的图画。"钱学森还向教育界建议，应当将科学技术发展的前沿知识及时地传授给学生，主要包括：

（一）生铁的大量生产完成，马丁炼钢法成功；最近又有专炼精钢的电热法。

（二）煤的机器采掘法完成，生产能力增加。

（三）蒸汽汽轮机完成，蒸汽机效率、能力增加，及锅炉燃烧改良，用煤大为节省。

（四）内燃机完成，自动车、飞机因此方有可靠、适宜的原动机。

（五）轻金属工业，即铝、镁工业成立，高速度交通得赖以建立。

（六）化学工业进步，于是肥料、染料，及其他天然的限制解除。

（七）大规模的生产方法，即垂直的，及横的托拉斯，及最近的"康平"的组织完成，生产的效能、经济，大为改善。

（八）冶金工业进步，有特殊性质的合金钢，如镍钢、铬钢、锰钢、铬镍钢，及锰黄铜、铝黄铜的发现。

然而，钱学森发现教育界普遍存在的"却是一些不合实际，脱离实际的旧时代的古董"。尤其是教师很少能够与时俱进地讲解现代科学技术的发展前沿，如此"又如何能令学生了解今日庞大的工业呢"？

思索再三，钱学森决定将这种现象逐一列出并分析原因，写成《这是几句忍不住要说的话》后投给浙江省教育厅师资进修通讯研究部主办的《进修半月刊》。杂志社收到文章后经过审稿，决定录用并将其刊登于1932年第2卷第12期上。钱学森在文章中还提出以当下的教育现状，如何才能实现孙中山提出的"迎头赶上先进各国"的梦想。可以认为，这句发自肺腑之言与他晚年提出的"钱学森之问"旨意略同。

第七章

一位工科生的艺术修养

民国时期中小学普遍重视艺术类课程，钱学森是此种"美育教育"的受益者。进入交通大学读书后，他不仅勤于专业学习，还显露出他在音乐、设计和摄影等艺术领域的出色才华，改变了那种刻板和不苟言笑的工科生印象。

专业水平的次中音号乐手

钱学森对音乐的兴趣始于休学期间，在与表弟李元庆的接触交往过程中的音乐体验。李元庆当时就读于杭州国立艺术专科学校，经常带着钱学森到杭州青年会听音乐。当钱学森病愈回到学校后，就彻底迷上了音乐，不仅开始读丰子恺的《音乐的听法》、张若谷的《到音乐会去》，而且还到图书馆找 The One Hundred and One Best Songs、Literary Digest 等阅读。1932年钱学森得到年度奖学金后，便到上海南京路去买名曲唱片。

因此，当同级好友林津动员钱学森加入学校管弦乐队时，钱学森爽快地答应了。不久，钱学森就成为学校管弦乐队的一员，开始练习次中音号。1932年11月16日的《交大三日刊》对管弦乐队的成立做了报道，称：

图2-11 交通大学管弦乐队合影（前排左一为钱学森）

本校向来除军乐队外无弦乐队之组织，虽平日善乐器者大有人在，而迄未能有所集合。闻现已由袁炳南、郭宗仪二君发起组织一管弦乐队，已请定工部局乐队队员C.Y.Van Hyest君为教师，队员大致已征集就绪。闻由郭宗仪、吴肇初、邵象华三君奏First Violin，陈业勋、华美熙二君奏Obligato，袁炳南、陈宪章、关燮和三君奏Second Violin，毛楚恩君奏Flute，林津君奏Bb Clarinet，尹保泰君奏First Cornet，龚绍雄君奏Second Cornet，谢栋君奏Eb Alto，钱学森君奏Euphony，熊大纪君奏Side Drum，胡晓园君奏Bass Drum。预订每星期二下午四时在音乐室练习，闻将于十二月中公开演奏，愿加入者请至郭宗仪君处报名。

于是，钱学森和同学们每周二下午都会聚集在一起练习。他为了吹好乐器，还自己花钱买票去听管弦乐队的演奏。钱学森的大学好友罗沛霖回忆说：

那时，我们已经都是音乐爱好者了。他参加了交大的铜乐队，每天下午在房里抱一个Euphonium（一种军号型的中低音乐器）吹大半个小时。毕业时拿了奖金就去买了一套Glazunov的Concert Waltz唱片。我是跑上海北京路旧货店买旧的唱片，Caruso、Tetrazzini、Schumann-Heink、Amato、Chaliapin、Kreisler、Paderewski、Stokowski的……学森也来我房间同听。

不仅如此,钱学森还积极地参加学校其他乐团的活动,例如1933年交通大学的《军乐队成员名单》《学生会管弦乐队成员名单》《雅歌社成员名单》《口琴会名单》中,均记载着钱学森的名字。

具有"技术美学"思想的设计师

众所周知,钱学森大学时期的一份96分的水力学试卷,是反映他谦虚和严谨态度的典型。通过仔细观察卷面可看出,答题过程行云流水、一气呵成,且排列工整、构图清晰,反映出他对试题的熟悉程度。可以说,这六页答题纸就像一幅艺术作品,充分体现出钱学森晚年提出的"技术美学"的特征。

钱学森在交通大学期间,是1934级级刊委员会美术部的干事,负责设计《交通大学民二三级毕业纪念册》级徽以及校友通讯录的封面。

可以说,如果将钱学森早年科学手稿综合审阅,不难发现"技术美学"思想贯穿他的整个科学生涯。直到几十年之后的1980年3月20日,钱学森在接受《文汇报》记者采访时,就以自身经历鼓励搞科学技术的人应该搞一点文艺,且语重心长地说:"青年人不能太拘束,要有雄心壮志,客观世界总是可以认识的,总是可以改造的,我们不要畏难,我们一定能追上去!"那么,如何使青年人不太拘束,有雄心壮志,或许"技术美学"可以在"宏达思维"的训练方面有不可估量的影响。这也是钱学森晚年利用历史唯物主义分析技术与艺术的发展历史之后,提出并提倡"技术美学"的原因。

图2-12 钱学森设计的交通大学1934届学生毕业纪念册封面

专业且狂热的摄影发烧友

钱学森对摄影产生兴趣是受到了表哥章镜秋潜移默化的影响。章镜秋在20世纪20至30年代上海摄影界名震一时,其摄影技术精湛,曾在《红玫瑰》《游戏世界》等杂志上发表过不少摄影作品。

钱学森在交通大学读书期间,经常去舅舅章乐山家中找表哥章镜秋玩。钱学森在表哥章镜秋的指导下开始学习摄影技术,他的学习能力特别强,不仅找来专业书籍阅读,还经常同章镜秋探讨和交流摄影技术。后来,钱均夫看到儿子如此喜欢摄影,便购买了一台Rolleiflex双眼相机送给儿子。正所谓"工欲善其事,必先利其器",钱学森有了这台照相机之后,摄影技术渐臻成熟。

在留存的钱学森拍摄的照片中,有几张拍摄时间不详的照片,照片内容非常珍贵,具有相当的历史文物价值。从照片内容可知,应是杭州市中心某几处建筑被日寇轰炸之后的景象,断壁残垣、瓦片四溅,甚至能够从照片中人们的神态和举止,看出他们的迷茫和担心,战争已经来临。

1935年在"杰克逊总统号"航行太平洋之际,钱学森俨然成了清华大学留美公费生们的"跟拍记者",拍摄了大量的沿途风光、人物和景色。留美后,钱学森的摄影爱好愈发不可收,留美二十年未曾放弃,在留学生圈中是一位知名度极高的摄影爱好者,甚至是一位有些狂热的摄影发烧友。

留美期间,钱学森用奖学金买过一台Weltini相机,并且在读博时还在租住的公寓中搭建了专门洗照片的冲印棚。当时同住的范绪箕说,钱学森对摄

图2-13 章镜秋骑摩托车照(此照由钱学森从不同角度拍摄,1934年)

影不仅"在艺术上和技术上都有追求，如在时间、距离、角度、取景等方面都有考究"，而且"在洗印技术方面也讲究软镜头、放大、拼接合成等技巧"。因此，中国留学生聚会时都由他担任摄影，甚至袁家骝和吴健雄结婚时还请其担任现场摄影。

钱学森还是一位善于自拍的高手，且对灯光和角度都运用自如，达到了"人机合一"的地步。1947年钱学森结婚之后，就理所当然地成了一位专职家庭摄影师，拍摄了大量的家庭生活照。并且，他还精挑细选出经典照片制作成幻灯片欣赏。妻子蒋英在钱学森的指导下，摄影技术日益进步，经常为钱学森拍摄照片。这些照片不仅为了解钱学森留美时期的日常生活提供了直接图像资料，从中还能够看到当时留美中国学生群体的生活状态，包括他们的着装、居住、饮食、爱好和交友等。

图2-14 杭州被日寇轰炸后的惨状（钱学森摄）

第八章

学术兴趣转向航空工程研究

长期以来形成的观点认为：1934年钱学森考取清华大学留美公费生是他走上航空航天之路的发端。近年来的研究显示，钱学森的航空航天之路实则始于大学时代。但令人疑惑的是，交通大学是在1934年钱学森毕业之后的秋学期才在机械工程学院内设置"飞机组"专业，1942年才设置航空工程专业。那么，钱学森在交通大学时已经拥有哪些航空知识？又是通过何种途径获得的？这些问题的回答，将有助于了解钱学森如何完成学术兴趣的转向。

钱学森发表的航空文章

钱学森留学美国之前到底发表了多少关于航空方面的文章，无法得到准确的数字。笔者经过多年搜索，大体上统计出钱学森发表的论文共计有六篇：

《美国大飞船失事及美国建筑飞船的原因》，《空军》1933年第24期

《航空用蒸汽发动机》，《空军》1933年第34期

《最近飞机炮之发展》，《空军》1934年第67期

《飞行的印刷所》，《世界知识》1934年第7期

《气船与飞机之比较及气船将来发展之途径》，《航空杂志》1935年第1期

《火箭》，《浙江青年》1935年第9期

其中，前三篇发表于交通大学求学之际，后三篇发表于考取清华大学留美公费生后在南昌、杭州、南京等地实习之际。同时，有必要对这六篇论文的主要内容做一番介绍。

1933年钱学森第一篇关于航空知识的文章是《美国大飞船失事及美国建筑飞船的原因》，发表于《空军》（1933年第24期）。文章的主要内容是对美国Akron飞船（一种充氦气的硬壳飞艇，隶属于美国海军。1933年4月4日在美国新泽西州海岸附近失事，飞艇上76人中有73人死亡，仅有3人生还）的构造和失事一事进行了详细分析，但是文章的落脚点在英美各国为何会对耗费如此之大的航空工程感兴趣。钱学森在分析完飞船失事原因后，笔锋一转："说完了这件事，我们不得不问一问，为什么英国和美国都用了数千万元来建筑这么大的飞船？它们在军事上，究竟有什么用处？我们知道用飞船来轰炸敌国的时期已经过了，因为它易为飞机所攻击。现在的飞船，都是用来做侦察任务的。但是海军在洋面上侦察，用巡洋舰或飞机似乎都可以的。他们为什么要用飞船？"接下来，钱学森通过对"飞船和巡洋舰""飞船和飞机"，在观察能力、耗费、防御能力以及搭载量等方面进行综合比较，认为飞船都具有优势。最后钱学森还指出，对于中国而言，完全无须建造飞船，其原因有三：

（一）中国海军无殖民地，且非攻击侵略的国家，所以无长距离飞行的必要。何况中国的敌人日本，其全部土地皆在长距离的轰炸机飞行能力之内，所以更无须能一气飞行一万里的飞船。

（二）飞机的制造费较小，一机所费不过十数万元，而飞船则须数千万元，相差一千倍。而且飞机制作较易，无须十分特殊的技术，所用材料也较易采置。飞船则须十分专门的技术，就如美国那样高度技术的国家，也还得请教德国的工程师，所以在现在情况之下，中国实无制造飞船的能力。

（三）中国海军根本薄弱，也当然无制造飞船这特殊武器的必要。因为健全的军力，必须是平衡的，各方皆备的组织。

就在钱学森发表此文不到四个月，当年的第34期的《空军》又刊登了他的《航空用蒸汽发动机》一文。文章首先回顾了蒸汽机用在飞机上的历史事例，然后从航空用蒸汽发动机的特点、现状以及成功的实验案例三个方面，对蒸汽机用在飞机上的可行性做了评估。最后，钱学森认为："蒸汽发动机在理论上有胜于汽油机处，并且实验的结果又证实了它的特长，所以在不远的将来，我们将见到今日独霸航空界的汽油发动机为蒸汽发动机所代替。"文章还说，正是由于蒸汽发动机的优点，"大型飞机制造上的难关，一大部分可以打破，结果必有空前的大军用机出现"。钱学森在文中还提出颇为"环保"的观点："我们必须知道的，就是蒸汽机不用汽油，其他燃料如煤、炭等等无不可用。因此对于不产汽油的国家如我国，尤有莫大的价值。这也是今日我国高唱航空救国时，所应注意的。"

钱学森毕业之前三个月，又在当年《空军》第67期上发表《最近飞机炮之发展》。这篇文章的主要内容是综述飞机上安装重型炮的历史、特长、发展及使用。文章中所引用的实验案例，是英国空军将三七毫米口径重炮安装在飞机上的案例，认为这种飞机炮在空中、海面及陆地上都有极强的威力。"由此看来，这种新式飞机炮比起实验初期的产物，真不知道，有多少的阻步，也就是英国空军不断努力的结果了。"

钱学森发表的三篇文章，都是刊登在《空军》上。那么，这个刊物是什么性质的呢？《空军》创刊于1932年11月12日，由中央航空学校《空军》周刊社出版，每周一期，1937年8月停刊，先后共出版241期。应当说，《空军》面对的读者群主要是在校学生，以宣传航空救国和介绍航空知识为主要内容，并非学术刊物。可以肯定，交通大学图书馆订购了此刊。笔者在上海图书馆借阅此刊时，发现封面上都有"交通大学图书馆藏"字样，是因新中国成立后院系调整移交上海图书馆的。

1934年钱学森考取清华大学留美公费生，随后由清华大学安排为期一年的专业实习。此间，他又发表了《飞行的印刷所》《气船与飞机之比较及气船将来发展之途径》《火箭》等三篇文章。

《飞行的印刷所》发表在1934年12月16日的《世界知识》（第1卷第7期）上，主要内容是对当时苏联最大的飞机"马克辛·高尔基"号的介绍。

这架飞机的主要功能是搭载了印刷机，是苏联用来宣传的工具。它每小时可以印出8000多张宣传单，并且还有照片冲印室，以及配置了16架电话机、广播系统、可作为浴室或厨房的房间、书籍陈列室。显然，这样的文章属于知识介绍性的，所以它刊登在"小智识"栏目里。

《气船与飞机之比较及气船将来发展之途径》发表在1935年1月31日出版的《航空杂志》（1935年第5卷第1期）上。该期刊为月刊，由航空署编辑委员会编辑出版。钱学森在文章中主要对气船与飞机的性能做了对比分析，并提出气船的改进途径和发展前景。当时，气船是科技进步和国家实力的象征，但20世纪20年代至30年代，飞机性能日益提高，气船的军事价值逐渐被飞机取代，人们对气船的发展前景产生怀疑。钱学森的论文针对这一观点提出："气船之历史过短，吾人所制之气船过少，尚不能断言其果能否致诸实用"，应"以正确之目光，比较其长短，然后更研究其改进之途径"。文章通过飞行效率、最经济吨位与旅客舒适度，对气船与飞机的长短优势进行了比较后认为：（1）气船改进之余地尚多，而尤以大气船为有希望，飞机则在吨位方面似已达一限度；（2）气船作长途飞行，其安全性必不亚于飞机；（3）吾人终在不远之将来，见世界航空线上，满布伟大之气船。有意思的是，钱学森在此文中的"见世界航空线上，满布伟大之气船"的判断，被后来航空发展的实际状况及自己所从事的航空航天事业所否定，但这从另一方面说明钱学森的创新思维能力。

《火箭》发表在1935年7月出版的《浙江青年》（1935年第1卷第9期）上。该刊为月刊，由浙江省教育厅编印。首先，钱学森从《东南日报》一则新闻谈起，谈及人类征服太空的工具，即火箭。其次，钱学森用生活中的案例说明火箭上升的原理，即牛顿第三定律。谈到火药问题时，钱学森用列表的形式指出各爆炸混合物的排出速度和动量，分析了混合物的沸点和存贮条件后，认为液体氧和汽油是理想的燃料。随后，钱学森分析了到星球去的火箭的构造。为了增加火箭的推力，需使用三级火箭，但如果到月球上需要再加上一个，到火星上去需要加两个；并认为火箭飞机不是做梦也不是神话，而是可以实现的。最后，钱学森呼吁："全世界都热心于火箭了，工程学家或科学家都动员了，他们努力地，忍耐地，一步一步地走向征服宇宙的路。

朋友，他们每一步都是坚实的！"钱学森的这篇文章颇具科幻色彩，反映出他对未知领域的强烈的探索精神。

综观钱学森发表的文章，其所涉及的航空领域包括：飞机、飞船、火箭、航空用发动机以及飞机炮（武器）等。这些领域背后又囊括了以下的知识内容，即空气动力学、蒸汽机、飞机机翼气动力学、火箭燃料，并且提出多级火箭概念及星际旅行设想。由此可见，钱学森在大学时期就已经形成了初步的航空知识体系。

交通大学的航空工程教育

交通大学在1942年成立航空系，但其实早在1929年便已着手建立航空专业，到1934年秋学期设立"飞机组"专业。据《交通大学日刊》（1929年3月29日）报道：

> 本校现因亟谋扩充建设起见，除于组设扩充设计委员会外，随时聘请专家名人参观指导。兹悉程秘书长，日前特邀现任铁道部技正卢维溥先生到校参观，查卢先生毕业于美国麻省理工大学，专习航空与造船二科，均有特别研究，兴味特浓，且卢先生对于本校，感情素厚，此番到校参观之后，益信本校之办理较为认真。本校当局欲搜罗人才计，并拟添设航空一项，苦无相当人才与计划。现悉卢先生精于此技，特恳允为本校设计一切，闻经商量结果，卢先生已有允意。[1]

但当年筹划航空科的计划，因种种原因未能落实。随后交通大学开始在机械工程学院内开设"航空工程"选修课，作为大学四年级学生的选修课。钱学森在大三时就发表过航空文章，因此当然不会错过四年级的航空工程选修课；并且，他的考试成绩在当年的14名选修生中名列第一。通过查看交通大学在二十年度至二十三年度所做的教员、课务以及课本调查表，可以清晰地梳理出此段时间担任航空工程选修课的教师及其使用的教

---

[1] 《本校筹划航空科——拟聘专门人才设计》，《交通大学日刊》1929年3月29日。

科书（见下表）。

交通大学航空工程选修课一览表

日期	教员	教育、工作背景	课时	课本
二十年度第一学期	郑日孚	奥海奥大学土木工学士，爱奥华省立大学理学硕士（1928），爱奥华省立大学哲学博士（1930）	每周4时	自编讲义
二十年度第二学期				自编讲义
二十一年度第一学期				Simple Aerodynamics and the Airplane by Motieth
二十一年度第二学期	曾桐	南洋大学机械工程学士（1925），密歇根大学航空工程硕士，曾在美国海军马丁机械工厂任设计师，中国航空公司工程师	每周3时	Simple Aerodynamics and the Airplane by Motieth
二十二年度第一学期				Simple Aerodynamics and the Airplane by Motieth
二十二年度第二学期				Simple Aerodynamics and the Airplane by Motieth
二十三年度第一学期	王成志	上海工业专门学校电机工程专科（1916），哈佛大学机械工程学士（1917），麻省理工学院工程学士（1917）、航空工程硕士（1918）	每周3时	Warner: Airplane Design-Aerodynamics
二十三年度第二学期				Airplane Design and Construction by Pomilio

（资料来源：上海交通大学档案馆所藏《二十年度第一学期机械工程学院教员课务课本一览表》《二十年度第二学期机械工程学院教员课务课本一览表》《二十一年度第一学期机械工程学院教员课务教科书调查表》《二十一年度第二学期机械工程学院教员课务书籍调查表》《二十二年度第一学期机械工程学院教员课务书籍调查表》《二十二年度第二学期机械工程学院课务书籍调查表》《二十三年度第一学期机械工程学院教员课务书籍调查表》《二十三年度第二学期机械工程学院教员课务书籍调查表》）

钱学森选修航空工程的授课老师是曾桐。其实除航空工程选修课外，交通大学机械工程学院的课程设置也为钱学森获取航空知识提供了条件，这主要是由于航空工程课程得益于机械工程学院基础课程的训练。例如，清华大学、浙江大学、中央大学最初设立航空专业时，都是在机械工程学院内选拔学生进行航空知识方面的训练。钱学森的同学陈更新后来回忆说：

我们学校的课程，电机和机械在一二年级的时候都是一样的。所学的东西，大都是中学里有点根底的，虽然材料丰富很多，但是像吃包饭菜一样，味道总不见得新鲜。一旦升了候补老爷——三年级，那么机械和电机的同学就不免要洒泪而别，个人向着他们高奥的路上走了。现在单就机械门的一方面说，一钻进了三年级，就像吃的是大三元的大菜，家乡风味，分外可口。因为所学的都是入了机械门的课程，所以门门新鲜，科科有趣。……除了上述的学科，还有两科可以选读，航空工程和航海工程，这两科都另有很专门的学问，选读的不过是知点大概就是了，若然想精细研究，跨过了太平洋或者可以满足你的欲望了。[1]

课程之外的知识积累

当然，仅仅有课程内设置的航空工程，实际上还不足以支撑钱学森在六篇文章中所体现出的知识结构，必定有其他途径。图书馆中的藏书为钱学森获得更多的航空知识提供了条件。多年后钱学森说：

我是学机械工程的，常去找有关内燃机的书，特别是找讲狄赛尔发动机的书来读，因为它热效高。后来我的专业是铁道机械工程，四年级的毕业设计是蒸汽机车。但是到图书馆借读的书绝不限于此，讲飞艇、飞机和航空理论的书都读，讲美国火箭创始人戈达德的书也借来看。我记得还借过一本英国格洛尔写的专讲飞机机翼气动力学理论的书来读，当时虽没有完全读懂，但总算入了气动力学理论的门，这是我后来从事的一个主要专业。

由此看出，广泛的阅读使得钱学森不仅了解科学的发展前沿，了解别人的最新成果，而且能够从中得到启发，发现别人没有研究过的课题。正因如此，钱学森大学四年级时便已经完成航空工程研究的学术兴趣转向，所以大学毕业之后毅然放弃交通部安排的就业实习，等待留美公费生的考试。而他在考取名额后，仅仅实习两个星期便对飞机的设计、制造"知其大概"，没

---

[1] 陈更新：《机械工程学院三四年级课程概况》，《南针》1933年第5期。

有充分的航空知识做预备是不可能做到这些的，钱学森的这些航空知识预备在交通大学求学之际便已形成。

另外，不得不提的是钱学森的堂弟钱学榘。他与钱学森的求学经历有着惊人的相似之处：同样考入交通大学机械工程学院，同样以第一名成绩毕业，同样考取清华大学留美公费生，同样进入麻省理工学院航空系。更巧的是，他在交通大学的四年时间里也发表了5篇论文和翻译了1篇航空知识方面的论文：

《飞箭》，《交大学生》1934年第1期

《相似原理应用于航空机薄层结构之计算》，《交大周刊》1934年第2期

《关于飞箭的话》，《航空杂志》1934年第11期

《同温层飞行之工程问题》，《航空杂志》1934年第11期

《旋翼航空机之讨论》，《航空杂志》1935年第3期

《二行程式航空发动机之讨论（上）》（钱学榘翻译），《航空杂志》1936年第8期

《二行程式航空发动机之讨论（下）》（钱学榘翻译），《航空杂志》1936年第9期

不难发现，钱学榘发表《飞箭》一文要比钱学森的《火箭》还早一年。1935年，钱学榘本科毕业论文的题目为《航空器动力问题之检讨》，这是他后来从事科研工作的主要领域。可以肯定，兄弟两人在交通大学读书之际曾对航空工程研究有过深入讨论交流。

客观地讲，当时的航空科学是新兴的热门学科。钱学森发表文章的《空军》《航空杂志》《浙江青年》等杂志，属于以传播科学知识为宗旨的普及性刊物，并非专业学术期刊。例如，《美国大飞船失事及美国建筑飞船的原因》一文就被《小世界：图画半月刊》杂志节选，以《美国大飞船失事》为题刊登在1933年第28期上，其受众主要是在校中小学学生。但不能忽视的是，正是钱学森在交通大学求学之际对航空工程研究的最初探索，开启了他的航空航天科学研究之门。

第九章

考取清华大学留美公费生

1933年清华大学面向全国公开选拔留美公费生，至1944年先后招收六届，共计132名，史称"国立清华大学留美公费生"。这些留美公费生成就斐然，对20世纪中国政治、经济、科学、思想和文化等领域的发展起到过重要的推动作用，钱学森便是其中一位。

前往南京参加选拔考试

1934年钱学森大学毕业之际，已经完成学术兴趣转向，且希望能够得到专业化训练。当时，能够提供如此机会的有两条途径：一是教育部选拔的意大利公费生；二是清华大学留美公费生。但意大利公费生必须以参加国民党空军为前提，于是钱学森决定将参加清华大学留美公费生考试作为唯一机会。因此他毕业后没有参加交通部安排的京沪、沪杭甬铁路的实习，而是回到杭州家中复习迎考。

当时，留美公费生选拔考试是清华大学的年度大事。1934年5月12日，学校就开会磋商考试的办法纲要等，组织考试委员会具体负责落实。由校长梅贻琦亲自担任委员会委员长，张子高、叶企孙、顾毓琇、周鲠生、周炳琳、秉志和张可治等清华大学教授担任委员。教育部特派一名官员担任委员，以示重视。不久之后，考试委员会对外公布考试章程。1934年清华大学留美公费生初定选拔名额二十五名，共二十一门学科。如下：

历史（注重美国史）	一名	人口问题	一名
考古学	一名	国势清查统计	一名
油类工业	一名	劳工问题	一名
造纸工业	一名	成本会计	一名
陶瓷工艺	一名	国际私法	一名
理论流体学	一名	地方行政	一名
高空气象学	一名	水利及水电	二名
海产动物学	一名	航空（原动机及机架）	二名
应用植物生理学	一名	机械制造	二名
农学（注重选种）	一名	电机制造	二名
农村合作	一名		

清华大学选拔公费生有明确的目标，这是因为选拔科目"为国内不能研究深入"或"现有人才不足分配"；通过选拔人才赴美留学，"藉应国内迫切需要"。可见，清华大学留美公费生具有为国选才的宏大目标。所以，清华大学对参加留美公费生考试的资格做出相应的规定：

（一）国内公立或经教育部立案之私立专科以上学校毕业，曾继续研究所习学科二年以上学校毕业，而有价值之专门著作，或其他成绩者。

（二）国内公立或经教育部立案之私人专科以上学校毕业，并曾任与所习学科有关之技术职务二年以上者。

（三）国内公立或经教育部立案之私立大学或独立学院毕业而成绩优良者。[1]

---

[1] 《国立清华大学考选留美公费生广告》，《申报》1934年8月13日第14版。

根据规定，北方考生前往清华大学报名，南方考生前往位于南京的中央大学报名。报名时间为8月11日至17日，逾期不补。报名之前须提交体检报告，只有体检合格者，才被允许参加考试。

8月13日，钱学森终于在《申报》上看到清华大学考选留美公费生广告。于是，他按照要求准备材料，乘坐火车前往南京报名，并留在南京借住在颐和路二十号父亲学生厉麟似（时任教育部专员）的家中，等待开考。翌年春季，钱学森考取清华大学留美公费生之后，按照规定须在国内进行专业实习，他前往南京实习时又曾借住过厉家几天。厉麟似妻子唐丽玲晚年曾告诉儿子厉声教说："钱学森身着长衫，因其母亲去世不久，左臂还戴着黑纱。"

钱学森报名时除提交必要手续之外，还提交了已经发表的文章。当年，包括清华大学、交通大学、北京大学等21所大学的176名学生报名参加考试（实际参加考试的有118名），其中报名应考航空工程的就有8人（实际参加考试的是6人），但有趣的是清华大学本校却无人应考航空工程。

8月21日至28日，清华大学留美公费生选拔考试在北京和南京同时进行。清华大学留美公费生考试分为三门科目，共计一百分：党义占百分之十、普通科目（国文为百分之八、英文为百分之八、德文或法文为百分之四）占百分之二十、专门科目占百分之七十。每科考试时间均为三小时，若英文出题则必以英文答题。无法得知钱学森的普通科目语言选考的是德文还是法文，因为钱学森高中时选修过德文，大学时代又选修过法文。钱学森参加的航空工程机架组的考试为五门专门科目，命题者如下：

微积分及微分方程	姜立夫	南开大学
应用力学及材料力学	罗忠忱	唐山工学院
热工学	张家让	南京建设委员会
结构学	蔡方荫	清华大学
机械设计及原理	杜光祖	交通大学
航空工程	王士倬	清华大学[1]

---

[1]《国立清华大学二十三年度留美公费生考试命题阅卷员名单》，中国第二历史档案馆，全宗号：五；案卷号：15292。

其中，"结构学"与"机械设计及原理"两门，任选其一。同样无法确知钱学森选考了哪门，但他在大学上过杜光祖的课，或许选考"机械设计及原理"的可能性比较大。钱学森结束考试后回到杭州，等待结果的心情肯定是忐忑的。与此同时，清华大学留美公费生考试委员会正紧锣密鼓地组织阅卷。据报道称：

至本届考试办法，因投考人数过多，决取严格主义，各卷全系弥封，而弥封号卷，与试卷号数不同，另定密号，俟将来考试完竣，评阅试卷规定分数后，再开考试委员会，拆开弥封，如此更可防止一切弊端。[1]

9月28日，考试委员会结束所有考生的阅卷工作，并对考生成绩二次审核之后，最终确定各门学科的合格者。

清华大学的放榜日

经过紧张的等待，揭晓结果的放榜日终于到来。

10月2日，"国立清华大学考选留美公费生揭晓通告"正式对外公布。当年，经过"残酷"考试获得公费赴美留学资格的有20名。这个结果比原定的25名少了5名，是因为考试委员会宁缺毋滥，考试总成绩平均分必须达到50分以上才有资格入选。幸运的是，榜单上写着：

航空门（机架组）一名　钱学森

毫无疑问，幸运背后是钱学森艰辛的付出。据统计，6位参加航空工程机架组考试的总平均分都在60分以下，钱学森名列第一。其中，令考试委员会刮目相看的是钱学森提交的文章，显示出一定的学术水平。综合各因素之后，钱学森成功获得公费留美的机会。

当时，凡是能够获得清华大学留美公费生资格的考生，都被视为"黄金

---

[1] 《海外黄金梦　留美公费生考试举行》，《清华暑期周刊》1934年第6/7期。

海外梦"的幸运儿。对钱学森来说,以此为机会,可以系统地学习航空工程的理论知识。诚如钱学森后来回忆:"1934年夏我报考清华公费留美,改行了,要学航空工程。录取后,在国内杭州笕桥及南昌的飞机工厂见习了一个月,算是入门。"随后,钱学森按照清华大学的规定在国内进行为期半年的专业实习,为出国学习航空工程做准备。

在国内的专业实习

成绩揭晓后,清华大学向二十名合格考生寄送《国立清华大学留美公费生管理规程》《国立清华大学留美公费生、国外研究生出国留学须知》。11月初,钱学森接到规程和须知后,根据清华大学规定着手准备实习事宜。

根据《国立清华大学留美公费生管理规程》第三条规定:"公费生录取后,于必要时须依照本大学之规定,留国半年至一年作研究调查或实习工作,以求获得充分准备,并明了国家之需要,其工作成绩经指导员审查认可后,资送出国。"随后,钱学森在清华大学的安排下,先后在杭州、南昌、南京、上海等地进行了为期半年左右的专业实习。当时,清华大学给钱学森指定的四位导师分别是:王助、王士倬、钱莘觉、王守竞。

王助(1893—1965),字禹朋,河北南宫人。1909年毕业于烟台海军水师学校,后赴英国留学,先后在英国阿姆斯特朗海军大学、德兰姆大学学习

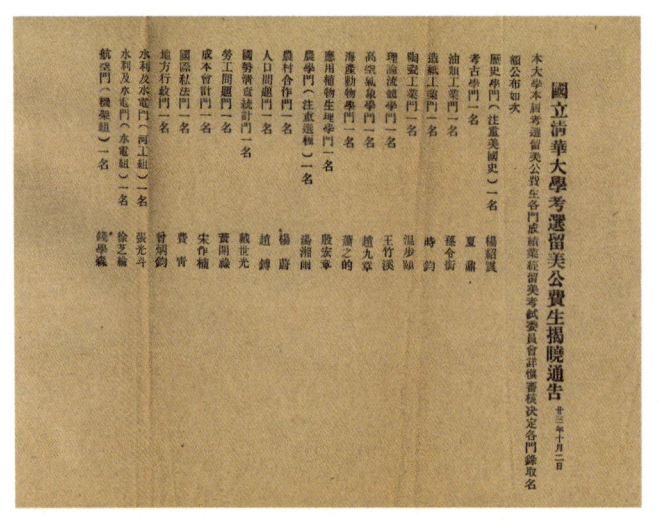

图2-15 清华大学考选留美公费生揭晓通告

机械工程。1915年毕业后赴美国麻省理工学院学习航空工程，并于翌年获得航空工程硕士学位。1917年任美国波音飞机公司第一任总工程师，年底回国后，先后担任海军部福建马尾海军飞机工程处副处长、上海海军制造飞机处处长、中国航空公司总工程师、中央杭州笕桥飞机制造公司监理、成都航空研究所副所长等。

王士倬（1905—1991），江苏无锡人。1928年获得美国麻省理工学院航空工程硕士学位，毕业后在该校学习工程管理。回国后，任国立清华大学机械系航空组教授，1934年至1935年在北京和南昌主持设计、建造了中国最早的两座航空风洞，后任航空委员会军政厅编译处副处长、贵州大定中国航空发动机制造厂厂长、国民政府航空工业局副局长等。

钱莘觉（1901—1988），又名钱昌祚，江苏常熟人。1917年毕业于上海浦东中学后考入清华大学，1919年由清华大学选派赴美国麻省理工学院机械系就读，1922年转入航空工程系，1924年获得麻省理工学院航空工程硕士学位。同年回国后在浙江工业专门学校、清华大学任教，此后先后担任中央航空学校教育长、校长，航空委员会技术厅副厅长、代理厅长，南川第二飞机制造厂厂长等。

王守兢（1904—1984），江苏苏州人。1924年毕业于清华大学，同年赴美留学，1926年获得哈佛大学硕士学位。1928年获得哥伦比亚大学物理学博士学位，随后在威斯康星大学物理系从事博士后研究。1929年秋回国，先后任浙江大学物理系主任、北京大学物理系主任。1933年投身于国防事业，主持光学工业。1949年赴美常居，在美国国防部与麻省理工学院合办的林肯实验室工作。

近年来，作者曾先后三次到清华大学档案馆查阅档案，发现钱学森实习之际曾先后给清华大学校长办公处写过七封信函。这些信件均由校长办公处呈送校长梅贻琦阅后批示给留美公费生管理部处理，信件内容主要涉及专业实习、生活津贴和出国手续等。

最早一封信写于1934年11月15日，钱学森正在杭州笕桥飞机制造厂实习，王助是该厂监理。钱学森汇报了在王助指导下实习的情况，信中写道：

> 学森先在中央杭州飞机厂中研习：一面在禹朋先生（作者注：即王助）指导之下练习阅读各种杂志及研究报告并绘制图表；一面在厂中见习飞机制造知识。数月后再赴钱莘觉（作者注：即钱昌祚）先生处，往航空委员会所属之各飞机厂见习。惟学森现以家庭关系，一切工作不得不于四星期后开始，实亦不得已之事。禹朋先生亦谓，如能早日到厂则早日到厂。此亦学森所愿也。生活津贴亦请贵处照章直接寄下为盼。

钱学森在信中提及的所谓"家庭关系"，实则是因为收到母亲章兰娟病危消息急需请假回家，但母亲不久之后仍因病重去世。12月9日，钱学森在办完母亲丧事后忍痛回厂继续实习；月底，他致函清华大学校长办公处告知已经回厂实习，并且报告近半个月的实习情况。他在信中写道：

> 初一星期在厂中各部见习，以了解其全体概况，明了飞机各部机件制造程序及其分配工作办法，尤注意于洽装配部，研究每一机件之功用。如是者一星期，随时学习，对飞机制造方法已知其大概。第二星期即开始在各部分别详细学习，自木工部开始，亦已一星期矣。王禹朋先生并在暇时授学森以实际飞机设计之方法及如何阅读工程杂志及试验报告。然学森实习已两星期，贵处津贴请速寄杭州方谷园十六号钱均夫转交为盼。

清华大学安排的专业实习以实践性课程为主，辅之以理论学习，且给予实习生活津贴。当梅贻琦收到钱学森的这封来信后，很快于1月9日在信上批示："生活费自十二月起发给。"依据清华大学规定，清华大学留美公费生自实习起发放生活津贴。但其时正值寒假之际，档案显示翌年春季开学清华大学会计处便将三个月生活费150元一次性寄给钱学森，即按照规定的50元/月。因此，钱学森实习七个月（1934年12月至1935年6月）共计领取生活津贴350元。

此后，钱学森在杭州笕桥飞机制造厂完成木工部见习后，又到机工部和

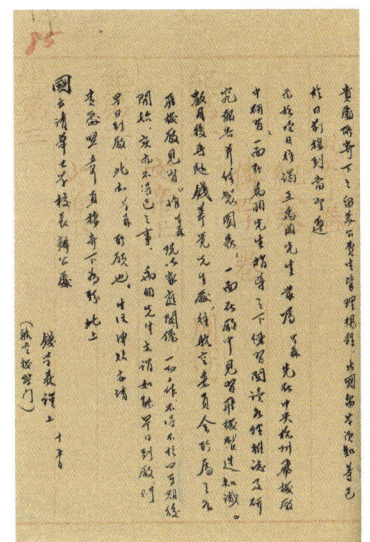
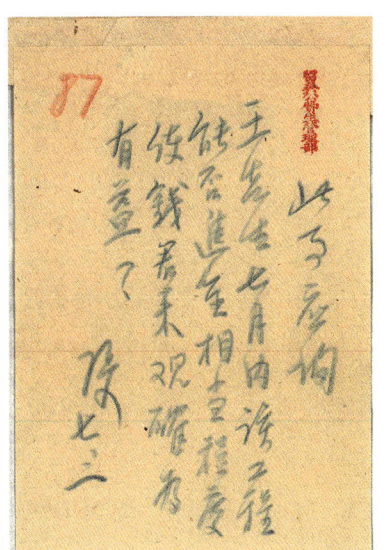

（左）图2-16　1934年11月15日钱学森写给清华大学的第一封信函（原件存清华大学档案馆）

（右）图2-17　1935年7月2日梅贻琦询问王士倬，可否让钱学森参观建设中的风洞（原件存清华大学档案馆）

金工部见习，直到当年4月份结束。随后，他又陆续前往南昌第二飞机修理厂、南京第一飞机修理厂和上海海军飞机处见习，前后近两个月时间。值得一提的是，钱学森除每月领取50元生活费，实习期间清华大学还报销所有差旅费，共计有两笔，清华大学档案馆均有原始记录。

第一笔是1935年5月7日提出的报销清单：

由杭州至上海（三等）：二元九角

由上海至南京（三等）：三元七角五分

由南京至九江（官舱）：十一元

由九江至南昌（三等）：三元一角

单程共计：二十元七角五分

往返共计：四十一元五角

加膳、宿，另用五成：二十元七角五分

共计：六十二元二角五分

第二笔是1935年6月25日提出的报销清单：

由杭州至北平三等火车票计：二十七元八角

往返计：五十五元六角

另加住膳费用五成：二十七元八角

共计：八十三元四角正

钱学森在杭州实习时得知清华大学正在建设风洞，因此于6月25日致函清华大学校长办公处，提出到清华大学办理出国手续时"一观其究竟"。他在信中写道：

日前贵校航空工程教授王士倬先生来杭，亦曾于禹朋先生处会见，谈及风洞设置事，学森现拟北上赴贵校一观其究竟，想于学森将来研究不无帮助。禹朋先生亦以为然，且闻士倬先生暑期亦留校，则更可受教不少矣，顺道又可在津办理出国护照事，亦多便利处也。

梅贻琦收到来信后，便于7月2日批示："此事应询王先生，七月内该工程能否进展相当程度，使钱君来观确为有益？"梅贻琦所指"王先生"即王士倬。王士倬于翌日答复称："留美生来母校参观，倬意在原则上应予鼓励，至于风洞工程届时可观处仍不多也。"

当时，清华大学正在筹建风洞，尚未形成规模。即便如此，梅贻琦仍指示校长办公处于7月4日复函钱学森称："希起程来平，本校校长梅先生亦极思与台端一晤也。"随后，钱学森北上清华大学办理出国手续并面见校长梅贻琦，至于面谈内容未见档案记载。

1935年7月，钱学森办完出国护照和签证手续。8月，他怀着"到美国去学些技术"的朴素情感登上赴美邮轮，从而开启长达二十年的海外求学生涯。1935年9月至1939年6月钱学森先在麻省理工学院（MIT）获得航空工程硕士学位，后在加州理工学院（CIT）获得哲学博士学位。这四年的研究生读书生活是他科学生涯的生长期，尤其是清华大学同意延长钱学森的奖学金资助年限，使他能够在导师冯·卡门的指导下完成博士学业，且夯实了科研功底。钱学森留美初期的课余生活丰富多彩，享受着音乐带来的无穷乐趣。

第十章

北上办理出国手续

民国时期学生赴美留学办理出国护照和申请学生签证，以学校所在城市划分，南方在上海公安局和美国驻上海领事馆办理，北方在天津公安局和美国驻天津领事馆办理。1935年7月间，钱学森以北上到清华大学参观作为实习的最后一项内容，同时到天津办理出国护照和申请学生签证。一切就绪，他回到杭州整理行装，等待出海。

MIT同意接受钱学森就读

从清华大学档案可知，钱学森留学麻省理工学院是由钱昌祚和王助商定后，由梅贻琦最终决定的。钱昌祚和王助均毕业于麻省理工学院，熟悉该校情况。1934年11月2日，钱昌祚致函梅贻琦，建议将钱学森"派赴MIT麻省理工学院求学"，理由是"该校专任教授人数较多，设备及课程亦俱完善"。与此同时，王助以个人名义致函麻省理工学院航空工程系主任汉萨克，询问可否接受钱学森。汉萨克复函王助表示允可，并希望钱学森6月来美。为此，钱学森于1935年4月21日致函清华大学校长办公处，提出希望可以5月赴美，信中写道：

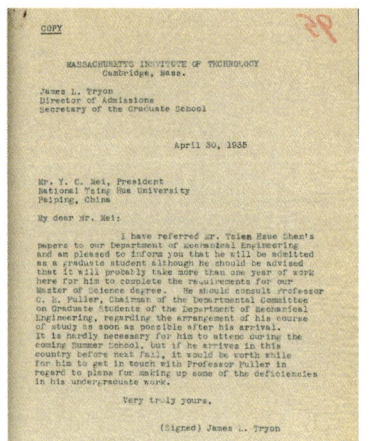

图3-1 1935年4月30日麻省理工学院研究生院秘书泰伦复函梅贻琦,同意接受钱学森入读该校(原件存清华大学档案馆)

前由王助先生以私人资格函询美麻省工科航空系主任Prof. Hunsaker以学森到美就学事,现复函已到,谓最好学森能于六月到美,则可入该校暑期学校补修Introduction to Aeromechanics及Introduction to Airplane Design等科。如此,则在秋季开学后即可入其本科四年,第二年入其研究院,并举前届美庚款留美公费生顾光复君为例,谓如此则在第二年暑期时,可以抽暇参观各工厂、各研究所,而不致影响学业。王助先生亦以能如此最宜。不知贵处可否变通办理,允许学森早日出国也,请即示知为盼。

梅贻琦在来信上批复:"准予五月中旬赴美,各项手续望即办理。"随后经梅贻琦指示,清华大学正式致函麻省理工学院,询问可否接受钱学森入读;4月30日,麻省理工学院研究生院秘书泰伦(Jams L.Tryon)复函梅贻琦,表示同意接受钱学森来校攻读硕士,他说:

我已经将钱学森的材料提交机械工程系,很高兴通知您,虽然我们建议钱学森将可能花费一年多的时间来完成硕士学业要求,但是已同意接受他为我校研究生,在他来校后应当尽早就课程安排请教一下C. E. Fuller教授。

这样,钱学森最终确定赴美进入麻省理工学院深造,但提早到5月出国的计划因办理护照和签证手续需要数月时间而未能成行。于是,钱学森只能按照原定计划实习,并于7月北上前往清华大学以及天津市公安局办理出国手续。

北上办理出国护照

钱学森被录取后按照清华大学寄来的《出国留学手续须知》，需要准备三份材料寄交清华大学：一是两份大学的英文成绩单；二是四张四寸证件照；三是一张由本人签具的《国立清华大学留美公费生志愿书》和担保人签具的《国立清华大学留美公费生保证书》，志愿书和保证书印制于一张纸的正反面。志愿书的内容为：

国立清华大学考选资送赴美留学，自愿遵守国立清华大学现在及将来所订关于留美公费生管理规章，并国立清华大学校长随时所发训示，决不违背。特具志愿书，送呈国立清华大学备案，所具志愿书是实。

从保证书可知，钱学森请母校交通大学机械工程学院院长胡端行担保。担保书内容为：

具保证书人胡端行，今因本院毕业生钱学森，国立清华大学考选资送赴美留学，情愿保证该生遵守国立清华大学现在暨将来所订关于留美公费生管理规程，并国立清华大学校长随时所发训示，倘有违背之处或该生有他项意外情事发生，本保证人负完全责任，特具保证书送请国立清华大学备案，所具保证书是实。

1935年2月，钱学森将上述材料寄送清华大学。当清华大学收齐所有留美公费生材料后，便统一向教育部申领《教育部发给公费留学生证书》。4月份，教育部办好所有证书后由清华大学寄还各位公费生。钱学森的留美公费生证书内容为：

钱学森年二十四岁，系浙江杭县人，国立交通大学毕业。本部核定给予清华大学官费派往美国留学合格证书。

钱学森的证书编号是五三七号，证书签署人为教育部长王世杰。与此同时，清华大学还寄送了一张美国领事馆出具的空白体检单，以便钱学森到医院体检证明无传染疾病。

1935年7月,钱学森北上实习并面见清华大学梅贻琦校长之际,还领取了《请领出国护照事项表》和《清华大学介绍函》。其间,他到宣武门内的大陆照相馆拍了免冠证件照。在北京期间,钱学森还专程到中学国文老师董鲁安家中拜访,董老师特地准备了钱学森喜爱的肉馅饺子招待。然而,钱学森赴美求学后不久就得知董老师竟"神秘"失踪了。

7月15日,钱学森携带材料前往天津市公安局办理护照,并支付一元印花税。护照封面由黑色牛皮纸制作,印有中华民国国徽及"中華民國護照"字样,且每页都有"中華民國護照"水印,大小为16cm×11cm,共有16页:第一页写有"中華民國護照公字第1008號"字样,以及天津市公安局印章;第二页贴有钱学森证件照,以及姓名、年龄、职业、籍贯、身高、相貌等信息;第三页的上半页为外交部声明,下半页是天津市公安局局长刘玉书的签章;其余为空白页,主要用于签证盖章或其他证明。

有意思的是,钱学森在天津市公安局办理护照时,按照要求需要将生日从旧历换成公历。钱学森因不懂历法换算,将生日写成"1909年9月2日",于是留美期间需要提交个人信息时只好如此填写。所以,钱学森留美时年龄就比实际年龄大了两岁,直到1955年回国后才恢复使用"1911年12月11日"。

申请"另纸签证"

根据美国1882年通过的《关于执行有关华人条约诸规定的法律》(又称1882年"排华法案"),华工被禁止前往美国;但1924年通过的《约翰逊—里德法案》第四条第五项规定,年满十五岁并"具有插入北美合众国有名学

(左)图3-2 钱学森在大陆照相馆拍摄的证件照
(右)图3-3 钱学森的中华民国护照

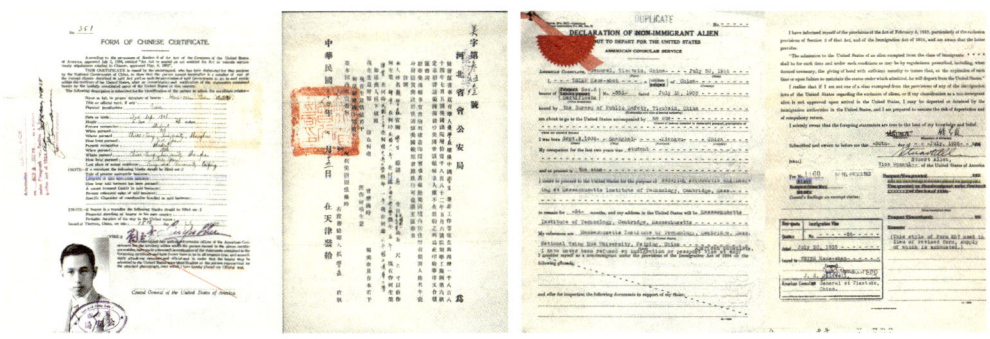

（左）图3-4　天津市公安局出具的中英文证明文件
（右）图3-5　美国驻天津领事馆颁发的"另纸签证"

校之资格且业经本部（工部）特许收留亚洲学生之学校"的可以获得学生签证赴美留学。所以，天津市公安局发放护照时，还照例出具了一份中英文证明文件，证明钱学森以学生签证身份赴美，而非华工身份。

7月30日，钱学森携带护照、证明文件和体检单到美国驻天津领事馆申请学生签证。是日，领事馆查验材料后发放了有效期为34个月的"另纸签证"。所谓"另纸签证"，是指未放在护照内页，而是单独开具在一张纸上。"另纸签证"又分正本和副本，正本寄交美国司法部移民归化局备案，副本归还护照持有者。

至此，钱学森办完出国前的所有手续。随后，他返回故乡，拜别亲友，准备启程赴美。钱学森在天津办理手续时，还结识了两位同龄人。其中一位同龄人叫娄育后[1]，两人一见如故。娄育后还赠言钱学森称：

> 民国二十四年七月二十九日初遇学森兄于津门钱府，倾谈之下，一见如故，因其态度谦和、好学不倦于育脑中留一深刻印象，乃过从三日，钱兄即将离津返沪，首途赴美深造，临别依依，谨赠此册并略志数语以资纪念。
>
> 娄育后谨志于天津新华大楼工程地
> 廿四.七.卅一

---

[1] 娄育后系清末天津著名绍兴师爷娄春蕃之孙，其父娄裕焘是娄春蕃三子。娄裕焘先后育有四子，另外三子分别为娄成后（植物生理学家、中国科学院院士）、娄肇昆（曾任天津市科协副主席）、娄明昆（著名实业家）。娄育后1910年生于美国，1933年毕业于天津南开大学。后留学英国，1939年回国参加抗战，曾任河北省人民代表、唐山市人民代表等。1975年9月7日病逝于唐山家中，终年65岁。

无从得知两位同龄人"倾谈"的内容,但娄育后对钱学森的"态度谦和、好学不倦"评价中肯。这个评价用以总结钱学森留美前的学习经历,比较准确。另一个名叫"亦梅"的同龄人赠言称:

数年来屡闻人言森乃一不可限量者,此次因事来津,相处数日,见君纯厚质朴,果一有志之青年,但不日即将出国深造,将来学成归国后,于吾国航空事业,自必有所建设也。数语书此,用志记念并录东坡句并呈:"有如社燕与秋鸿,相逢未稳还相送。"

亦梅于沽上
廿四.七.卅一

1935年8月2日,钱学森回杭州途经上海时,前往舅舅家中向表哥章镜秋作别,钱学森还拿出他的小册子,让表哥章镜秋留言。章镜秋接过小册子,闭目冥思几分钟后,郑重地写下:

森弟,好学不倦乃有为之青年也,将于民国二十四年八月乘轮赴美以求深造,攻航空学。他日学成归来,于祖国防空政策自必有伟大之贡献也。谨志数语以赠并留纪念。

镜秋草于沪寓
二四.八.二

(左)图3-6 娄育后赠言钱学森
(右)图3-7 章镜秋赠言钱学森

第十一章

从MIT硕士到CIT博士

麻省理工学院（MIT）和加州理工学院（CIT）是美国两所顶尖学府，在世界科学、工程和教育等研究领域享有崇高的学术地位。钱学森先在MIT攻读硕士研究生，后到CIT攻读博士研究生，此后又在这两所学府执教。钱学森在这两所学府的经历是其人生的宝贵财富。相信他自己都未曾想到，当他在上海黄浦江吴淞口登上"杰克逊总统号"邮轮时，将要开启的是长达二十年的海外求知岁月。

从上海外滩码头启程赴美

钱学森回到杭州后就准备出国行李，同时向杭州亲友道别。父亲钱均夫将钱学森从小学到大学的课本、作业本按照时间顺序整整齐齐地排好，放在方谷园2号的家里。不久，钱学森和父亲一起乘坐火车前往上海等待航班。钱学森在上海还看望了几位大学同学。8月12日，他的大学学弟徐璋本赠言称：

学森，你有极大接受的力量，是我在旁人未曾遇见过的。这种力量是读书成功二大要素之一。但是，我们多年来所见所闻大半都是"美国式"，而我个人觉得"美国式"有一种毛病就是离开"科学的哲学渊源"。我相信你是不会

被蒙混的。你将有美洲之行，谨致微言。

8月20日，钱学森在上海外滩码头乘坐小火轮，在吴淞口港登上"杰克逊总统号"邮轮启程赴美。父亲钱均夫在码头目送儿子渐渐远行。此次同行者还有二十名清华大学同学和助教，其中同届留美公费生八位，分别为曾炳钧、杨绍震、时钧、赵溥、戴世光、黄开禄、宋作楠和孙令衔，他们均由清华大学委托中国旅行社预订头等舱。

8月24日，邮轮途经日本，清华大学同学们一起登岸游览名古屋和东京两天。日本当时已经是一个工业化和现代化国家，整洁干净的街道给他们留下深刻印象。

船行太平洋途中，他们还站在邮轮甲板上的栏杆旁及扶梯上集体合影留念，栏杆上挂着一面三角形的旗帜，上面写着：

清华 TSING HUA

实际上，这张合影中的留学生并非全部都是清华学生。据钱学森大学好友陈业勋之子陈翰理告诉作者，合影中钱学森右侧穿着浅色西装站立者便是后来成为建筑大师的贝聿铭，且曾由他转贝聿铭家族成员确认。当时贝聿铭以自费名义去美国留学，但由于是自费生，因此登岸后便与清华大学留美公费生群体作别。众所周知，钱学森赴美后到麻省理工学院航空系求学一年，获得航空工程硕士学位。贝聿铭赴美后先在宾夕法尼亚大学学习建筑学，不久转学到麻省理工学院。也就是说，钱学森和贝聿铭两人同在麻省理工学院求学，且当时学校里三十多位中国留学生还组织了一个"全美华人联谊会麻省理工学院分会"；不知钱学森和贝聿铭两人是否加入联谊会，又是否有过接触或交往。但也有另一种说法，贝聿铭赴美留学乘坐的是8月13日起航的"柯立芝总统号"邮轮。

另外，邮轮上除了清华大学留美公费生之外，还有一拨赴美求学的交通大学毕业生。于是，具有清华大学和交通大学双重校友身份的钱学森，就不得不"赶趟"参加两边的合影。

（左）图3-8　清华大学留美公费生在邮轮上的合影（从上至下第二排左二为钱学森）
（右）图3-9　"杰克逊总统号"邮轮上的交通大学学生合影（从上至下第三人为钱学森）

9月3日，邮轮抵达美国西海岸城市西雅图，钱学森手持护照、另纸签证和体检单登岸办理入境手续。当时，美国入境处官员对持有中国护照入关的都会特别仔细检查，但对清华大学留美公费生则特别关照，很快放行。戴世光于9月12日致函《清华校友通讯》介绍此次航行的情况，他写道：

在船中计二周，清华同学聚会数次，其中由助教、而一级至八级不缺一级，颇为难得。且起居咸在一处，感情益是融洽。同学中有国旗、有校旗，当集会时，国歌校歌，声震碧波。"杰克逊总统号"于九月三日正午抵西雅图，同胞皆无问题登岸，因该处有盛大欢迎，故全体留西雅图一日。四日除少数留西城，及一部分去旧金山外，余七十四乘北太平洋所属专车直夫芝加哥。清华同学除卓牟来、谢兆芬外，余均乘此车东行，抵芝加哥为九月七日上午，大部下榻国际公寓，承清华老同学马祖圣、严仁荫及娄成后三君殷勤招待。

据报道，"杰克逊总统号"邮轮头等舱船票331美元，到美国后尚需火车费等约200美元[1]。这笔费用基本上由清华大学提供，因为清华大学留美公费生出国前可以领取520美元，用于船票、制装费、火车费和旅途零用等。但是

---

[1]　《本届留美生共有五船出国》，《新闻报》1935年6月17日第4版。

持有学生签证办理入境手续时须缴纳150美元保证金,"以保证其在美时维持其学生地位及读书毕业离美",这笔费用只能由学生自己承担。

钱学森在西雅图逗留数日,观光城市风景。随后,他乘坐火车途经芝加哥,前往位于波士顿的麻省理工学院,开始长达二十年的留美求知岁月。几十年之后,钱学森岳母蒋左梅对外孙钱永刚说:"当年你爸爸出国我去送过,一大帮学生,穿着都差不多。你爸爸个子不高,一点也不显眼,真看不出他几十年后会成为大科学家。"

麻省理工学院的硕士生活

1935年9月,钱学森成为麻省理工学院航空工程系的一名硕士研究生。麻省理工学院位于马萨诸塞州波士顿市区剑桥市,校园不大,时人介绍说:"MIT的校舍大不成样,远不及清华好,校舍是一座大楼(全部精华在内)、一座Aeronautical Building、一座Alker Memorial Hall、二座Undergraduate Dormitories、一座Graduate Dormitory、二座Gym。"钱学森在麻省理工学院读书的一年时间里,就住在Graduate Dormitory。从钱学森留下的照片可见,Graduate Dormitory可以享受单人间。他到麻省理工学院后,可以说是"拎包入住",比他在交通大学的两人间宿舍要宽敞许多。

(左)图3-10 钱学森在"杰克逊总统号"邮轮头等舱里的自拍照

(右)图3-11 钱学森麻省理工学院注册表。原件藏麻省理工学院注册部。2018年7月作者访美期间由钱永真女士协助作者查阅,特此致谢

当时美国教育界有一种说法："MIT就是地狱！"这是因为麻省理工学院作为一所工科大学，功课繁多且重，学生"几乎所有时间都像只海獭般忙忙碌碌"。然而对钱学森来说，在国内经历过为分数而战的大学生活之后，麻省理工学院的课程似乎并未有太大压力。钱学森很快就适应了麻省理工学院的学习氛围，专业课程也未对其构成学习负担。钱学森晚年说：

1935年秋就到美国麻省理工学院（MIT）航空工程系学习。这才发现，原来不知，上海交大是把MIT搬到中国来了！因此也可以说上海交大在当时的大学本科教学已是世界先进水平的。

当时，交通大学被赞誉为"东方MIT"，学校教学质量得到国内外同行认可，学生成绩和学分得到海外知名大学认可。尤其是交通大学参照了MIT的课

图3-12　钱学森在麻省理工学院的自拍照

程体系，且不少教师又都出身MIT，甚至直接使用MIT原版教材或翻印讲义。所以，钱学森在麻省理工学院硕士期间的学业比较轻松。他后来说："在麻省理工学院念书的时候，因为成绩不但比美国学生好，而且比在那儿同班的其他外国学生都好，对洋人的迷信开始打破。对麻省理工学院的教授也没有多大的钦佩，觉得他们不过如此。"由此可见，钱学森通过硕士研究生的学习激发了他的科学自信。

总体来说，钱学森从入学到毕业可谓"边学边玩"。他说："麻省理工学院在当时也算是鼎鼎大名了，但我觉得没什么，一年就把硕士学位拿下了，成绩还拔尖。其实这一年并没有学到什么创新的东西，很一般化。"[1]如果比较钱学森在麻省理工学院的十六门课程（如下表）与上海交通大学的课程，便可知许多课程他都在大学期间学过。钱学森的硕士学习非常轻松，他一年修完所有硕士课程，并且在一年硕士期间，顺利地完成硕士论文 Study of the Turbulent Boundary Layer（《湍流边界层研究》）。这篇硕士论文严格意义上讲并非理论研究，其实是有关"湍流附面层的实验研究"。

钱学森在麻省理工学院的硕士课程表

课程	第一学期	第二学期
硕士课程	Aerodyn. of Airplane Design（飞机设计空气动力学） Airpl. Des. Prac.（飞机设计实践） Theory of Str.（结构理论） Aeronaut. Lab.（航空实验） Hydrodyn. & its App. to Aero.（流体力学与航空应用） Th. & App. Elas（理论和应用弹性力学）	App. Photoelas.（光测弹性力学应用） Aircraft Struct.（飞机结构） Aero. Lab. & Res. Methods（航空实验及研究方法） Constr. Details of Aircraft（飞机构造详图） Vector Anal.（矢量分析） Hydrodyn. & its App. to Aero.（流体力学与航空应用） Adv. Topics in Aeromechanics（高等航空力学专题） Adv. Aircraft Struct.（高等飞机结构） Aircraft Prop. Design（飞机螺旋桨设计） Func. Comp. Vari Thesis（复变函数）

（资料来源：麻省理工学院注册部档案）

---

[1]《钱学森的最后一次系统谈话：谈科技创新人才的培养问题》，《人民日报》2009年11月5日第11版。

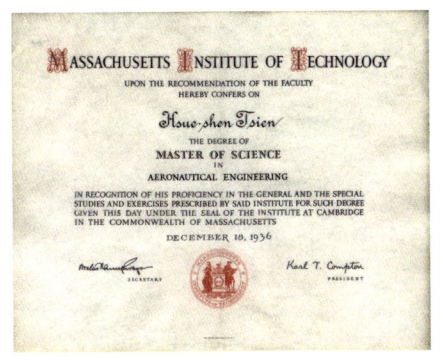 

（左）图3-13 钱学森的麻省理工学院航空工程硕士学位证书

（右）图3-14 钱学森的硕士论文

钱学森到美国前就已经有意转向理论研究，所以在麻省理工学院航空工程系的学习并未令他感到满足。但也正因学业负担较轻，钱学森每到周末都会花几十美分去波士顿交响乐团听音乐，平时也经常通过电台收听音乐。

麻省理工学院素以工程研究著称，且有不少中国留学生就读各个院系，但其实钱学森与他们交往并不多。相反，他与一位苏联留学生交往密切，还曾咨询如何到苏联工作。该同学答复称可与纽约一家苏联贸易公司接洽。得此答复后，他甚至致信国内好友罗沛霖约定去莫斯科。实际上，钱学森出国前已有信仰共产主义倾向，接触过党的外围组织并多次参加组织活动。1936年9月钱学森获得航空工程硕士学位后，选择了前往加州理工学院师从冯·卡门继续攻读博士学位。

加州理工学院的博士生活

据说，1936年9月钱学森从麻省理工学院航空工程系硕士毕业后，从波士顿坐火车前往洛杉矶，计划坐邮轮回国。但当他抵达洛杉矶后改变了回国计划，决定到加州理工学院拜师冯·卡门，继续求学。

此种传言可以增加钱学森留美生活的戏剧性，但却无史料佐证。实际上，钱学森选择前往加州理工学院的根本原因是希望能够在"理论层面"得到提升。因为他来到麻省理工学院后，渐渐地发现这所以培养工程师闻名的学校缺乏创新精神，有些刻板。位于西海岸的加州理工学院深深地吸引了钱学森，因为这所学校注重创新能力的培养，致力于培养工程师和科学家集于一身的人才。1989年2月钱学森写道：

20世纪30年代MIT的工科教育安排是本世纪初的模式,对培养一种成型的工程技术的工程师是有效的,但对迅速发展进步的工程技术,如航空工程就显得不适应。当时美国加州理工学院就带头改革,大大加重基础课和专业基础课的分量,使学生毕业后能应付技术的新发展。这一措施和改革,到50年代已是美国工科院校所普遍采用的了。这是工科教育在半个世纪中的大变革。[1]

钱学森决定前往加州理工学院继续深造,在科学理论的研究上有所作为,但他的想法最初未能得到父亲钱均夫的认可。钱均夫在长期的教育实践过程中,认为国家积贫积弱的原因之一就是中国在工程上的不发达,因此希望儿子走工程救国道路,而科学理论的研究恰如传统文化中的经史子集,并不能改变中国落后的状况。他曾在一封信中对钱学森说:

重理论而轻实际,多议论而乏行动,是中国积弱不振的原因。国家已到了祸燃眉睫的最后关头了,你不好好儿地在航空工程上继续研究,却要改头换面走上理论的途径,究竟年轻的人见识浅,而且也太见异思迁了。

就在此时,蒋百里到欧美考察,顺道看望世侄钱学森。钱学森向蒋百里谈及此事,获得了蒋百里的支持,蒋鼓励他继续深造。蒋百里回国后见到钱均夫,解释说:"你儿子的转向是对的,你的见解太旧了。美德诸国航空的新趋势是工程理论一元化,工程是跟着理论走的。"随后他又接着解释说:"而且美国是一个富国,中国是一个贫国,美国造一架飞机,如果有新的理论发现,可以马上拆下来改造。中国可就没有这样大的气魄。所以中国学习航空的人更应当在理论上下功夫。"

钱均夫听到蒋百里的解释后,亦觉颇有道理,转变为支持的态度。耐人寻味的是,蒋百里看望钱学森时还特意赠送了他一张蒋英的照片,为两人此后的姻缘设下伏笔。实际上,钱学森与蒋百里接触并不多,但一直对他充满怀念之情。这从1990年12月21日钱学森在写给时任中共中央统战部部长丁关

---

[1] 涂元季、李明、顾吉环编:《钱学森书信(4)》,国防工业出版社,2007年,第418页。

根的信中，答复如何处理蒋百里夫妇墓地迁移的意见可见一斑，他说：

> 二位老人现在的墓是1983年为了合葬（均为骨灰），由我们改修的。当时蒋英曾去杭州先征得浙江省统战部的同意，但不是浙江省政协和省委统战部出面办的。现在迁不迁，我们个人无意见，如果毁去不留，我们也无意见。但考虑到蒋百里先生在台湾以及海外可能还有影响，此时应由浙江省委统战部考虑如何处理。

1936年9月，钱学森堂弟钱学榘来到麻省理工学院航空工程系留学，钱学森便带着堂弟熟悉校园和周边环境。10月份，钱学森跟几位在波士顿的好友拜别后，便前往加州理工学院师从冯·卡门，开始读博生活。钱学森同届清华大学公费留学生殷宏章，第一年赴美留学时便到加州理工学院，他后来描述说：

> 在当时它是一个较新的私立学校，前身是一个工艺学校（Throop Polytechnic Institute）。1891年建立，1910年迁到新址，1920年改成今名。设大学及研究院。在巴沙迪娜市中，占地东西长约三个街口，南北宽约一个街口。建了些楼房，作为实验室、教学及宿舍之用，均以捐款的人命名。如Norman Bridge实验室（物理），Gates实验室（化学），Kirkhoff实验室（生物），Guggenheim实验室（航空工程）等等。此外在市外不远的地方还有附设的机构，如在山上有一个天文台，海滨有一个海洋站等。各实验室的主持人都是聘请著名的科学技术专家，很多是诺贝尔奖获得者，所以它很快地成为国际上重点科技研究及培养人才的中心。[1]

钱学森办理入学手续后暂住学校教师活动中心，因为教师活动中心的租金太高，不久后便找到范绪箕提出合租。范绪箕当时已租住在帕萨迪纳南密西根街290号，公寓有三间卧室以及客厅、饭厅、早餐室等，同住者有袁绍文和王锡衡。钱学森加入后四人分摊租金，直至1940年左右。在此期间，中国留学生还经

---

[1] 殷宏章：《未完成的回忆录（续一）》，《植物生理学通讯》1994年第5期。

常组织聚会活动，南密西根街290号公寓由于位置便利和空间宽敞成为聚会点，同时也成为接待国内来客的地点，例如抗日名将蔡廷锴、杨虎城等都曾到访。

钱学森到加州理工学院之后，立刻就感受到了它和麻省理工学院不一样的学习氛围，整个校园弥漫着创新气息和创新精神。与麻省理工学院不同的是，钱学森到加州理工学院后就投入紧张的学习中。除导师冯·卡门指定的高级航空理论、航空工程研讨课、航空工程研究、统计学、张量理论、弹性力学航空应用等专业课程外，他还充分利用加州理工学院的学术资源，通过选修微分几何、复变函数论、量子力学、广义相对论、统计力学和结构化学等扩大知识面，构建广博的知识体系。例如著名物理学家爱泼斯坦的物理课上便经常出现钱学森的身影，并且他在物理系上课时还曾与老师深入讨论原子核理论、核技术等学术前沿问题。后来他还于1945年发表学术论文《原子能》，探讨原子能作为航空动力装置的问题。可见，选修课与专业课具有同等价值，甚至选修课上的知识会对专业课起到积极的启发意义。

与此同时，钱学森还特别注重科研规范的训练和学术诚信的养成，积极融入世界航空科学"学术共同体"，进而与共同体科学家之间保持"平等对话"。读博之际，钱学森最为得意的数学才华得以施展，冯·卡门为其制订严格的科学训练和博士论文计划。钱学森勤勉向上，挑灯夜读。舍友范绪箕说："钱学森是个非常用功的人，他把时间几乎都花在读书上。"由此可见，钱学森从普通留学生成长为世界科学家是他艰辛付出的结果。

（左）图3-15　钱学森入学加州理工学院时的留影　　　（右）图3-16　钱学森和袁绍文合影

第十二章
清华大学的两次"延期"

清华大学留美公费生出国前必须签署保证书,遵守《国立清华大学留美公费生管理规程》。这份规程不仅规定了公费生享受的权利,同时还规定了应当履行的义务。其中,对留美公费生的成绩考核和资助年限都有明确的规定。但由清华大学档案可知,钱学森先后两次获得延长奖学金资助年限的机会。正是这两次"延期"帮助钱学森完成了博士学业,同时也使其拥有了合法身份留在美国生活。

第一次延长奖学金

原先清华大学留美公费生由清华大学设在美国的游美监督处负责,1932年清华大学决定撤销游美监督处,将留美生的经费、学业等事务委托给华美协进社(China Institute in America)代为管理。钱学森到麻省理工学院办理入学手续、注册学籍前,华美协进社已经将学费寄给学校。入学后,钱学森每月都会收到华美协进社寄来的100美元奖学金,用于日常生活开销。

按照《国立清华大学留美公费生管理规程》的规定,留美公费生资助年限为两年,但若确属必要则可由公费生于期满半年前提出申请延期,经评议会批准后可以延长半年或一年。可见,清华大学的资助政策比较人性化,具有变通性。正因如此，清华大学通过留美公费生途径培养出了一大批杰出人才。钱学森正是这一人性化政策的受益者。

1937年是钱学森赴美留学的第三年，其实早在1936年10月他到加州理工学院读博时就曾致函清华大学校长办公处提出申请延期奖学金资助年限。档案记载，1937年3月15日清华大学第124次评议会通过延长钱学森一年资助的决定，并建议他继续"注重有关飞机机架研究"。这使他可以继续留在美国求学。事实上，超过半数留美公费生取得硕士学位后希望能够继续攻读博士学位，都曾向学校申请过延期，包括顾功叙、萧之的、王竹溪、赵九章、夏鼐等。

根据《国立清华大学留美公费生管理规程》规定，每年2月和8月需要将近期学习成绩、研究成果或实习成绩等由学校或工厂负责人签字认证后，寄送清华大学考核，"如成绩不佳，即取消其学额"。每个学期结束后，钱学森都会将成绩单寄送给清华大学。

第二次延长奖学金

1938年钱学森在加州理工学院读博士二年级，已经超出清华大学规定最多资助三年的上限。然而，钱学森当时正在撰写博士论文，尚未毕业。因此他反复思索后于6月7日决定致函清华大学校长办公处，向校方提出再次延长奖学金的资助年限。他在信中写道：

学生于民国二十四年出国习航空工程，第一年在麻省理工大学，第二年及第三年在加省理工大学。然学问非易事，学生现在始觉对独立研究有相当把握。今年二月间曾与冯·卡门教授联名在美国航空学会年会发表论文一篇（已在该会会刊发表），题为《可压缩流体中之界流层》（*Boundary Layer in Compressible Fluids*）。现在待发表者又有论文一篇，题为《炮弹偏斜时所受之空气阻力》（*Supersonic Flow Over an Inclined Body of Revolution*）。然学生以为，如能在冯·卡门教授门下再有一年之陶冶，则学生之学问能力必能达完美之境，将来归国效力必多。冯·卡门教授亦以为在现在情形之下，此亦上策。故学生乃敢呈请再延长公费生一年，至民国二十八年七月为止。

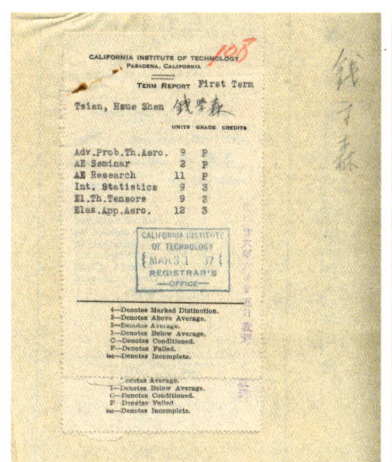
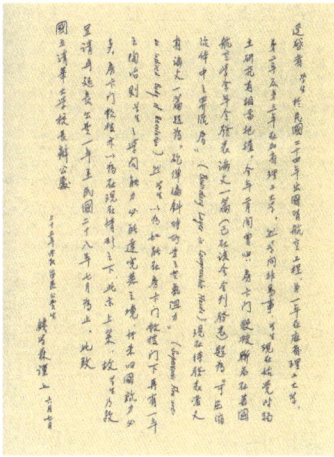

（左）图3-17 清华大学档案馆收藏的钱学森成绩单

（右）图3-18 1938年6月7日，钱学森致函清华大学校长办公处申请延长公费生资助年限

不仅如此，冯·卡门还于6月8日致函梅贻琦，盛赞钱学森的科研能力，且特别强调钱学森的研究成果已经运用于军事领域，同时希望梅贻琦能够同意钱学森延长奖学金资助年限的申请。冯·卡门在信中写道：

我由衷地赞同钱学森的申请，上个月钱先生已非常成功地通过了博士考试，然而他仍致力于他的论文。这一延迟并非他的过失，而是根据我的建议，并且他还正在从事其他课题研究。他的研究成果之一已经和我联名发表在美国《航空科学》杂志上。第二篇论文已经完成，拟刊登在美国机械工程师学会《应用力学》杂志上，此文对弹道科学有重大贡献，并引起美国陆军兵工署的关注。他的第三篇有关火箭推力的论文已经完成手稿，将于近期发表。因此，你就明白钱先生的科研活动是大有前途的。我深信钱先生的奖学金如果延长一年，他将会完全成为一位"高速压缩流体理论和弹道理论"的专家。我觉得特别是后一领域对于你们国家的未来是非常重要的。我希望您会给予钱先生下一学年的奖学金。

由于此前清华大学还没有两次延长奖学金的先例，因此梅贻琦收到钱学森和冯·卡门的来信后特别重视，随即批示给教务长潘光旦审核。潘光旦随后又批复给航空系主任冯桂莲，请他签署意见。冯桂莲认为：

以该生之聪明能力，学校能将公费延长一年，不但对于该生个人有莫大之增加，就将来对于国家必有贡献。

最后经梅贻琦同意，再次延长钱学森公费生奖学金的资助年限。此后的事实证明，1939年钱学森便在冯·卡门的指导下完成论文《可压缩流体的二维亚声速流动》。这篇论文即闻名于世界航空航天科学领域的"卡门-钱近似方程"，成为现代计算机未出现以前计算飞机翼形设计的主要理论依据。因此值得思忖，若清华大学未同意钱学森的申请，而是中断资助，钱学森未读完博士便回国，是否还能取得日后的学术成就呢？由此，不得不佩服清华大学，尤其是校长梅贻琦的眼光。

此外不得不提的是，民国护照分为外交护照、官员护照和普通护照三类。钱学森的出国留学护照属于普通护照，有效期为三年（1935年7月15日至1938年7月14日）。若超过期限，则须向中华民国驻美领事机构申请延期，且每次有效期为一年。钱学森的护照有到中华民国驻洛杉矶总领事馆和波士顿领事馆11次申请延期的记录，每次须缴纳一至五美元不等的注册费用。可见钱学森留美期间的身份是中华民国公民。

众所周知，甲国公民若要合法居留乙国，除持有甲国政府发放的有效护照外，还必须持有乙国政府签发的有效签证或其他证明文件。钱学森出国时申请的学生签证有效期为34个月（1935年7月至1938年4月），因此他在1938年致函清华大学请求延期的另一个重要原因是，等拿到清华大学同意延期的文件后，向中国驻洛杉矶总领事馆申请延长护照有效期，然后再向洛杉矶移民局申请延长学生签证并通过审核。这次延长的有效期从1938年4月4日至1940年11月13日。

一方面，钱学森在关键时刻的选择使他能够拥有合法身份留在美国求学。另一方面，导师冯·卡门出面为学生解决难题，恰好说明钱学森作为科研合作伙伴的重要性，这也是冯·卡门要在自传中用专门一章回忆"红色中国的钱博士"的原因。

第十三章

受益终身的科研方法

钱学森科学成就的取得是多种因素综合的结果,其中就包括他善于掌握治学方法。掌握科学的研究方法是那些立志于以学术为事业者的"必备技能"。钱学森在导师冯·卡门的严格训练之下,在实践过程中总结和掌握了一套行之有效的科研方法。这套科研方法可以概括为:"先博后约—以专致精—由精求通"。

先博后约:强化梳理学术史的能力

自近代科学发展以来,科学技术的发展呈现"叠加"趋势。因此当开展新的研究课题前,梳理前人的研究成果不仅必要,而且必须。学术史梳理既是开展研究的前提,同时也是向学界前辈"致敬"。

钱学森读博之际,特别注重和加强梳理学术史能力的训练。例如,1937年钱学森加入马林纳组织的火箭研究小组之后,因需要对小型液体推进剂试验火箭进行改进,于是他全面系统地收集前人已有的研究成果,形成了一份长达114页的"学术史"报告。他参阅的各类材料包括:(1)1827年至1931年的早期文献12篇;(2)1913年至1933年的专业书籍37本;(3)1927年至1935年的专业论文19篇。此外,他还系统地查阅了4种专业期刊近十年来发表的燃烧室温度、火箭理想效率、燃烧产生气体膨胀、燃烧喷嘴设计、发动机推力计算等方面的文章。

这种研究方法是通过梳理和分析文献发现已有的研究成果和未被研究的领域。如其所言：

> 做研究就是开拓已有的知识领域，攻克学术的前沿阵地，所以一定要知道科学的最新发展，了解别人的最新成果。因此我一有空就去学院图书馆的期刊开放陈列架，翻看最新的期刊，阅读别人的新论文，并从中得到启发。[1]

这种方法既可避免重复研究，把握学术前沿，同时还能找到新的研究方向。钱学森在长期实践过程中逐渐掌握了"阅读"和"分析"的研究方法，尤其是"只看首尾，就能作出评价，判断好坏"，这是因为，"在一篇论文的前面，总是介绍问题的提出，以及说明处理的方法。在末尾，总是介绍所得出的结果和结论。因此根据我们以往对自然界规律的了解，就可以做出判断，行还是不行，合理还是不合理。"[2]毋庸置疑，这个方法的前提条件是对所处科学研究的历史和发展现状有足够和充分的了解。钱学森后来晋升博士生导师指导研究生时，亦将此方法传授给自己的研究生。

以专致精：撰写高质量的学术论文

学术论文是科学研究能力的重要体现。钱学森读博期间以"问题意识"为导向，在国际专业期刊上发表多篇高质量学术论文。在这些论文中，有一篇是他和导师冯·卡门合作完成的学术报告。

这篇题名为《可压缩流体边界层》的学术报告是钱学森博士论文的一部分，是在导师冯·卡门的指导下合作完成的。但在1938年1月26日的美国航空科学院第六届年会空气动力学分会上，第一作者冯·卡门却让第二作者钱学森"登台"报告，这是钱学森在美国航空科学界的"首秀"。报告结束后，钱学

---

[1] 《图书馆与钱学森》，上海交通大学钱学森图书馆，档号：RW-钱学森-1930-10。
[2] 钱学森：《谈谈工作与学习：1961年10月28日在中国科学技术大学师生大会上所作的报告记录》，中国科学技术大学档案馆，案卷号：21。

森将报告反复修改后投至《航空科学》，经审稿后刊登于1938年第5卷上。这是钱学森正式发表的第一篇学术论文，虽为第二作者，但意义重大，激发了钱学森撰写高质量学术论文的强烈愿望。此后，他又陆续独自或合作完成多篇学术论文，并且多发表在《航空科学》等国际学术刊物上。

钱学森勤于笔耕，善于思考，通过撰写和发表高质量的学术论文，达到以专致精的目的。他在导师冯·卡门的指导下，"化整为零"，以"可压缩流体的流动以及反作用力推进"作为博士论文选题，并将其划分为四个部分进行研究。

第一部分为《可压缩流体边界层》，是在他与导师冯·卡门合作完成的学术报告的基础上修改和提炼而成的。第二部分为《有攻角旋转体的超声速绕流》，是他在导师冯·卡门的指导下独立完成的。第三部分为《将Tschapligin变换应用于二维亚声速流动》，此文后来发表时的名称为《可压缩流体的二维亚声速流动》（即"卡门—钱近似方程"）。第四部分《以连续脉冲方式推进的探空火箭的飞行分析》是他与马林纳合作完成的研究成果。

这四个部分表面无内在联系，实则是以空气动力学理论为核心的内在统一体，前三部分属于理论研究，第四部分属于应用研究，即以解决实际问题为宗旨。对于撰写毕业论文，钱学森曾形象地将其比喻为立志科学研究前的一次"练兵"。他后来回国执教中国科学技术大学时说：

> 毕业论文是什么东西？这是同学做研究工作的初次练兵，过去几年全是上课，学习方式主要是听课、复习、做习题、考试等方式。如何做研究工作没有经验，也没有这方面的锻炼。这次毕业论文是一次练兵，主要的还是一次教学活动，不过不是上课，而是做一个题目，是由过去几年的完整的学习阶段到工作岗位的一个过渡。这个过渡就是练兵。既然是练兵，就说明他不是打仗，而是练习打仗，但又是为了将来打仗。所以就要有一点像打仗似的。总的要求来说还是练兵，真正打仗是将来到工作岗位上之后的事，也只有练好了兵，将来才能更好地为国家做出贡献来。[1]

---

[1] 《钱学森所长在近代力学所毕业论文导师会上的发言》，中国科学技术大学档案馆，案卷号：67。

既然是为将来的科研工作"练兵",那么就应该"严阵以待","把它当作真仗来打,否则就练不好兵"。正因如此,钱学森在导师冯·卡门的指导下设计博士论文体系的过程中,始终以高屋建瓴的整体观思考问题。正如他后来一直特别强调的:

中国有句老话:"读书明理。"亦就是明白自然界的规律。掌握自然界的规律是我们今后工作的基础。在学校里,它反映在基础课中,亦就是同学们过去几年所学的内容。这些知识如何才算真正掌握呢?就是要提纲挈领地掌握这些内容,能够用一个纲抓起来,能够用几条线把它们串起来。这些内容要了解得最透彻,要明白自然界中什么是行的,什么是不行的。[1]

所以,钱学森在撰写博士论文的过程中分别用力,"逐个突击",但他始终有一个纲总领,并且"能够用几条线把它们串起来",最终按期完成预定计划。其中,令他在航空科学界声名鹊起的当数《可压缩流体的二维亚声速流动》(即"卡门—钱近似方程")。作为这篇文章产生过程的见证者,钱学森师兄西尔斯后来的一段回忆颇为精彩。西尔斯有次去导师冯·卡门家里,正好看到冯·卡门与钱学森两人在讨论各自演算的数学手稿,西尔斯于是竖起耳朵听了起来。原来,冯·卡门与钱学森就同一个问题分别以不同方法进行演算,得到相同的结果,但冯·卡门认为钱学森的算法是错的,于是两人又从头分析整个演算过程,结果发现两个演算公式都是正确的。[2]也就是说,钱学森找到了一种新的演算方法,所以此文后来发表时冯·卡门坚持只署钱学森的名字。钱学森发表此文时,在最后特别声明:

The author expresses his gratitude to Dr. Th. von Kármán for suggesting the subject and for his kindly criticism during the course of the work.

---

[1] 钱学森:《谈谈工作与学习:1961年10月28日在中国科学技术大学师生大会上所作的报告记录》,中国科学技术大学档案馆,案卷号:21。
[2] William Rees Sears: *Story From a Twentieth-Century Life*.美国康奈尔大学档案馆藏影印本,1993年,第76-77页。

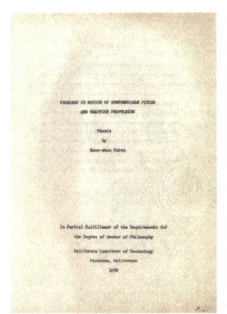 

图3-19 钱学森博士论文和加州理工学院哲学博士学位证书

最终，钱学森于1939年5月通过博士论文答辩，拿到了加州理工学院哲学博士学位。可以说，这张证书背后的努力奠定了钱学森此后向航空航天科学研究领域纵深发展的基础，使其逐渐在世界科学界崭露出中国青年学者的形象。

当钱学森拿到博士学位证书那天，他穿好博士服，摆好姿势，请好友范绪箕为他拍了一张博士服全身照。因为，这一天对他来说具有重要的纪念意义。

图3-20 钱学森加州理工学院博士服全身照（范绪箕摄）

由精求通:构建广博的科学知识体系

宋朝陆佃曾言"问学必有师,讲习必有友",即治学须与师友探讨。因为个人见识总是有限,不可能穷尽所有。钱学森求学过程中特别重视学术交流,且深受导师冯·卡门的影响。读博之际,他就曾以学术沙龙形式组织中国同学举行学术报告会。20世纪30年代中后期,有不少中国留学生在加州理工学院求学,如袁家骝、谈家桢、顾功叙、殷宏章、朱正元、黄厦千、郭贻诚、袁绍文等。钱学森后来回忆说:

我是1936年秋从美国麻省理工学院转到加州理工学院攻读博士学位的。到校后就遇到郭贻诚同学,天天见面,相处甚欢。我在航空系,他在物理系,可以相互学习。当时在生物系的还有谈家桢同志和殷宏章同志,也还有其他系的中国同学。中国同学都主张相互学习,开拓知识面,所以每星期日上午10时许就聚集在一个教室,开学术报告会。[1]

这种沙龙式学术报告会有助于他们了解学科发展前沿,并在彼此交流的过程中形成宽广的学术视野。直到1993年1月23日钱学森致函科学院院士曾呈奎时还回忆说:"我在30年代曾在美国加州理工学院星期天上午中国同学学术报告会上听过您讲繁殖海带的重要意义,60年了!"可见,钱学森对这种学术活动的印象非常深刻。后来,他在加州理工学院担任古根海姆喷气推进中心主任时,讨论班成为课程体系的重要内容之一,且他的讨论班成为"加州理工学院校园里最活跃的讨论班之一,不论谁做报告,几乎所有教授都发言,气氛是那样的热烈"。钱学森的博士生郑哲敏曾参加讨论班,他回忆说:

在一次喷气推进讨论班上,钱先生发表了关于如何进行理论研究以及实践(或实验)与理论关系问题的精彩讲话,给我留下很深的印象。当时,他在黑板上随手画了一张图,以一条曲线表示理论研究的进展,曲线两侧有构成喇叭

---

[1] 涂元季、李明、顾吉环编:《钱学森书信(8)》,国防工业出版社,2007年,第474页。

似的两根直线，以表示实践（或实验）。他说，当曲线与直线相撞时，就应当考虑改变理论研究的方向或途径，而且只有在理论与实践不断相互作用的条件下，理论研究才能取得实质性的进展。现在时间虽然过去了几十年，钱先生这张图仍清晰地印在我的脑中。[1]

直到钱学森回国领导中国航天科技事业之际，他还曾亲自组织科研讨论会，针对科研问题进行交流和讨论。及至晚年，他又组织或参与"系统学讨论班""航天医学工程讨论班""中央党校经济学讨论班"等学术活动。这种学术沙龙可以起到"由精求通"的效果，触类旁通，由专业课程"跨越"到其他研究领域，构建起广博的知识体系。正如其后来总结所言："知识愈是广，掌握得愈深，经验愈多，在摸索过程中，就可以走'捷径'，就可以更快地掌握机理，建立模型，所谓科学工作者水平的高低，就反映在这些地方。"[2]这是因为对于一个具有战略眼光的科学家来说，不仅要有专业基础，同时还要有宽广的学术视野，如其所言："人的成长同环境有关，这里面也有辩证法。比如专家，他应该是'专'与'博'的辩证统一，光'专'不'博'不行，光'博'不'专'也不行。"[3]

由于加州理工学院师生比很高，所以教师上课都采取讨论班的形式，师生可以在课堂上自由讨论发言，甚至"针锋相对"地批驳对方的观点。然而，这些学术上的"对手"往往会成为朋友。例如，钱学森就经常跑到化学系去听化学系主任L.鲍林讲结构化学的知识，两人虽然相差十几岁，却在讨论交锋的过程中结为好朋友。后来鲍林主张服用大剂量维生素的思想遭到生物医学界的普遍反对，但钱学森则通过亲自服用维生素给予鲍林以行动支持。

加州理工学院的民主学风可谓不分师生、无关长幼，大家可以充分讨论。例如钱学森晚年研究技术美学之际，因通信对象张帆在一封信中以"教诲"一词表达对钱学森的感激之情，钱学森后来便回信说："同志间的讨论，从来不

---

[1] 郑哲敏：《钱学森老师对我的教诲》，《神州学人》1991年第1期。
[2] 钱学森：《谈谈工作与学习：1961年10月28日在中国科学技术大学师生大会上所作的报告记录》，中国科学技术大学档案馆，案卷号：21。
[3] 钱学森：《学习理论与干部应具备的素质》，《学习·研究·参考》1990年第4期。

（左上）图3-21　加州理工学院中国留学生周末学术报告会（钱学森摄）

（右上）图3-22　加州理工学院中国留学生周末学术报告会后合影（右三为钱学森）

（下）图3-23　钱学森和其他中国留学生在一个大坝工程现场

是谁给谁的'教诲'。"[1]可以说，加州理工学院的民主学风深深地影响了钱学森，成为钱学森学术生命的基因。钱学森在科学生涯中新意迭出，根源在于面对学术权威时敢于阐述自己的学术见解，充分发扬学术民主作风。

总而言之，钱学森的博士研究方向转向空气动力学理论，算是"弃工从理"。但他知道"用数理理论解决工程技术问题"决不可忽视工程本身，因此他在读博之际经常找工程师们交流观点，甚至还经常跑到工程现场，"眼见为实"。通过三年学术训练，以及掌握的"先博后约—以专致精—由精求通"科研方法，钱学森对"理论与实践结合"的价值有了更加深刻的体会，技术科学思想内涵及其方法论的雏形逐渐明晰起来。

---

[1]　涂元季、李明、顾吉环编：《钱学森书信（2）》，国防工业出版社，2007年，第137页。

第十四章

专业的音乐评论家

换个角度看，钱学森或许是一位被科学研究工作"耽误"的音乐家。他在交通大学参加学校乐团之际，就精通乐器，同时又广泛阅读各种音乐理论著作。既有实践，又有理论，知行合一。鲜为人知的是，他早年还发表过三篇音乐评论文章。前两篇发表于留美前夕，后一篇发表于留学之初，堪称专业的音乐评论家。

第一篇评论：《音乐和音乐的内容》

第一篇评论名为《音乐和音乐的内容》，发表在1935年第1卷第4期的《浙江青年》（1935年2月出版，浙江省教育厅编印）。这是他看到新闻报道1934年12月底杭州某小学和中学举行音乐会后有感而发。这两次学校音乐会规模很大，但钱学森看到音乐会名单中竟然有"口琴独奏""京胡独奏""二胡独奏"等节目，潜意识中觉得"杭州学生对音乐似尚未能正确地了解"，于是决定写下这篇评论，"把音乐解释一番，希望能把这种错误纠正过来，使音乐成为浙江青年所了解、所爱好的一种艺术"。

钱学森写这篇评论时，正在杭州笕桥飞机场实习。他从同龄人的视角，以自身的音乐感受集中讨论了三个问题。

第一，如何正确看待音乐的属性。

钱学森发现，大部分青年人对音乐的认识还停留在"皮相"层面，忽视内容层面。很多青年人虽然认为音乐是一种艺术，但还没有将其与文学、绘画等艺术等同看待。甚者，音乐成为一种交际手段，被赋予功利性目的。有一次，钱学森发现学校举行的校内音乐会上，因为有一位同学的女友弹奏钢琴，这位同学便约好只要演奏结束，大家就一起鼓掌并喊："Encore！"钱学森当时就觉得"抱着如此的心情到音乐会去，实在非常错误"。那么，对于青年人而言又该如何去理解音乐呢？钱学森用了一段形象的比喻：

读完一篇小说，你会觉得一种快适，一种安慰，这不是因为纸张的洁白，印刷的精美，而是因为那动人的内容。看了一张风景画，你会觉得一种快适，一种安慰，这不是因为色彩的鲜明，笔调的雄健，而是因为他引你到了画中的世界去，你和画中的内容融合起来的缘故。看了一座石膏塑像，你会觉得一种快适，一种安慰，这是因为塑像全体曲线的变化及和谐感动了你。读完了一首诗，你会觉得一种快适，一种安慰，这绝不是因为诗的音节或文字的排列，而是其所包含的内容之美。

小说，风景画，塑像和诗是如此，音乐也是如此。音乐的鉴赏必须注重在内容，必须注重在其情绪的流动，必须使你得到他的感动。因此最好的乐曲须包含最能感动人的内容；最好的音乐演奏，必须是最能令人了解而受感动的。换句话说，音乐的好坏是完全以内容来作标准的。

可见，钱学森认为好的音乐是演奏者和听者之间在"内容"上的互动。随后，他又补充说："在听众方面，固然必须具有听赏的能力，而演奏方面也须能把乐曲的内容完全表达出来。要能够把曲子的内容完全表达出来，第一所用的乐器必须有表达的能力，第二演奏者必须有表达内容的充分技术。所以完美的音乐，必三者备俱。"

所以，钱学森随后又举例说："记得在三年前，在杭州青年会听音乐，一位包女士弹 Beethoven 的舞曲，完了有许多人鼓掌，我却不愿意如此做，我觉得她的演奏，只有技术，没有内容，只像自动钢琴，不像活人在演奏。要知道技术只是音乐演奏的手段，而不是音乐演奏的生命；音乐演奏的生命在内容的表达！"

第二，如何提升鉴赏音乐的能力。

音乐理论书籍与实践之间是辩证的关系，懂得理论有助于指导实践，而通过实践又可以更深刻地理解理论奥秘所在。所以要学习音乐必须既要懂得理论，又要实地练习以及听音乐。

钱学森认为提升音乐鉴赏能力的唯一办法就是实践，就是多听名家音乐，且"由简单的歌谣开始，渐渐听提琴短曲，钢琴小曲，再到三重奏，四重奏，最后到规模最大，内容最丰富的交响乐"。随后，他又指出对于初学者，若有懂得音乐的人在这个过程中给予辅导，"能够把每一乐曲的内容解释给你听"，那就会取得事半功倍的效果。他说：

固然一个乐曲内容的解释，并不必尽人皆同，各人很可以凭其各人的自由想象，得到不同的意见，但为初学者，这种解释是可以告诉他怎样去了解乐曲的内容的。

钱学森还举例说，譬如美国民谣作曲家 Stephen C. Foster 的 *Old Black Joe*（见 *The One Hundred and One Best Songs* 第四十六）在前半部句句都在表示孤独的凄凉，中间两句 "I'm coming"，一重一轻，轻的好像空谷回声，愈显出 Old Black Joe 孤独得可怜，所以最后两句就能引出全曲的顶点，使你非常紧张感动。

第三，如何能听到世界一流名曲。

既然要通过多听音乐名家来提高鉴赏能力，那么究竟如何才能实现呢？当时，上海有一支常设大管弦乐队于每年10月至次年5月止，每星期日举行一次管弦音乐演奏会。此外，世界上不少知名演奏家还会到上海开演奏会，如 Zimbalist（小提琴）、Leonid Kreutzer（钢琴）等。

然而，这些高雅音乐会票价不菲，对于绝大多数青年来说是不现实的。即便退而求其次，利用留声机来反复听名曲，但唱片价格也不低，每张要卖到6.6元左右，这远超普通学生的支付能力。于是，钱学森提出用"众筹"方式来欣赏世界名曲，他说：

集合音乐的同志,组织一个团体,如有四十人,每月每人出四角钱,就有十六元了。再和唱片公司交涉,打一折扣,那么每月可以买三张片子,如此一月中少看一两次电影,或少用些零钱便可以听到名曲。而且唱片不比音乐会,一次听不懂,你可以再开一次,甚而两次、三次、四次,听懂了为止,这对初学者是最相宜的。至于唱机,在上海买旧的,二三十元,已经发音很好了,置购唱机时,学校当能帮助,所以也不成问题。唱针宜用好的,一面一换,方能保全唱片。但在这样一个团体中,必须有组织,有一个购片的指导及乐曲的解释人,才能发挥最大的效力。

第二篇评论:《机械音乐》

第二篇评论名为《机械音乐》,发表在1935年第3卷第8期的《音乐教育》(江西省推行音乐教育委员会编辑发行)上。这篇评论凸显出钱学森的工科生特点,他从科技视角出发围绕"机械"与"音乐"的结合,重点讨论三个问题。

第一,何谓"机械音乐"。

"机械音乐"概念是相对于"活的音乐"而言的。随着机械出现以后,人的各种活动被机械"取而代之",同时在艺术表现形式上出现机械化,例如留声机"已成为保存现代音乐所不可缺的媒介物"。但钱学森指出,"机械音乐"并不是简单的"活的音乐"的替代物,而是"可以成为现代艺术中独立的一门类"。他提出这种观点主要是基于"机械音乐"与"活的音乐"之间的区别。

钱学森认为,良好演出的要素主要包括三方面:曲谱、技术和乐器。"机械音乐"与"活的音乐"的区别就在于技术和乐器,这是因为"一个活的演奏者"(例如钢琴家、提琴家)的技巧受制于他的生理最高限度,例如臂力、肺活量、体格、发音力度等。另外,每种乐器在制作之时就已经产生属于它的音色,即每件乐器的音色同样是"限定"而无法任意改变的。但"机械音乐"却能够突破"生理"和"技术"的限制,能够完成"活的音乐"所无法做到的。他总结说:

机械音乐之所能，也就是活音乐之所不能，就是打开和除去这两种限制：演奏者生理上的限制，和活音乐上所用乐器本身的限制。这种解放，正如机械工业之于手工业——机械工业把工业从人力和工具方面的困难中救出来，所以机械音乐把音乐从演出技术的限制中救出来了。正如保尔·斯退凡所谓的"机械是开拓更大的自由的路，更大的可能性的路"。

第二，机械音乐的价值。

那么，机械音乐作为一种独立的艺术门类，它的独特价值何在？钱学森认为应当从两个方面考虑机械音乐的价值：

（一）机械音乐是否在人自己的内部唤起；

（二）用来表现的形象（在这里是声音了）是否能无阻地，正确地与这种被唤起的感情和思想相符合。

随后，钱学森回答了这两个问题。对于第一个问题，钱学森的答案是肯定的，他说：

再普通的音乐，都是作曲者把他的感情、思想记录在曲谱上，在演奏的时候，再由演奏者重新把死的曲谱变成演奏者自身的感情思想表现出来。这一种经过，在机械音乐，并没有两样。也是发生于作曲者，经过演奏者内部唤起，然后才表现出来。虽然在某种机械音乐，是直接把作曲者的感情和思想记录出来，以后就分毫不差地把这记录变成声音，然这仍是完全在作曲者控制之下的。

其实在音乐创作全过程上，机械音乐和一般音乐唯一的分别，就在由演奏者的感情思想到声音的表现这一个距离，一般音乐比机械音乐是更直接。吹横笛（flute）的，口中一出气，手指一按键，就能出声了。但是无线电呢？声音必经过电台的许许多多的真空管、繁复的电路，然后再由电波跑上几千里路，再由收音机的天线走到又是一套真空管、电路，临了还得经过扩声筒，才到了听众的耳朵。因为这一个遥远的距离，使人觉得作曲者和演奏者的作用小了，看不见了，似乎完全是机械在控制一切。但是这只要略略想一想，就会知道是错误的。

对于第二个问题,钱学森的答案是机械音乐胜过活的音乐,他说:

至于第二个问题,表现出来的声音,是否与作曲者和演奏者的感情思想相符合。在这一点上,机械音乐必能胜过一般音乐。为什么呢?因为我们要达到这一点,必须是我们用来表现的乐器能够随作曲者和演奏者的心愿,要怎样便怎样。我们在前面已经说过,一般乐器有技术上的限制,而机械音乐是有着更广大的、自由的表现能力的,所以,必然的,机械音乐比较更能正确地、无阻地表现出作曲者和演奏者的感情思想了。

最后,钱学森判断,机械音乐这种新生事物的艺术价值不在活的音乐之下。因此,机械音乐可以成为一个独立的艺术门类。但钱学森同时还提出一个问题:可否产生专门为机械音乐作的曲,唯如此才能充分发挥机械在技术方面的特长。

第三,机械音乐的发声原理。

钱学森讲完机械音乐的概念和价值之后,又对机械音乐的发声原理做了科普。他总结了四种机械音乐:机械发音(Mechanical Tone-Production)、机械电力发音(Mechanical-Electrical Tone-Production)、电力发音(Electrical Tone-Production)、光电发音(Photo-Electrical Tone-Production)。

钱学森对四种机械音乐发声原理的解释,显现出他的专业知识水平以及对音乐的了解程度。他还从辩证法的角度对"机械音乐"和"活的音乐"关系做出总结。他说:

虽然在发音结构方面讲,我们必须把留声机、无线电和有声电影包括到机械音乐里去。但我以为,既然它们的目的,不在创造新的技术可能性,而且它们也不能离开一般音乐而独立,它们和以上所说的诸机械乐器是有分别的。而且我们也不能说它们是乐器,而是一种传播工具吧。留声机、无线电和有声电影的功绩,不是由它们可以得到的新东西,而是因有了它们,把固有的音乐在社会中所加于人类的作用增加了、强化了而已。

然而我们如果说它们完全不能创造新的技术的可能性,也未尽然。因为在有声电影的摄制过程中，对话、音乐、唱歌等元素是分开个别收音的，以后再把分别设置的片子，对好了时间，一齐发音，再灌入摄制，才得到最后的声带片子，这是不能同时发出的音乐，制成如同一齐发声一样。最近报纸所载：美国发明家已经得到分别灌留声机唱片的方法。就是说一个提琴独奏，可以先灌提琴的部分，后来再在同一的片灌入钢琴伴奏部分，演唱时，就同一齐演奏一样。我们姑且不去说，这种方法在艺术价值方面如何，然其开拓了一条新的路，则是不可疑义的了。

这篇评论表面看是讨论音乐问题，但其背后反映的是讨论科学技术发展的社会影响。钱学森敏锐地意识到"新的技术"，如何催生机械音乐这一类新生事物。透过这篇评论能够看出，青年时代的钱学森在欣赏美妙乐曲时，对未来世界充满好奇和憧憬。如其所言，科学技术的发展将会带来各种"新的可能性"，虽然很多发展只是"第一步"，"但必然的，我们已经开始了新时代"。

第三篇评论：一封"美国通信"

1935年9月3日，钱学森乘坐的"杰克逊总统号"邮轮，经过十多天航行抵达美国西海岸的西雅图。钱学森在此地逗留数日，还不忘向当地青年会询问西雅图有没有音乐厅以及哪天有音乐会，以便前往听音乐会。随后，钱学森乘坐火车来到位于东海岸波士顿的麻省理工学院办理入学手续，开始留学生活。

1936年初，钱学森在江西省推行音乐教育委员会担任《音乐教育》杂志编辑的表弟李元庆，给他寄了一封信，希望他谈一谈对《音乐教育》杂志的看法以及介绍美国音乐界的情形。钱学森于是写了一封2500余字的复函寄出，李元庆以《美国通信》为名将其刊发在1936年第4卷第4期的《音乐教育》，落款时间为1936年3月31日。可见，这是李元庆的"命题作业"。钱学森在信的开头写道：

自从去年华北局势紧张后，我以为国内空气一定一变，像《音乐教育》这种杂志大概会停刊了呢？所以我在寒假的时候，虽有一点工夫，想替你们写点东西，然一想也许现在已经用不着这玩意儿了，就懒下来。现在我实在忙得不可开交，恐怕不能有时间写点比较像样的文章了。

随后,钱学森在信中介绍了美国音乐界的一般情形。这封信主要评论了三个内容:一是对《音乐教育》的看法;二是介绍美国音乐界的情形;三是介绍歌剧在美国的情况。

第一,对《音乐教育》的看法。

钱学森对音乐的喜爱不仅停留在"听"的层面,而且还进行过系统的理论研究,他读过很多音乐方面的专业书籍、刊物,具有很高的理论素养。他留美前不仅是《音乐教育》的忠实读者,而且他的第二篇音乐评论也是发表在该杂志上。他在信中写道:

我对《音乐教育》有一点意见:我觉得这杂志的空气似乎太沉闷一点。我固然很喜欢你同缪先生所做的理论工夫,但在一般读者,这些东西恐怕吃不下去。而同时对音乐的错误观念仍无法纠正。所以我提议在杂志中可尽量加入国内音乐时事的记述及评论;在这记述及评论中,自然可以随时校正时下错误观念。杂志中又可加入小补白之类的东西,可以用讽刺的口吻,把报纸、杂志中对音乐的错误指出。譬如:我前年在《现代》上看见黑樱作的一篇小说中,说在某跳舞场中奏贝多芬的交响乐第十八支!!!这就是材料了。我想国内类乎此的肉麻句子一定恒河沙数,取之不尽,用之不竭也。

第二,介绍美国音乐界的情形。

"美国人对音乐是否真有兴趣?"这是钱学森介绍美国音乐界情形之前提出的问题。随后,他以自己的经历对此做了回答。钱学森到美国后住在麻省理工学院宿舍,他每周都会坐车从剑桥去波士顿交响乐厅欣赏一场音乐会。在信中,钱学森介绍了去听音乐会过程中的所见所闻,说:

以我所在的学校而论,住校的约有四百人,但是我每星期到波士顿交响乐厅去,同我一起回校的,不过二、三人,有时一个也没有。这虽然不足凭以计算同学中到音乐会的人数,但情形不见得比中国的大学好,是可以肯定的。再以到音乐会去的人之成分观之,十之七是四五十岁的,中年人最少,少年中大都是中学校的女生。老年人大都是阔人,听音乐会是上流社会的必需,可为谈助的。中学校的女生恐怕是音乐教师叫她们去的。由这一点看，美国人对音乐的兴趣也不见得比中国强多少。至于到音乐会去的人，是否对音乐都真有欣赏的能力？也不见得。我曾听见我的旁座在 Le Sacre du Printemps（Stravinsky）中对他的同伴说："Oh, it's funny！"但这种人在鼓掌的时候，他是很起劲的。以我常去的音乐会（Bosten Symphony Orchestra——指挥：Serze Koussavisky）而论，每曲都得让指挥起来三次。最后一次，全队起立，于是大家拼命鼓掌，尽欢而散。在我邻座的十几个听众中，我只看见一个人（这人也是常常去的）不是这样，有时指挥得不好，他也摇头，不鼓掌。

但是这种交响音乐会，只是音乐生活的一方面，也许不能一概其余，因而下结论。因为美国电影院，上流的门票不过五六角美元，这还是晚场，日场三四角而已，但交响音乐会后排也得八角五。一定有不少人，因为太贵而不去的。再美国现在无线电，虽然十之八九是所谓"Hot Music"，但每星期（自然是音乐季中）都有交响乐的广播四五次。

随后，钱学森还介绍了"电台音乐"的情况，包括播放时间、曲目和指挥等。他还特别提及福特汽车公司和通用汽车公司因相互竞争，利用广播播放音乐进行广告的情况。他对此方法颇为认可，因为通过这种途径有时还会收听到不错的音乐，还有音乐评论人对音乐进行评论。

第三，介绍歌剧在美国的情况。

最后，钱学森介绍了歌剧在美国的情况。当时，美国最好的歌剧院是纽约的"Metropolitan Opera"（纽约大都会歌剧院）。钱学森写信之际，这个歌剧院刚到波士顿演出了一个星期。但从信中可知，钱学森对歌剧并不喜爱，甚至觉得"可恨"。这是为何？从信中可知其原委：

我个人对歌剧是无好感的，我觉得音乐是一种最抽象的升华了的艺术，而戏剧是现实的、物质的，因为这种根本的差别，要想把它们融合起来做成一种新艺术——即 Wagner's Musicdrama 是不可能的。只有跳舞（艺术跳舞）才配和音乐在一起，因为跳舞是人体表情的升华，抽象化了的，只有跳舞和音乐才能融合在一起。伟大的跳舞家邓肯说过："Wagner有伟大的成就，但是这位大

师也铸了一个大错"（见邓肯的自传 *My Life*），这是很对的。Wagner在 *Goetter Daemmerung* 及 *Parsifald* 中的美妙的音乐，可以说都糟蹋了。至于那些歌剧听众在每一段完了时的鼓掌，把最后的音乐味儿破坏得毫无，尤其可恨。

  通过这一评论还能看出钱学森留美初期的生活状态，尤其是刚到美国，还需要适应海外生活。只身海外，难免孤寂，但他每星期都可以去波士顿听一场音乐会，在学习之余满足一下兴趣爱好，何其美哉！当钱学森听完音乐会，坐在返回学校的车上会想些什么呢？或许是远在上海的父亲，又或许是已故的母亲，抑或是今后的人生！钱学森写这封信时二十五岁，正值青春年华。

  钱学森到加州理工学院读博期间，仍对音乐保持浓厚的兴趣。每年夏季他都会去好莱坞参加露天音乐会，冬季则参加学校附近的室内音乐会。不仅如此，他还动员同门师兄弟西尔斯和马勃组建了一支"竖笛三重奏乐队"。西尔斯吹奏高音竖笛，钱学森吹奏中音竖笛，马勃吹奏次中音竖笛。他们三人经常在一起吹奏，悦耳笛声在幽静的校园里回荡。直到1941年师兄西尔斯离开加州理工学院，这支"竖笛三重奏乐队"才宣告解散。

  有趣的是，钱学森在这篇评论中还做出"我个人对歌剧是无好感"的评价，但他后来却用向歌唱家蒋英求婚的行动否定了自己的判断。如今，科学家钱学森与女高音歌唱家蒋英的爱情故事已广为人知，成为经典。

肆

从青年学者到世界科学家

1939年钱学森博士毕业后留校，成为加州理工学院青年学者。1949年的一次工作报告，确立了他在世界空气动力学研究领域的学术带头人地位。这十年是钱学森科学事业的成长期，且通过科研和教学实践不断完善技术科学思想体系。他的成就的取得既有自身努力的内因，同时还有一个重要外因，即导师冯·卡门的提携。机遇难得，冯·卡门推荐钱学森参加军方项目和美国国防部陆军航空兵科学咨询团的经历，使他能够站在更高层次看待科学研究的价值。这些经历对提高钱学森学术眼界起到积极作用，进而逐步超越导师成长为世界科学家。冯·卡门与钱学森的师生关系恰如那句名言：青出于蓝而胜于蓝。

他日归来

第十五章

加州理工学院的青年学者

1939年钱学森取得博士学位后计划回国参加抗日战争，但导师冯·卡门极力挽留。钱学森经过一番思考后，决定留在加州理工学院。这是钱学森科学研究步入"体制化"轨道的起点。他留校后充分利用加州理工学院的学术资源和科研平台，研究兴趣逐渐从空气动力学和薄壳理论，延伸到火箭技术、工程控制论和物理力学等领域。一位多年后被称为"一等星"的青年科学之星冉冉升起。

决定留在加州理工学院

自近代科学和教育制度产生以来，科学技术人才的培养早已摒弃传统的"师徒制"，"导师制"成为现代教育制度的重要组成部分。毋庸置疑，导师在青年学者成长的过程中具有非常重要的作用。钱学森在成为世界顶级科学家的艰辛道路上，博士生导师冯·卡门是关键人物。

冯·卡门被称为20世纪的"航空航天时代的科学奇才"，是世界力学研究领域的顶级大师。钱学森第一次见到冯·卡门，是1936年到加州理工学院自荐面试读博。冯·卡门说：

1936年的一天，他来找我，就自己进一步深造的问题征询我的意见。这是我们初次见面。我抬起头来，对面前这个身材不高、神情严肃的青年打量了一下，然后向他提出了几个问题。所有问题他回答得都异常正确。顷刻之间，我就为他的才思敏捷所打动。我建议他到加州理工学院来继续深造。[1]

1936年10月至1939年5月，钱学森在导师冯·卡门的指导下完成博士学业。读博三年，师生二人结下亲密的私人关系，钱学森课余时间还经常到导师家中讨论问题或畅聊人生。在一次闲谈中，钱学森还以"空军之父"杜黑（制空权理论提出者）自喻，预言他们的研究工作将使他们成为"导弹之父"。读博期间，钱学森师承冯·卡门最重要的学术思想就是"理论必须真正解决实际中的关键问题"，即理论与实践结合。

1938年秋季，钱学森的博士论文写作已近尾声，他开始着手准备博士论文答辩。此际，他开始计划毕业回国后参加抗日战争的事情。当他将回国计划告诉冯·卡门时，冯·卡门产生了挽留钱学森的想法。冯·卡门以留在"美国做科学研究也能加强反法西斯的力量"为由，希望钱学森能够留下。当时，冯·卡门拿到很多美国军方委托的科研项目，亟需钱学森这样的青年人才协助他完成项目的攻关。

当时，第二次世界大战序幕渐渐拉开，且中日战争正在酣战阶段。钱学森听了导师的建议，经过一番深思熟虑后决定留下。于是，钱学森成为加州理工学院航空系的一名青年学者。

需要说明一个细节，钱学森出国时申请的学生签证有效期为34个月（1935年7月至1938年4月），1938年第二次得到清华大学同意延期的复函后，便向洛杉矶移民局申请延长签证并顺利通过审核，有效期从1938年4月4日至1940年11月13日。由于钱学森留校后因签证尚在有效期，且拥有受聘于加州理工学院的合同，签证有效期延长一年至1941年11月13日。

此后，由于有导师冯·卡门给美国战争部的推荐函和担保，钱学森的签证每年都能照章延期，但仍属学生签证。此间，加州理工学院还于1941年8月

---

[1] 冯·卡门、李·爱特生著，王克仁译：《冯·卡门：钱学森的导师》，西安交通大学出版社，2015年，第290页。

图4-1 钱学森在美国加州理工学院办公室的自拍照

25日决定给予钱学森有效期为18个月的访问科学家（Visiting Scientist）待遇，此待遇后又多次顺延。

客观地讲，护照和签证有效期的顺利延长确保了钱学森在美国的合法居留权，而访问科学家待遇又起到了减少参加涉密科研项目审查程序的作用。钱学森能够参加美国国防科研项目还有一个重要的外在环境，即第二次世界大战期间中美结盟，这为钱学森提供了难得的历史机遇。事实上，第二次世界大战期间参加美国国防科研项目的中国科学家不少，这反映出美国需要像钱学森这样的科学家帮助他们提高国防科研水平。

钱学森博士毕业留校是他步入科学研究"体制化"道路的起点，是人生的一次重要转折。若没有冯·卡门接受钱学森成为博士生以及推荐他留校任教，钱学森的人生就是另一种轨迹。冯·卡门与钱学森之间亦师亦友，从最初的师生关系，到后来的科研伙伴关系，同时他们又保持着非常亲密的私人关系，所以1988年科学出版社请钱学森评价冯·卡门的科学贡献时，向来理性的钱学森表露出少有的感性并婉拒说：

冯·卡门是我尊敬的老师，对他我有感情，怕不能公正地评价。[1]

科研与教学"双肩挑"

冯·卡门推荐钱学森留校的一个客观原因，是他读博三年中表现出极强的科研能力和合作能力，尤其是钱学森的数学天赋帮助冯·卡门解决了大量复杂的数学计算问题。冯·卡门后来解释说：

起初，他跟我一起研究一些理论的问题。我发觉他的想象力非常丰富，他有把自然现象化为精准的物理图像的高超能力，这样，他将他的数学才华，成功地与之结合起来。他还是个年轻的攻读博士的学生时，已经在不少艰深的命题上协助我廓清了一些概念。我感到这种天资是少见的，因此，我们两人便成了亲密的同事。[2]

但冯·卡门不是那种只让学生协助搞科研的学阀，而是真心培养学生，并给他们创造展示才华的机会。1940年钱学森留校后的第二年，就得到了冯·卡门给予的独立主持科研项目的机会。当年，加州理工学院古根海姆航空实验室（GAL CIT，全称是Guggenheim Aeronautical Laboratory, California Institute of Technology）决定建筑一座弹道试验用的超声速风洞。冯·卡门将这个科研任务交给了钱学森。钱学森做了大量调研和计算工作，在充分吸收"直接驱动"和"引射驱动"两种方案优点的基础上，决定采用直接驱动和引射驱动组合方案。这种方案既能满足低速试验要求，还能适应其他高速试验需要，一举多得。通过独立调研、计算和设计等工作，钱学森积累了丰富的工程实践经验。

钱学森留校后参加美国航空科学研究所年会成为惯例，并且都会提交论文报告。美国航空科学研究所年会虽被冠以"美国"地域，但其实是每年年初举行的一次国际性学术例会。这个会议是航空科学研究领域内科学家们交

---

[1] 涂元季、李明、顾吉环编：《钱学森书信（4）》，国防工业出版社，2007年，第274页。
[2] 冯·卡门、李·爱特生著，王克仁译：《冯·卡门：钱学森的导师》，西安交通大学出版社，2015年，第290页。

流和探讨学问的盛会，每年参加会议者多达数百人。令钱学森难以忘怀的一次会议是1940年举行的美国航空科学院第八届年会。

这是钱学森博士毕业后，首次以青年学者身份在国际性学术会议上亮相。他为此做了长期准备，撰写学术报告《曲率对结构屈曲特性的影响》。当时，破坏载荷是应用弹性力学领域中最令人困惑的问题之一，钱学森在报告中通过理论计算，而非试验，就能对于确定破坏载荷的各种相互影响因素和破坏过程的机制给出正确的描述，从而解决理论与实践之间的巨大差别。这篇报告完全是钱学森出于学术兴趣的研究成果，所以他多年后总结这次科研经历时特别强调："算是独立研究工作，是出了师。"

第二次世界大战期间，美国亟须提高飞机战斗性能以压制德国和日本的空军，因此对航空科学研究产生强烈需求。在此背景之下，钱学森于1941年3月加入美国航空喷气公司担任顾问（冯·卡门担任总经理，马林纳为司库），开始参与空军研究项目。当年4月，冯·卡门、马林纳和钱学森等人前往美国摩哈维沙漠军事基地开展了一项军事试验。他们以硝酸—苯胺火箭发动机绑定在A-20A轰炸机上，采用垂直发射方式升空。这次试验取得圆满成功，喷气公司"一飞成名"，军方科研项目纷至沓来。

1942年美国战争部开始委托冯·卡门主持军方涉密项目，以帮助美国以航空技术掌握制空权。冯·卡门便将钱学森吸收到研究队伍中，但由于钱学森非美国籍的客观原因而不被允许参加军方涉密项目，于是冯·卡门以个人名誉担保，他说：

钱学森已经在美国生活七年，现在是加州理工学院的研究员和讲师。他是美国超音速飞行研究领域的知名专家之一。他发表了不少包括弹道学在内的学术论文，这些论文令他闻名全美。聘请钱学森可以帮助我们完成合同中的研究工作，而我也相信钱学森对美国和联合国的事业是忠诚的。

冯·卡门的"个人名誉担保"起到了效果。12月1日，钱学森收到可以参加军方涉密项目的许可函，被允许参加海陆空三军、战争部和科学研究发展局等机构的涉密项目。此后，钱学森在相当长时间内几乎每天挑灯夜读，攻关项

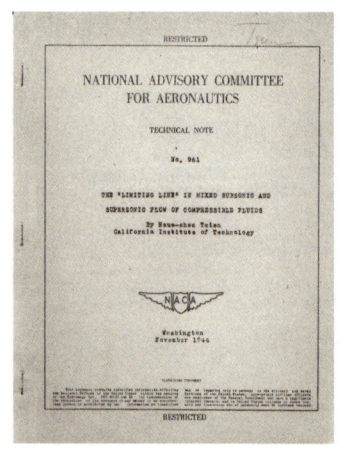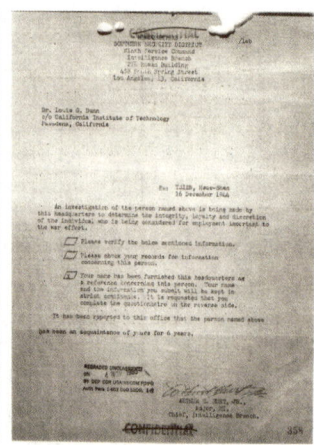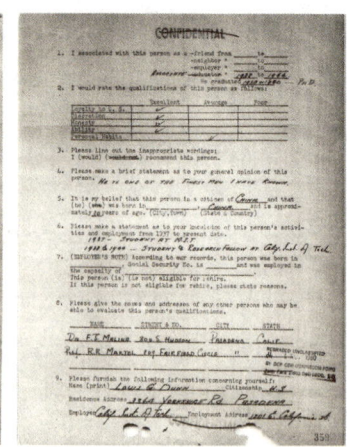

（左）图4-2　1944年钱学森为美国国家航空顾问委员会撰写的技术报告《可压缩流体亚声速和超声速混合流动中的"极限线"》

（中）（右）图4-3　这份1980年11月4日解密的档案显示，1944年12月16日，美国战争部通过钱学森同事邓恩调查其忠诚度（美国国家档案馆藏）

目，对美国航空科学研究能力的提升起到重要推动作用。但鲜为人知的是，即便有冯·卡门的担保，钱学森仍被"高度警惕"。例如，1944年12月16日美国战争部就分别致函钱学森师兄西尔斯和同事邓恩，以确认钱学森的忠诚度。

值得注意的是，钱学森在参与军方委托项目的过程中还特别注重"军转民"技术的发展。1944年2月钱学森担任"美国陆军军械署技术部远程火箭研究计划"理论组负责人，主持计算工作时就提出火箭喷气推进技术在商业领域的推广运用，并且他还提出一个可以减少燃料消耗，却能增大航程的方案：

采用高推力的火箭发动机，在相对短的时间内产生足够的动能，使飞机垂直向上起飞冲出大气层；然后在熄火无动力的状态下，飞机在无空气阻力的高真空中沿椭圆形轨道飞行；当其重新进入大气层后，再可利用机翼所接受的空气动力的作用，使飞机在相当长的一段距离内做小角度的俯冲滑行而直达目的地。

1948年1月11日，钱学森以美国航空喷气公司顾问身份向公司副总裁金波尔提交《关于远程火箭导弹的优化轨道的备忘录》，对方案中多种可能选择的滑行轨道做了估算，以探求达到最大航程的优化轨道。1953年钱学森指导研究生拜尔在上述方案基础上进行经济性论证，并完成《远程商用火箭运输的经济上的可能性》的学位论文。此后，钱学森的军转民思想逐渐发展成体系化的军民融合思想，这是他晚年思想体系的重要组成部分。

"边科研，边会议"成为钱学森的生活常态。在他承担科研之时，仍笔耕不辍，将每年完成二至三篇论文作为定额目标。不仅如此，钱学森留校后可谓科研与教学"双肩挑"。除完成每年科研和论文任务之外，他还要承担教学任务。一方面，钱学森作为冯·卡门的学术助手，成为"兼职导师"，承担着协助指导研究生的教学任务。例如钱学森就曾协助冯·卡门指导过范绪箕。范绪箕一直珍藏着一份钱学森指导其论文写作过程中的演算手稿，直到他晚年时捐赠给钱学森图书馆。另一方面，1942年起美国军方委托加州理工学院举办喷气技术训练班，钱学森是教员之一。所以他后来还回忆说："我为教员之一，与陆海空三军技术人员有了接触，后来美军中导弹及火箭的军官有不少是当时的学生。"

客观而言，这种科研与教学"双肩挑"模式具有相当的挑战性，需要处理好两者之间的关系。钱学森在实践过程中逐渐掌握方法，能够自如地处理好两者关系。因此直到1978年钱学森参加全国科学大会时，还鼓励这种"双肩挑"模式，他说："高等院校教学人员和研究人员不能分家。一位教学人

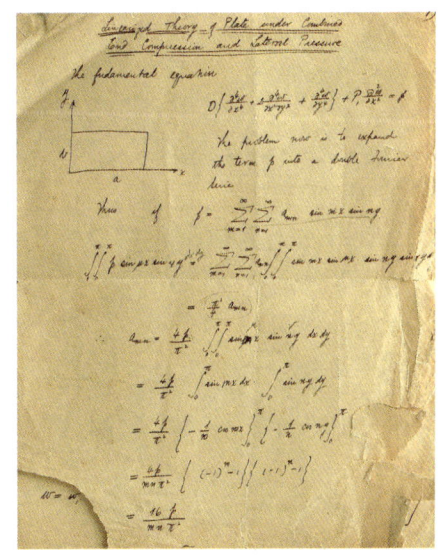

图4-4　钱学森"客串"导师指导范绪箕留下的演算手稿（首页）

图4-5　钱学森在加州理工学院课堂上的留影

员同时也是一位研究人员，一位研究人员同时也是一位教学人员。基础课、专业基础课和专业课也不能分家，要一个人能教基础课也能教专业基础课或专业课，反之亦然。一位教学研究人员每几年要有一年时间到国家研究基地、工、矿、农、林等生产部门实践。"他还建议："专门研究机构的科学技术人员要兼高等院校的教学职务，兼工、农业生产企业的科学技术顾问。在几年时间内，大约有四分之一的时间花在兼职工作上。"

钱学森博士毕业留校初期，生活充实，科研与教学双管齐下、相互促进。从他此间留存的照片可见，钱学森的青年学者形象逐渐清晰、丰富饱满，尤其是1945年晋升加州理工学院副教授之后，流露出不负韶华的科学自信。

受聘担任委托研究员

1939年7月7日，国民党政府为提高航空科学研究能力，在成都成立"航空委员会航空研究所"，并任命王助为所长。这个研究所最初有器材、飞机和气动力三个研究组。1941年航空研究所扩充后升格为航空研究院，并设器材和理工两个系。其中，器材系设立器材试验、竹木试验等七个研究组，理工系设立气动力、结构等五个研究组。

航空研究所成立之初就在海内外广聘人才，不仅设置"专任研究员"，还设立类似于通信研究员性质的"委托研究员"，以作咨询或协助研究。航空研究所成立时，王助就想到了自己曾经指导过的留美公费生钱学森，于是专门致函钱学森表明聘任诚意。当冯·卡门得知钱学森收到王助来信后，于1940年4月20日主动提出替他致函王助"说情"。冯·卡门在信中说：

钱学森博士给我看了您和他讨论回国服务还是留在美国的信件。我完全同意您在信中的观点。我想特别强调的是，我无意阻止钱学森博士回国履行他为国家服务的职责。但正如您所言，我相信一个人能够以不同方式效忠他的祖国。我想，他回国前在航空工程和航空科学的不同领域开展研究工作，不仅符合钱学森博士的兴趣，同时也符合中国的利益。他已经在高速空气动力学和结构方面做出杰出贡献。我们现在正在从事流体力学的工作，我想这正是你们研究所今后的重要研究课题。所以，我建议钱学森博士能够在加州理工学院再工作一年或两年。可以肯定，我欣赏他的科研能力、合作能力和个人修养。所以，我希望钱学森留下并非出于私心。

王助收到冯·卡门来信后，经过综合考量，认为冯·卡门的建议言之有理，便于6月24日复函表示同意钱学森继续留在美国。于是王助采取"曲线救国"，改聘钱学森为"委托研究员"。钱学森欣然受之。此办法可以使钱学森不用立刻回国，又能够为国内航空科学研究做力所能及的贡献。1940年12月7日钱学森专门撰写论文《高速气流突变之测定》寄交航空研究所，后作为航空研究所研究报告第二号单行本出版。此文依据理论计算，测定了"压缩性气流"中流速渐次增加达"临界速度"时发生的"突变"现象。这对当时国内尚不发达的航空科学界来说，无需大型风洞试验便可推定和测算出突变数值。诚如钱学森在此文中所言：

今吾人若能获一可靠之方法，所需之速度，可由理论计算得之，或可由寻常低速风洞之结果，加以推算而测定之，则节省匪鲜。本文内容，即为此种方法之一。……以前诸法，或假设欠准，或解答艰繁，其计算结果，辄与试验结果不甚符合。但此法所测定之值，据最近高速风洞试验之结果，较前诸法，得值最近，故似最为可靠。

钱学森担任委托研究员期间，还曾对同行论文做了一次学术评论。这篇学术评论的题目为Comment on Dr. Ling's Paper，评论文章是航空研究所专任研究员林致平发表的《偏心圆管之扭力问题》（航空研究所技术报告第一号，1940年8月）。钱学森在评论中以总揽全局的学术视角，对林致平文章中"偏心圆管扭力"问题做了详尽分析评判。这篇评论充分表现出钱学森不仅具有扎实的学术功底，同时还具有宽广的学术视野和较高的学术眼界。

第十六章

清华和北大"特聘"未果

钱学森任职加州理工学院期间，在协助导师攻关科研项目过程中逐渐走上独立的研究道路，声名远播。他的科学成就引起国内知名学府的关注，清华大学和北京大学纷纷发出邀请，以"特聘"条件虚位以待。钱学森因种种原因未能如愿接受聘任回国服务，但始终牵挂国内科学研究事业的发展。他后来回到新中国，为清华大学和北京大学人才培养做出了积极贡献。清华大学和北京大学的"特聘"还从一个侧面反映出梅贻琦和胡适惜才的胸怀。

清华大学两次聘任钱学森

或许，钱学森本人都不知晓，清华大学在他博士毕业那年暑期做出过聘请他的决定。清华大学档案馆保存着一封珍贵档案，内容是1939年7月5日清华大学第四次聘任委员会的决议。决议写着：

> 聘钱学森先生为航空工程研究所副教授，月薪二百八十元。

但由于当时战事正酣，清华大学未能及时发出聘书。直到1941年4月1日清华大学校友张捷迁致函清华大学航空研究所所长庄前鼎，提及钱学森近况时说：

卡门教授至忙，门前客人不断。钱学森君造诣极好，成大学者。晚与其同房办公，得益正多。今年暑假，彼有意回国（也许不回去，看情形），我所中欲请伊否？倘有意，最好先进行，免为他处请去。

庄前鼎收到信函后于5月3日致函梅贻琦，提出"请即航函或电报邀聘"钱学森返国任职。5月6日梅贻琦复函庄前鼎，称"此间于上月已拍电报催其返国，唯至今尚未得复"。至于未回复的原因则不得而知，是否钱学森未收到聘书或婉拒聘任。但清华大学一直关注钱学森，直到三年后的1944年再次做出聘任钱学森的决定，给予的职位是：航空研究所教授。

1944年11月29日，叶企孙致函梅贻琦称，正在美国加州理工学院访学的周培源建议再次给钱学森发一份聘书。是日，梅贻琦在来函上批示："照办。待遇查前约函再酌加。卅四年二月起，教授四六〇元。"12月1日，庄前鼎看到梅贻琦在该函上的批示后极为高兴，在旁边批复称："甚好，请校中电聘尽复并航函送聘书。"随即，经梅贻琦签署聘书底稿后正式制作了一份聘书。一切就绪后，清华大学将聘书寄给周培源转交。1945年4月1日，周培源致函梅贻琦反馈说：

曾与冯·卡门先生谈及钱君返清华事，渠甚为赞同，并表示希望学校方面能给渠一机会施展其抱负。钱君本人当然亦愿回我校服务，惟渠拟于欧洲战事

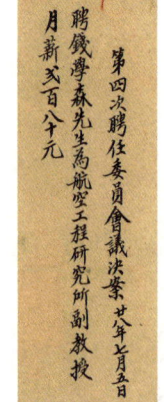
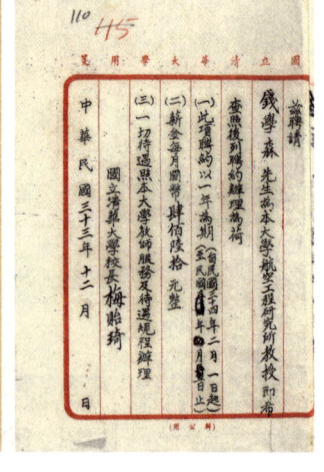

（左）图4-6　1939年7月5日清华大学第四次聘任委员会的决议（原件存清华大学档案馆）

（右）图4-7　1944年12月梅贻琦签署的钱学森聘书底稿（原件存清华大学档案馆）

结束后往英国住些时候，故一时不能回国，因此渠暂不拟将应聘书寄回，暂由受业妥为保存。

当时，第二次世界大战已近尾声，钱学森由导师冯·卡门选定为美国国防部陆军航空兵科学咨询团成员，正在准备前往欧洲考察。待钱学森结束考察回到美国后，另有重用，清华大学第二次聘任未能实现。清华大学两次聘任钱学森返国任职未果，但钱学森对清华大学感情极好，留美期间以清华大学学子自称。

1947年暑期，钱学森回国前往北京访问叙旧期间，借住清华大学教授叶企孙家中。8月18日，梅贻琦设宴为钱学森接风洗尘，席间大家谈笑风生。8月26日，钱学森应邀在清华大学同方部做"工程科学"报告，报告由工学院院长陶葆楷主持，梅贻琦参加报告会。不知梅贻琦此时会有怎样的感想，十二年前的留美公费生如今已是世界航空科学界知名青年科学家。这也正是当年选派留美公费生的初衷！

胡适拟聘钱学森之经过

1945年抗日战争胜利后，西南联大结束历史使命，北京大学、清华大学、南开大学纷纷北上复校。此间，由于北京大学校长蒋梦麟被任命为行政院秘书长，无法再担任北京大学校长，傅斯年和朱家骅便提议由胡适接替蒋梦麟。此议一经提出，就得到北京大学学人赞同，翘首企盼。9月6日，国民政府正式任命胡适担任北京大学校长。

可以说，作为20世纪30年代"中兴北大"的主将胡适担任北京大学校长一职，众望所归。为何会如此呢？胡适虽一直身在美国，但对西南联大期间的北京大学情况所知甚多，颇了解北京大学学人心中的苦闷。当时，北京大学学人都认为由于蒋梦麟在担任西南联大常委期间，秉持所谓"不管就是管"的原则，导致北京大学在人事、经费、科研等方面都无法获得主动权，使得北京大学在这几年时间中不仅没有发展，反而变得十分空虚。

因此，当1945年胡适有机会执掌北京大学后，便着手制订一揽子的复兴计划，其中就包括计划增设工学院，发展北京大学工科。那时，胡适就曾计划聘钱学森回国担任院长。钱学森当时已是加州理工学院副教授，得到胡适邀请后积极回应，甚至为北京大学草拟出《工程科学系之目的及组织大纲（草案）》，但因种种原因未能接受聘任回国就职。

胡适早年在北京大学时曾反对发展工科，但第二次世界大战和中日战争改变了他对工科的认识。他曾在一次演讲中说："中国在这次战争中的问题简单说来，便是一个在科学和技术上都没有预备好的国家不得已和一个第一流的军事与工业强国进行一场近代式的战争。"所以当胡适执掌北京大学后便下定决心要发展工科，但却遭到傅斯年"此时来上一下恐怕要出丑"的提醒。这是因为北京大学并无工科基础，而清华大学工科却在抗战期间因战时工业和国防需要而发展迅速。胡适于是决定以延揽一等工科人才担任院长为抓手，进而"以点带面"推动北京大学工科的发展。在此背景之下，钱学森进入胡适的视野中，他决定聘请钱学森担任工学院院长，时间为1945年下半年至1946年初。

实际上，早在1942年胡适和钱学森本有机会相识。当年吴健雄和袁家骝结婚时曾邀请胡适参加但未果，而钱学森作为吴健雄和袁家骝少数几个好友之一受邀参加。但钱学森留存的照片中确有一张珍贵的合影，合影中有胡适、两位外籍学者，以及包括钱学森在内的十六位中国留学生，而胡适和钱学森仅隔着一名外籍学者。由此可知，胡适与钱学森是相识的，但合影拍摄于何时何地却无法查证。据查胡适年谱可知，1940年3月25日至31日胡适曾前往旧金山接受加州大学法学博士学位。[1]或许，胡适正是此时以中国驻美国大使的身份到访过加州理工学院，并与中国留学生合影。

1945年钱学森引起胡适重视是由于饶毓泰的推荐。当时饶毓泰正在美国做分子光谱研究，与胡适交往频繁。9月12日，胡适致函饶毓泰告之即将回国出任北京大学校长。9月18日，饶毓泰收到胡适的来信，为之狂喜。翌日，饶毓泰复函胡适，称"实吾国大学教育一新纪元，不仅同人私幸已，望兄积极负起责任领导我们"。随后，饶毓泰在信中畅谈北京大学发展理科和工科问题，并建议势必要办工科，且可以先成立应用力学系与电学工程系。紧接

---

[1] 耿云志：《胡适年谱》，四川人民出版社，1989年，第284-286页。

图4-8 胡适（后排右五）与钱学森（后排右三）等中国留学生合影（时间地点不详）

着，饶毓泰就向胡适推荐正在美国任教和留学的钱学森、郭永怀、朱兰成、马大猷等力学和电学方面的青年才俊，同时提议由钱学森担任应用力学系主任，他说：

> 在CIT有钱学森先生曾从Von Karman游，现在该校任流体力学副教授。有郭永怀君（北京大学物理系毕业）亦从Von Karman治流体力学。拟请钱先生为应用力学系主任，请郭永怀回北京大学。电学工程方面的人甚多，但是最优成绩的才三四人，若能请到朱兰成（MIT）、C.C.Wang（Westinghouse），又由清华调回马大猷，电学方面有主要人物矣。

饶毓泰写完给胡适的回信后，就立即给郭永怀写了一封信，希望由其向钱学森说明经过。郭永怀是饶毓泰在北京大学任教时的学生，收到老师来信后便向钱学森说明事情原委。钱学森做出积极回应，甚至很快为北京大学草拟出《工程科学系之目的及组织大纲（草案）》。10月8日，饶毓泰致函胡适并将钱学森草拟的大纲草案随函附寄，他在信中说：

钱学森先生寄来所拟《工程科学系之目的及组织大纲（草案）》。此文是他应我之请而作的，我觉得他的意见有许多是和我的相契合的，但和一般工程学者之传统目的与组织是大不相同，值得我们深切的注意，兹附呈，阅后请掷还。我未曾和钱先生直接通信，我是请郭永怀转达北大拟请他出来组织应用算学系或应用力学系之意思，所研究与教学范围则和钱先生的工程系的内容差不多完全相同。如果北大工程学系能这样办，理学院与工学院分界就不致太严了。这对于工程教育上是个革新运动。可否由北大聘钱学森先生为工学院院长？

10月14日，胡适复函饶毓泰称，"请聘钱学森为（北京大学）工学院长"。同时，他还请饶毓泰再"约定物理系及工学院人才"。饶毓泰得到胡适首肯后，立即向钱学森表明此意。12月30日，饶毓泰在霍华德·珀西·罗伯逊家中遇到钱学森导师冯·卡门，谈及北京大学欲创办工学院和拟聘钱学森担任院长之事。冯·卡门对此极感兴趣，并且向饶毓泰允诺将与钱学森详谈此事，同时请钱学森为北京大学发展工科做出相应规划。

那么，钱学森是否接受胡适的聘任，回国到北京大学就职呢？1946年1月2日，胡适收到饶毓泰转来的钱学森回信："现在加省理工航空系任事，

（左）图4-9 饶毓泰致函胡适，转交钱学森为北京大学草拟的《工程科学系之目的及组织大纲（草案）》

（右）图4-10 胡适拟"请聘钱学森为工学院院长"的手稿（1945年10月14日）

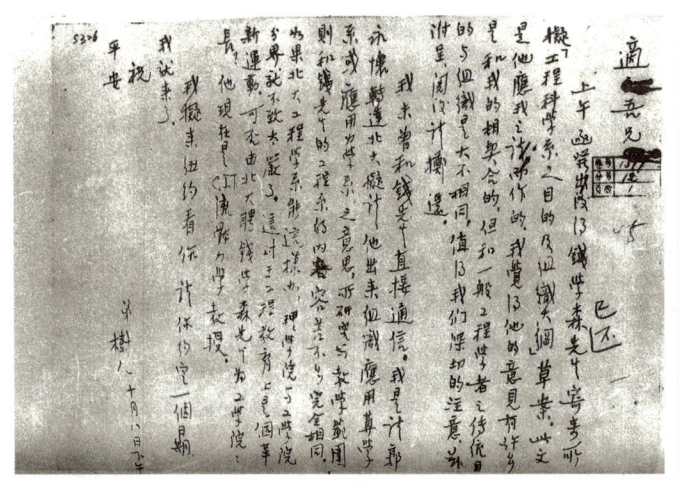
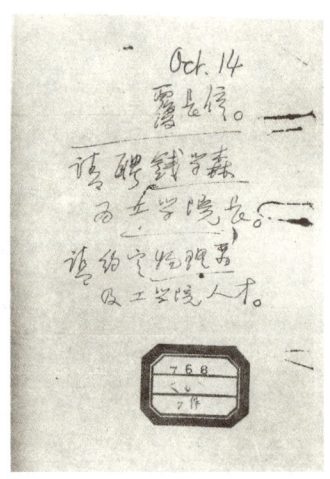

与校方约定一两年后回国。故北京大学如定明春开办工学院,则学森无参加可能。"可见,钱学森最终未能接受胡适的聘任。不仅如此,饶毓泰推荐的郭永怀和林家翘两人看到钱学森未接受聘任后,也同样婉拒了北京大学的邀请,并告诉饶毓泰:钱如不加入北京大学,他们也就不想加入。

应当说,作为推荐人的饶毓泰是有些失望的,但他又未放弃,仍试图说服钱学森。他不仅致函冯·卡门,意在希望冯·卡门居中说服,同时再次致函郭永怀,希望由他向钱学森转达北京大学的诚意,甚至他还替胡适做出将开办工学院时间推迟至1947年的决定。他在信中说:

> 自适之先生长北大命令发表后士气为之一振,今方作深远之计划。我愿凡关心中国大学教育前途者多来帮助适之先生。中国工程向未上轨道,北大开办工科无传统的负累,有布新的勇气,凡关心中国工程科学前途者不应该错过这个机会,适之先生与北大同人对钱先生具有无穷希望,亦欲借此使钱先生和他同志与国内无数向上的青年有更深造之机会。为表示万分诚意,北大开办工学院可迟至1947年秋,以待钱先生之归。但钱先生此时应立即答应负责规划,郭永怀、林家翘两君如能于今秋归国则更善。

耐人寻味的是,饶毓泰究竟为何如此执着地向胡适推荐钱学森?其实,答案就在钱学森草拟的《工程科学系之目的及组织大纲(草案)》中。作者虽未见到《工程科学系之目的及组织大纲(草案)》的内容,但从钱学森1947年回国时在浙江大学、交通大学和清华大学做的"工程和工程科学"报告可以推测出其梗概,即提倡以技术科学思想为指导设立工程学科,主张理科与工科并重的教学模式。这是当下普遍倡导"理工结合"教育理念的思想来源,但在20世纪40年代却是科学前沿。因此,饶毓泰评价草案为"对于工程教育上是个革新运动",颇能说明它的价值。

另外,当时三十四岁的钱学森已是加州理工学院的副教授,正处在学术高峰期。饶毓泰向胡适推荐钱学森前夕,其刚刚结束欧洲考察返回美国。正在美国的胡适一定听过钱学森的名声,更何况他们还是清华大学校友。所以,胡适拟聘钱学森担任北京大学工学院院长未能如愿,但对他留下深刻印

象。因此当1947年暑假胡适得知钱学森回国的消息后，立即于8月19日致电钱学森，请其"假返国之便，抽暇来平一游，藉对北京大学工学院之发展有所请教"。

清华大学和北京大学对钱学森纷纷发出邀请，以最大诚意待之。这背后反映的是20世纪40年代中国科学技术发展进入需才孔急的时代，重要推动原因是第二次世界大战使科学技术对战争的影响越来越凸显，尤其是与军事相关的科学技术得到空前发展。所以不难理解，承担为国造才的清华大学和北京大学会给予钱学森如此高规格礼遇。虽因种种缘由，钱学森未能接受"特聘"，但他自始至终心怀祖国科学事业，等待回国效劳时机。

值得一提的是，钱学森回到新中国后在清华大学和北京大学留下"科学"足迹。他不仅在清华大学组织工程力学研究班，为新中国力学和航天事业培养人才，同时还参与了北京大学教学实验风洞的设计工作。曾经参加风洞设计工作的赵汝敖回忆说，钱学森亲自领导设计，且每周六下午必到现场具体指导，从设计理念到气动计算公式都亲自教授。或许，这就是钱学森对清华大学和北京大学当年"特聘"的回馈吧！

第十七章

美国"上校"的欧洲之行

众所周知,第二次世界大战凸显了科学技术在战争中的重要性,尤其是航空母舰、导弹、飞机以及雷达等科学技术,在战争胜败中起到了关键作用。1944年第二次世界大战胜败大局初定之际,美国就着手成立"美国国防部陆军航空兵科学咨询团",筹划战后军事科学发展规划,以保持绝对军事优势,尤其是抗衡日益强大的苏联。钱学森经导师推荐成为咨询团成员,有机会参加代号"强壮"(Lusty)的行动,前往欧洲实地考察德国等国军事科学研究现状。钱学森做好考察准备工作前夕,却遇到所谓的"再入境"问题。

钱学森的"再入境"问题

第二次世界大战爆发后,科学技术在军事装备中的运用越来越显出其"杀伤力"。美国为提升航空科学技术水平,以抗衡和超过德国,以及在战后对苏联保持战略优势,开始对军事科学技术进行大规模投入。为此,美国还大规模地接收受到纳粹迫害的科学家,这场接收运动在史学上被称为科学技术的"洲际大转移"。

等到1944年美国已经掌握战争主动权,即将取得胜利之际,它开始思考战后如何掌握科学"制空权"的问题。是年9月,美国五星上将亨利·哈

图4-11　1944年12月1日美国国防部陆军航空兵科学咨询团成立（后排左二站立者为钱学森）

里·阿诺德（Henry Harley Arnold）与冯·卡门在纽约拉瓜迪亚机场的一辆空军轿车内，经过一次秘密会谈后，决定成立"国防部陆军航空兵科学咨询团"（The Army Air Forces Scientific Advisory Group），为美国在战后20年至50年的尖端军事科学发展做出规划。

国防部陆军航空兵科学咨询团由冯·卡门担任团长，成员主要有高校和科研机构的科学家、工程师以及政府高官等。咨询团成立之后，冯·卡门便将钱学森选入。1944年12月1日，咨询团召开第一次全体会议。钱学森参加了这次会议，作为唯一一名中国籍科学家显得格外耀眼。

1945年初美国开始全面掌握欧洲战场的主动权，军方决定派遣咨询团前往欧洲，实地考察德国等国家的航空科学技术发展情况。咨询团接到任务后便开始准备访问工作，并于4月19日选定人员组成出访团。不久前的3月25日，钱学森还被任命为美国国防研究委员会研究顾问。

在咨询团办公室主管Frederic E. Glantzberg整理访问人员名单之际，却发现钱学森存在着"再入境"问题。所谓"再入境"问题，是由于美国移民法案规定持有学生签证者应于毕业后离美，钱学森因留校执教后获得延长护照和签证有效期的机会。但他若在此间离开美国，便无法再次持有学生签证入境美国。然而，冯·卡门强烈地意识到钱学森作为成员参与考察的价值和意义，于是决定商请美国战争部向司法部说明原委，为其申请再次入境权及入境后仍保持原有的学生签证身份。

美国司法部移民归化局经过商酌认为,钱学森因美国利益"执行海外任务",决定特事特办。4月23日,美国司法部移民归化局复函Frederic E. Glantzberg同意咨询团的要求,保证钱学森能够再次以学生签证身份进入美国以及入境后仍旧保持学生签证身份。随后,美国战争部于4月24日向钱学森颁发前往欧洲考察的特别许可证。

与此同时,美国战争部于4月26日为钱学森颁发了两张身份证件。一张为"普通证件",以证明钱学森是一位被授予"陆军少校"的校官(Field Grade)人员,主要用于美军内部"自我识别"的通行认可,证件背后有钱学森指纹。另一张是"特殊证件",这是因为当时战争并未真正结束,美军做好了咨询团可能被敌军俘虏的准备。

这张"特殊证件"是美国战争部颁发的非战斗人员身份证明,显示钱学森为美国战争部聘用的咨询专家,并被授予"陆军少校"军衔。这份证件背后同样有钱学森的指纹,但被特别标明"VALID ONLY IF CAPTURED BY THE ENEMY",即用于"敌方识别"。且特别说明若被敌方俘虏,请根据1929年7月27日《日内瓦公约》第81条的规定,按照"上校"(Colonel)级别给予钱学森应有的战俘待遇。这是钱学森美国"上校"军衔的来历。

(左)图4-12 钱学森的美国国防部陆军航空兵科学咨询团成员证件

(右)图4-13 咨询团办公室主管、空军上校Frederic E. Glantzberg整理的访问人员名单

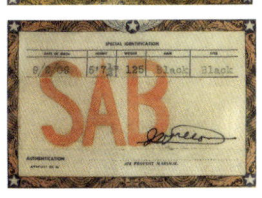

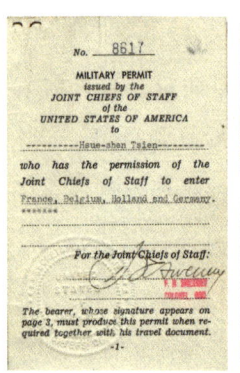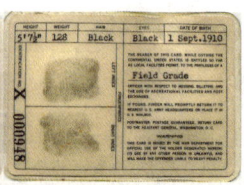

（左）图4-14　美国战争部签发的钱学森考察欧洲特别许可证（1945年4月24日）

（中）图4-15　上为钱学森的"普通证件"，下为钱学森的"特殊证件"

（右）图4-16　钱学森在美国期间使用的胸牌

"强壮"行动的参与者

颇为有意思的是，美国军方还幽默地为这次考察起了一个特别的代号：强壮（Lusty）行动。Lusty词源为Lust，含有强烈欲望之意。一切就绪，4月29日钱学森作为"强壮"行动的参与者从弗吉尼亚碎石岛军用机场，乘坐C-54军用飞机前往欧洲。考察期间，钱学森身着美军制服，头戴军帽，英俊潇洒。

由钱学森护照出入境记录可知，考察的国家和地区包括德国、英国、法国、瑞士等，但以德国为主。这次考察无论对美国军事科学，还是对钱学森而言都具有重要的意义，尤其是对德国的火箭、空气动力学、发动机等军事科学技术的研究现状做了全面调研，获得了第一手可靠资料。例如，考察团在布伦瑞克一栋空气动力学大楼附近的一口枯井中，竟然发现尚未被销毁的涉密文件300多万份，重达1500吨。为此，美国海军和陆军专门成立军事技术情报局分类整理文件。此后，该局发展成为美国国防技术文件中心，是当今世界范围内国防科学技术情报的汇总和分析中心。

5月17日至21日，钱学森在德国调查期间先后完成《箭形机翼》《火箭》《超声速气体动力学》《冲压式发动机》《脉动式空气喷气发动机》《飞机上涡轮喷气发动机的安装》等调研报告。这些调研报告翔实地记录了德国在飞机、火箭、炸弹等方面的发展情况，通过实地调查掌握了德国科研的真实情况。例如，钱学森在考察过程中就发现德国的箭形机翼研究要比美国深入得多。

在德国考察期间，咨询团还发现大量德军撤退时企图销毁的研究报告和实验装备。并且，他们还发现德国在1936年就集中力量研制火箭，试图将其作为动力推进装置用于歼击机加速、鱼雷发射等。随后，钱学森在他的报告《火箭》中不仅分析了德国研制的火箭的结构性能等，还指出德国已经分三类对火箭进行研究：固体推进剂火箭、固体—液体推进剂火箭和液体推进剂火箭。显然，这与钱学森留美前发表的那篇具有科普性质的《火箭》相比，已不可同日而语。

考察之际，钱学森得以与两位著名科学家会面，只是会面的双方身份有些特殊：战胜者和战败者。5月5日，在德国柯其尔村会见冯·布劳恩，并要求冯·布劳恩写一份报告，详细说明过去从事的火箭研究以及对未来的预测。另一位则是大名鼎鼎的力学大师普朗特，他是冯·卡门的老师。战争让

图4-17 钱学森在欧洲考察

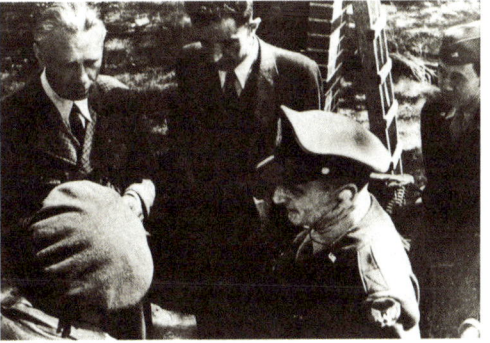

（左）图4-18　三代力学大师相聚　左起：普朗特、钱学森、冯·卡门
（右）图4-19　左第二起分别为：普朗特、冯·卡门、钱学森，摄于德国惠海姆学院

本属于哥廷根学派的学术共同体，变成了一方对另一方的"审问"。冯·卡门后来打趣地说：

> 我突然意识到这次会面是多么奇特。一个是我最出色的学生，他后来终于返回了中国；另一个是我伟大的业师，他曾为纳粹德国工作。境遇是多么不可思议，竟将三代空气动力学家分割开来，天各一方，他们本来的目的只是和谐地一起工作。

然而，这一幕历史场景在十一年后再次发生，即笔者在本书序章中展示的钱学森特殊访苏之行的时代背景。虽不足以称为战胜者和战败者，但在当时的"冷战"格局之下，原本能够一起和谐工作的师生之间真的是"天各一方"了。

此次，钱学森结束德国的访问后，又随团到英国、法国、瑞士等国考察。有一种观点其实是误传，即认为钱学森后又随咨询团前往日本考察。实际上，咨询团结束欧洲考察行程后确实前往中国和日本，但仅有咨询团中的弗里茨·兹维基、弗兰克·L.华敦德、威廉·H.皮克林三人，没有钱学森。他们途经中国时还建议顾毓琇同赴日本，并请麦克阿瑟盟军总部特选一批科学研究设备运回中国,作为对中国大学的补偿。所以,钱学森护照上未有出入中国和日本国境的记录。

6月20日,钱学森结束考察返回美国。返回途中,他已经在为撰写《迈向新高度》(Toward New Horizon)打腹稿。这份报告后来为美国战后发展尖端军事科学指明了方向,在美国军事史和科技史上具有重要意义。

参与撰写《迈向新高度》

《迈向新高度》是由冯·卡门整体设计的调研报告,共计有十三卷。这份报告系统地分析和总结了世界航空、导弹、电子等领域的发展状况,尤其是对空气动力学、飞机设计、机载武器、飞机发动机、火箭推进剂、导弹、无人机、导弹制导、雷达通信等领域的情况进行了分析。按照分工计划,钱学森负责其中五卷七个部分的撰写工作,分别为:

Recent Developments of Several Selected Fields of Aeronautics in Germany and Switzerland

High Speed Aerodynamics

Experimental and Theoretical Performance of Aeropulse Engines

Performance of Ramjets and Their Design Problems

Future Trends in the Design and Development of Solid and Liquid Fuel Rockets

Possibilities of Atomic Fuels for Aircraft Propulsion Power Plants

The Launching of a Winged Missile for Supersonic Flight

钱学森在撰写过程中,充分分析了德国考察结果,并将其与美国进行对比,由此总结出概貌、存在问题和发展前景。《迈向新高度》是集体智慧的成果,包括钱学森等在内的31名科学家参与撰写工作。是年底,考察计划圆满结束,达到阿诺德的预期目标。12月21日,阿诺德签署嘉奖令,对参与考察的每位成员予以表彰。1946年2月13日阿诺德还特地致函钱学森,给予其特别表彰,他在信函中说:"您的报告必将对陆军航空兵未来的研究项目规划提供巨大的帮助。"

图4-20 美国国防部陆军航空兵司令阿诺德表彰钱学森的信件

客观分析,此次考察对钱学森具有重大的启发意义。钱学森以青年科学家身份参加咨询团前往欧洲考察,获得大量感性认知,随后又通过参与撰写《迈向新高度》使其上升到理论层面。这次考察是他技术科学思想形成过程中的重要实践体验,再次坚定了他已经萌发的"科学理论与工程实践"相结合的思想。与此同时,这还是钱学森科研生涯中一次"见世面"的考察,有机会近距离观察国家与科学之间的复杂关系,由此深刻理解大科学时代"仅有科学是不够的",所以他后来用"知道从大处和远处设想"来总结此次考察的收获是颇为恰当的。

第十八章

MIT历史上首位中国籍教授

"冯·卡门学派出走事件"是加州理工学院校史上的著名事件。作为冯·卡门学派的继承者，晋升副教授不久的钱学森选择离开CIT，并于1946年秋学期加盟MIT航空工程系。1947年初，MIT启动高级职称晋升程序，钱学森毫无悬念地通过各项评审。是年，年仅三十六岁的钱学森成为MIT历史上首位中国籍教授。随后，钱学森为拥有更高"级别"待遇申请美国永久居留证。直到1949年夏，他一直在MIT航空工程系执教。

钱学森加盟MIT航空工程系

钱学森回到美国后于1945年11月晋升为加州理工学院副教授，在个人职业发展上又向前迈了扎实的一步。1946年夏，钱学森从CIT办理离职手续，离开了读书和工作十年的帕萨迪纳校园。是年秋，他加盟MIT，担任航空工程系副教授。钱学森已从一位青年学子变为青年学者，是一颗在航空科学研究领域冉冉升起的"一等星"。至于钱学森为何会离开CIT加盟MIT，有多种说法。

最初，促使钱学森产生离开CIT念头的是"冯·卡门学派出走事件"。1944年，冯·卡门与CIT校方因科研教学理念不同产生分歧，继而离开CIT，带来的直接结果，就是冯·卡门的学生纷纷离开CIT前往其他高校任职。

钱学森后来回忆说："我因冯·卡门教授与加州理工学院当局闹意见而去职，作为冯·卡门的学生也要表示我们的不满。"当年11月7日钱学森、林家翘、钱伟长和郭永怀四人便联名致函冯·卡门，表明欲"抱团"离职的想法，他们在信中说：

我们写信是想证实一个是否"可靠"的消息：您可能不再回校或将在未来六至八个月之内不再回校。我们非常理解您做出这种选择的原因，所以我们正在重新考虑我们的立场：

第一，我们在美国只是"客人"，并且我们并未做长期居住于此的打算。第二，我们只是科学工作者。我们喜欢在充满灵感和人际关系热情的氛围中工作，恰恰您制造了这样的氛围。没有您在此，我们感到巨大不适。第三，我们喜欢和擅长做理论研究工作，没有您的指导，感觉寸步难行。

出于上述原因，我们正在考虑另寻他路。换言之，需要得到您的建议，是否继续留在这里。当然，我们将会充分尊重您让我们留在这里的意见；若不需要留在这里，我们将会听从您的建议向何处去。我们有初步打算作为参考，但最终将会依据您的建议做出决定。

钱学森，一份两年或三年的教职，或类似战争期间参加的科研工作，可能是加利福尼亚大学；郭永怀，优先考虑科研岗位，可能考虑前往普林斯顿大学工作；钱伟长，一个科研教职即可，类似于钱学森参加过的美国军方科研项目；林家翘，一个研究或教学工作已经有眉目，将会在东部一所顶尖大学担任应用数学教职。

非常抱歉，这件事情可能会令您不快。但您是我们的老师，没有您的建议，我们什么都不会做。

由此可见，钱学森最初计划去的学校是同在加州的加利福尼亚大学。但最终向钱学森发出邀请的是他读硕士的学校MIT，引荐人是MIT航空工程系主任汉萨克（Jerome C. Hunsaker）。汉萨克是钱学森到MIT留学时的系主任，他对这位来自中国的留学生印象深刻。汉萨克如何说服钱学森已无处可考，但1946年6月14日汉萨克便致函明确告知MIT院长，钱学森将于秋学期到MIT任教,同时还说CIT可能会向钱学森"施压",防止人才流失。

此时,钱学森受到冯·卡门的邀请,正在华盛顿五角大楼参加6月17日美国国家航空顾问委员会第一次会议。会议结束后,钱学森飞回加州办理离职手续。随后,他和郭永怀两人自驾游,由西往东,钱学森将郭永怀送往康奈尔大学任职之后,又独自驾车前往波士顿。钱学森在为《郭永怀文集》写纪念文章时,仍记忆犹新地回忆说:

1946年秋,郭永怀同志任教于由W.R.Sears主持的美国康奈尔大学航空学院,我也去美国麻省理工学院,两校都在美国东部,而加州理工学院在西部,相隔近3000公里,他和我就驾车旅行。有这样的知己同游,是难得的,所以当他到了康奈尔而留下来,而我还要一个人驾车继续东行到麻省理工学院时,我感到有点孤单。[1]

8月31日,钱学森正式加盟MIT航空工程系担任副教授。钱学森入职MIT时职称仍是副教授,但校方却给他开出教授年薪。或许,汉萨克在引进钱学森之际就曾许诺给予其教授职称!

作为一种推测,钱学森此时选择MIT的潜在原因极有可能是学术兴趣的转移。当时,钱学森开始关注控制与制导问题,但CIT的优势在于空气动力学的理论研究,恰恰MIT在第二次世界大战期间发展成为自动控制的研究中心,尤其是以维纳为代表的科学家在MIT创立了控制论。钱学森此时到MIT能更加便捷地了解有关仪器与控制系统方面的专业知识,与其所从事的空气动力学相结合。可以说,钱学森执教MIT的经历与其后来创立工程控制论有密切关系。

MIT启动晋升教授程序

钱学森入职不久,汉萨克就开始着手为他晋升教授之事正式向校方提出申请。在麻省理工学院的"校长档案"中,保存着一份工学院院长T.K.Shewood给校长的备忘录。这份备忘录形成的时间是1947年1月29日,内容

---

[1] 钱学森:《写在〈郭永怀文集〉的后面》,载《郭永怀文集》,科学出版社,1982年,第331页。

是1月15日汉萨克找T.K.Shewood商谈晋升钱学森为教授之事，记载：

钱学森有明确的研究方向，且工作出色，所以汉萨克认为应当启动晋升教授事宜。近来，钱学森在超音速空气动力学领域的研究贡献，以及他提出的马赫数为1.0或更高的超音速飞行器研究计划，使汉萨克认为我们有一颗一等的恒星。

同时，汉萨克还致函冯·卡门，请他为钱学森的学术能力和成就做出评价，以作为晋升教授的推荐信。冯·卡门收到信后，于2月21日复函汉萨克，评价写道：

在应用数学和数学物理解决空气动力学和结构弹性问题方面，钱学森博士无疑是一位领军人物。他在应用数学，以及物理和数学等学科分支领域，有着非常广泛的知识。他有能力将数学天才与自然现象和工程视觉等结合起来。当他还是年轻学生和我一起工作时，我对他印象很深，他用他的天赋帮助我解决和澄清了几个科学难题。

我相信，钱学森博士在新的职位上，能够带领年轻学者和工程专业学生为他们今后的科学研究打下扎实的基础。事实上，钱学森博士在加州理工学院的三四年里，给许多航空研究人员在空气动力学和弹性领域带来很多灵感。

我相信钱学森博士已经具备成为一名全职教授所需要的条件。我相信他是一个好老师，他还有组织天赋。他所在的科研机构为他提供开展科学研究的机会，这是一笔巨大的资产，我相信你会感激的。

汉萨克的努力和冯·卡门的推荐信起到了作用。随后，麻省理工学院启动晋升高级职称程序，评审程序历时一个月。3月7日，MIT校报 *The Tech* 正式公布晋升结果，其中有12人晋升为"教授"，钱学森名列其中。钱学森时年三十六岁。

值得注意的是，冯·卡门在推荐信中还特别强调，"He also has a talent for organization"，即组织管理能力，这个能力在钱学森后来回国领导研制导弹过程中发挥了极其重要的作用。正是这种组织管理能力使他成为战略科学家，也是他晚年研究组织管理、系统工程和系统科学的基础。

钱学森赴美留学，用十二年时间完成了从"学生"到"教授"的身份转变。这背后是钱学森凭借自身努力，实现人生的不断"升级"。用他自己的话总结："在美国学术界我算爬到顶了。"

为何申请美国永久居留证

钱学森到MIT任职后仍然担任美国航空顾问委员会（美国航空航天局前身）委员，需要经常前往华盛顿参加会议。钱学森在MIT主要讲授的课程是空气动力学，听课对象主要是研究生。到1948年上半年钱学森又在MIT开设了"火箭工程学"课程，并与林家翘一同主持航空学讨论班。MIT校报*The Tech*（1948年10月29日）还曾以*Rocket Society Plans Expansion*为题对此做过一次报道：

MIT火箭协会秋学期第一次会议，很荣幸地邀请航空系钱学森教授演讲。钱学森教授演讲的主题是"火箭作为高速运输工具的前景"。由于国家正在"启动一项新的扩张和进步行动计划"，钱教授的演讲正合时宜。钱教授在演讲中不仅讲了技术性内容，还列举火箭动力的各种应用，其中最引人注目的是"远程高速运输"。这项计划将包括一项雄心勃勃的任务，如登月旅行或其他行星体旅行。钱学森教授强调，任何此类风险在核能得到利用之前都将是一种愿景。火箭动力的其他应用包括"JATO"或"起飞时的喷气辅助"以及导弹。

一位曾在MIT读书的研究生Claude Brenner回忆说，钱学森来到MIT之前就已经声名显赫，"是个了不起的人"。但钱学森的课并不受欢迎，Claude Brenner甚至用"糟糕"一词来形容。这并不是说钱学森的课不好，而是上课方式令不少学生"跟不上"。Claude Brenner说：

他的课程很糟糕，因为他不允许有任何问题！我们很早就知道了。我们坐在教室里，他站着在黑板上写字。讲课开始五分钟后，有人打断他说："对不起,先生。我不明白这个方程式。"他转过身说:"你预习过了吗?""是的。""好吧,那你就不需要解释了。"他继续讲课,我们坐在那里,目瞪口呆。在下一堂课上,有人又问了问题,他转过身说:"你注意了吗?""是的。""那么,你就不需要答案了。"我们在他的课堂上整整学习一年,再也没有问过问题了!我们只是抄他的方程式,听他讲课。最后他给我们考试,这个问题与航空毫无关系!在很大程度上,这是对假设情况的数学考试,考查我们对他教给我们的东西的数学理解程度,以及他教给我们的东西的概念。他是一个非常严厉的老师。

其实,钱学森讲的可压缩流体空气动力学是一门前沿学科,讲课内容是他最新研究的成果,许多听课学生还未及时更新知识,因此听起来颇觉吃力。但无论怎样,当Claude Brenner回忆这位中国老师给他们上课的过往:"那真是一个非常有趣的时刻。"在Claude Brenner看来,钱学森还是一个非常善于交朋友的老师,而且"在社交上是一个很有魅力的人!"这是因为钱学森几乎每个月都会和学生们聚餐一次,与他们一起谈天说地,聊人生理想。

钱学森执教MIT之际还主动提出建议,希望MIT能够建筑一个高超声速风洞。这是因为随着火箭技术的发展,极大地推动了空气动力学的发展,但MIT当时还没有一座高超声速风洞以满足实验需求。钱学森因此于1947年3月至5月联合马卡姆(J.R.Markham)和维顿斯基(M.Witunski)经过反复论证,向MIT航空工程系提交了一份《关于在麻省理工学院建造中间规模的高超声速风洞的建议和报告》。他们指出,当前仅有CIT有一座小尺寸的高超声速风洞,且在实验时难以得到准确数值,因此建议MIT建立一座高超声速风洞以便开展必要的实验性研究工作,以克服高速实验中遇到的难题。

钱学森晋升麻省理工学院教授后不久,就于5月13日至15日"返校"参加了由加州理工学院喷气推进实验室举办的核反应堆材料应用研讨会,并在研讨会上做了《利用核能的火箭及其他热力喷气发动机》的报告。钱学森在报告中讨论了采用核动力的火箭及其他喷气推进中出现的相对论效应、优化设计等问题,估算了核动力火箭的重量和性能,并对减少临界尺寸的可能性与采用多孔材料作为堆体的优点等提出建议。

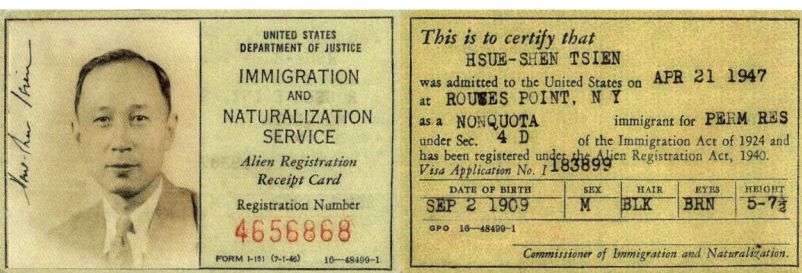

图4-21 钱学森的美国永久居留证

1947年是钱学森的人生转折点,是年三十六岁的他成为麻省理工学院历史上首位中国籍教授。不仅如此,钱学森晋升麻省理工学院教授之后,为了能够更加便利地参加涉密项目,还于4月21日向美国司法部移民局申请永久居留证(编号4656868),即"美国绿卡"。

这意味着钱学森此后无须签证便可长期居留美国,且享有除选举权和被选举权之外的所有美国公民权利,更重要的是可以最大限度地参加涉密项目。当时,美国科研人员的涉密等级分为六档,即unclassified,declassified,classified,confident secret,top secret和topmost secret。据竺可桢日记记载,钱学森当时能够看到"confident secret"等级档案,即机密级别。毫无疑问,钱学森获得机密级别资格对其科学视野的提升起到了重要作用。这也是"钱学森案件"发生后,美国军方立即撤销其涉密资格许可证的缘由所在。

拥有绿卡者不仅本人无须签证便能出入美国国境,同时其妻子也能合法入境美国。因此,当年钱学森暑期回国探亲并与蒋英结婚后,便据此为蒋英向美国驻上海领事馆申请前往美国的签证。

在麻省理工学院校史上,钱学森是一位具有"特殊"意义的人物。在某种程度上来说,麻省理工学院是钱学森成为世界著名科学家的"福地"。麻省理工学院在钱学森回国后仍关注着他,直到1966年中国实现"两弹结合"时,校报 *The Tech* 1966年11月4日还以 *Chinese bomb expert MIT grad* 为题报道,回顾这位曾经在MIT求学和任教的校友,并且声称:"他在麻省理工学院和加州理工学院学到的知识无疑对使红色中国成为有核国家的一员有很大的帮助。"

第十九章

归国传播技术科学思想

1947年恰逢钱学森本命年,晋升教授是其科学生涯的重要转折。是年7月至9月,他回国省亲之际前往浙江大学、交通大学和清华大学演讲"工程和工程科学",系统地阐述他对技术科学思想体系的思考,包括科学内涵、研究对象和研究方法等。这是钱学森技术科学思想形成和完善的标志。在这期间,他朴素地意识到"第一流的技术科学家们都是自发的辩证唯物论者",但直到回到新中国后他才恍然大悟,原来技术科学思想的方法论在《实践论》《矛盾论》中早已经阐明。这是他后来成为坚定的马克思主义者的实践来源和思想基础。

母校交通大学的邀请函

钱学森在美国二十年的求知岁月中,1947年是一个特别重要的年份。是年钱学森晋升麻省理工学院教授,从一名留学生成长为在美国享有极高声誉的华人科学家。随后迅速在国内引起反响,母校交通大学率先发出邀请,希望他能够在回国省亲之际到母校做一次学术报告,向国内科学界传播最新的科学理论。1947年4月21日,张思侯致函交通大学校长吴保丰和教务长李振吾,告以钱学森将于近期归国,并提议说:

钱学森兄今夏六月间返国省亲,即有一二月勾留。侯与彼初步商洽,彼兄可去交大做学术演讲二星期,每天一小时。钱君在美航空界颇有学术地位,曾由美国派赴德国调查该国航空情形,对于各方面最近进展,明了极为透彻。母校如能于暑期中主办是项演讲,邀集京、沪、杭一带航空学生及研究人员共同讨论,似可提倡研究气氛。现时间已甚亟促,如鹤荪兄与钧廖等认为此事似有办理之价值,请径电:Prof. H.S.Tsien, Aeronautical Engineering Department, MIT。如需侯从旁接洽,亦祈电寄:S.H.Chang 48 Canant Hall Cambridge 38 Mass。自当效劳也。

张思侯在信中提及的"鹤荪兄"是交通大学航空系主任曹鹤荪。张思侯、曹鹤荪和钱学森都是1934年交通大学毕业生,张思侯和曹鹤荪是电机工程专业,钱学森是机械工程专业;曹鹤荪毕业后前往意大利留学,获得都灵大学博士学位,钱学森毕业后前往美国留学,获加州理工学院博士学位。此时,张思侯正在哈佛大学攻读博士学位。

李振吾收到来函后于5月22日批示曹鹤荪,称"张思侯先生处电亟待发出,请即向校长一提为荷";曹鹤荪于是草拟一份同意邀请讲学的电报,并于5月24日向吴保丰和李振吾请示:"拟复张思侯先生电报,请钱学森先生于暑期内来此讲学,请于修正后发出。"

5月27日,吴保丰签署电报后发给张思侯,正式邀请钱学森于暑期回国省

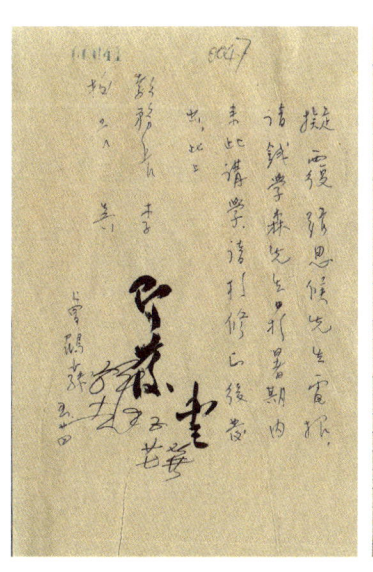

(左)图4-22 曹鹤荪草拟的邀请钱学森讲学的电报底稿(原件存上海交通大学档案馆)

(右)图4-23 竺可桢日记1947年7月28日记录的钱学森在浙江大学做学术报告的情况(樊洪业先生提供给作者)

亲时来母校演讲。当钱学森接到张思侯转交的母校邀请函后便做出决定,暑期回国期间一定要到母校演讲,将科学理论前沿知识传播到国内科学界、工程界和教育界,以引起他们的注意。

向国内科学界传播科学前沿

时间回到1947年3月31日晚上,哈佛大学教授赵元任在波士顿家中宴请来美访问的浙江大学校长竺可桢。1946年11月3日,浙江大学校长竺可桢作为国民政府代表团成员之一,前往巴黎参加联合国教科文组织成立大会。大会结束后,竺可桢于1947年1月29日抵达美国纽约,开始为期四个月的访美之行,专门考察教育与科学。2月13日,他离开纽约前往剑桥,同届留美公费生赵元任夫妇前往火车站迎接。剑桥位于美国马萨诸塞州,竺可桢的母校哈佛大学就坐落于剑桥。

此时,已经晋升为麻省理工学院教授的钱学森受邀作陪,席间钱学森与竺可桢相谈甚欢,竺可桢得知钱学森系好友钱均夫之子,且钱学森还告之将于暑期回国探亲。所以钱学森回国后第一场报告是在浙江大学,而非其母校,这是因为竺可桢与钱学森在美国见面时就知其暑假将回国,因此当7月14日得知钱学森回杭州时,竺可桢便邀其"明日在校晚膳,约工院同人作陪"。7月15日,钱学森应约赴宴,一起作陪的还有谈家桢、朱正元、范绪箕、苏步青、李乔年、万人选、王劲夫等人。晚宴上,竺可桢抢在交通大学之前,邀请钱学森先到浙江大学做一次学术报告。

7月28日上午7点,钱学森来到浙江大学工学院61号教室,主讲"工程科学与工程"。竺可桢、郑晓沧、岳毅劼、范绪箕、潘渊、丁绪宝等四十余名师生前往听讲,演讲两小时。竺可桢在日记中记下报告主要内容:

述工程科学之进展必赖基本科学,古代应用科学与纯粹科学之合一,十九世纪渐趋于分离,近则以发达过甚又趋于互相联系之状况。次述科学能解决若干问题,可于理论决定,不需实验已能证明。一般人说理论与实验为二事之不合理,因理论不正确也。次述理论对将来工程科学之发展,如Jet Propeller, Fuel Problem等。最后述工程师之教育准备。

随后，钱学森于8月间回到母校交通大学航空系发表演讲。当时，上海的一份小报《前线日报》还在1947年8月2日的教育专栏中报道：

美国麻省理工学院名教授钱学森，应交大之邀，将于八月中旬来沪，讲演："最近十年来航空工程之发展"。

这次讲座由交通大学航空系主办，其他院系师生都闻名前来听讲。刚留校任教的机械系教师陈国祥负责记录演讲内容，后来以《怎样研究工程科学和研究些什么》为题，发表在中国科技协会主编的杂志《工程界》（1947年12月第2卷第12号）上，为研究钱学森科学技术思想提供了弥足珍贵的材料。钱学森在演讲中，开篇便以飞机和原子能在近十几年来"如此辉煌的成就"破题说：

在从前工程上的进展常要靠经验或实验而来，用理论分析的地方比较少。当然经验的累积是长时期的，所以进展就慢得多。现在工程的发展，却完全是分析及理论的帮助，所以进步是飞速的。还有从前以为工程师只要有经验就行，理论科学没有用处。实际上，这是一个错误的观念。经验和理论应该是不可分的，这一点只要举两个例子便可明了，例如牛顿是一位大科学家，普通人总以为他不懂工程，可是在英国牛津城有一座桥，却就是他设计的。尤勒（Euler）也是科学家，可是他的柱体计算公式竟解决了土木工程上最重要的柱体问题。这种例子举不胜举，意思就是说，在从前科学和工程实际上并没有分家，只是因为在以后两方面都发展得很快，范围愈来愈广博，学识也愈来愈高深，一人的能力有限，不能兼顾。所以实用的工程和理论的科学就分了家。有的人注重工程或制造细节，而不注重一般的理论；而另外一些人则注重科学或基本的原理，忽略了实际的问题。这样互相猜忌的结果，使两派不能合作。例如流体力学中，有两个基本的假定：一是水不能被压缩；二是水无黏着性。有了这两个假定流体的性质才能研究，可是工程家觉得并不切合实用，因为水其实可以有少许压缩性，而黏着性实在是有的。因此工程家便根据实验的结果，这样才有了水力学这一门实用的科学，所以水力学严格讲起来，不过是一种经验式和系数的集合，其中许多系数和改正值在理论家看来是一文不值的。这种地方，就是二派不能合作的原因。这种不合作，一直到廿世纪的开始，才慢慢地改观，科学的理论也渐渐地应用到工程上去了。

随后，钱学森提倡在自然科学和工程技术之间形成一个独立的科学体系，即工程科学，并进一步指出"工程科学"有两个研究方向："这里有两大类问题要从事研究，第一是科学或工程的单纯问题，第二是某种现象的普遍研究。前者的例子是火箭的设计，后者例如乱流（turbulence）的问题，因为乱流问题如解决了，不单只对于水力学有意义，而且对于空气动力学、气象学、引擎燃烧室的设计等都有直接的帮助。"

至于工程科学研究方法，钱学森提出"将问题简单化"和"实验家同理论家要密切合作"这两点是非常重要的。那么，是什么构成工程科学的基本学识呢？钱学森指出：

这里有两种基本的研究工具。一是实际经验，二是基本科学。前者指制造技术和数学的学识根基，而后者指近代的物理化学和数学的学识根基。例如从前因为解释物质的性质而发现了分子原子核分子运动说，而原子炸弹成功不过是更进一步证明以上学说的准确性。从前得到的结论就是现在研究的根据，这就是要读理化的原因。数学也是研究工具之一，所谓数学就是一种合理的推论而已。除了工程学校所学到的几种基本数学以外，还有几种需要学会的就是：（1）分析（Analysis）；（2）局部微分（Partial Differentiation）和积分方程式（Integral Equation）；（3）计算机（Computing Machine）。前两种数学，有很多工程问题中就要用到，而现代的计算机也不仅是加减乘除，还可以解答复杂的微分方程式，可以计算出弹道和射程来，所以也必须懂得。

紧随其后，钱学森还幽默地说道：

这样讲起来，一位研究工程科学的人就要学到很多东西了。在工程学校毕业的要补读高等理化和数学，从理学院出来的补修工程知识和工厂经验。虽然学习的时间是跟着时代而愈来愈长了，可是学好了以后，任何方面的问题都可以迎刃而解，成为一个标准的"博士"对于工程的进步可以有直接的贡献。最近工程科学的发达，原子弹、雷达、火箭，及可塑体的发明，全是这班人的功劳。

最后，钱学森从世界科学技术发展的趋势，指出工程科学研究的几个重点方向：流体力学、弹性学、塑料学、热力学、燃烧问题、电子学、材料学和原子核的研究。当然，钱学森意识到任何有志于工程科学研究者还必须有时代精神，因为"工程科学的责任就是去解决任何有关科学进展的问题"。所以，演讲结束时他以美国著名原子学家依瑞（Urey）的名言激励在座师生：

我们的责任就是要除去不安适、不满足和贫苦，我们要贡献给人类安逸、闲暇和优美。

他将科学与社会紧密地联系在一起，此时，青年科学家钱学森的宽广科学胸怀可见一斑。这种情怀是一个科学家能够成为伟大科学家的基础。演讲赢得了在座师生热烈的掌声。中国科学院院士、我国航天事业主要奠基人之一庄逢甘当时在交通大学航空系任助教，他回忆说：

我出国去加州理工学院之前，听钱老做工程科学的报告。之后，我对工程科学的兴趣越发浓厚。20世纪上半叶，工程科学里很多都是借鉴经验判断，知其然不知其所以然，而钱老着重发展技术科学。

8月26日，钱学森在北京访友之际，受邀前往清华大学同方部再次演讲"工程科学"，报告由清华大学工学院院长陶葆楷主持，梅贻琦、叶企孙等人参加。1961年7月17日，听过报告的清华大学1950届毕业生彭秉璞致函钱学森称："1947年8月26日曾在同方部听过您做的一次学术报告 *Engineering Sciences*，留下很深印象。"两天之后的8月28日，钱学森又再次受清华大学的邀请在科学馆做了另一场报告，报告内容即他最近几年的研究成果"稀薄气体之力学"。

技术科学思想与马克思主义哲学

这次回国讲学是钱学森首次系统地对工程科学（1955年钱学森回国后统一使用"技术科学"概念）做出阐述和表达，当他回到美国后不久便动笔完成初稿，于1948年以 Engineering and Engineering Sciences（《工程和工程科学》）为题发表于 Journal of the Chinese Institute of Engineers（1948,Vol.6），引起美国科学界的高度重视。

钱学森提出的技术科学思想的核心，是将偏重于实践的"工程"与偏重于理论的"科学"有机统一，打通工程师与科学家之间的隔阂。简而言之，即理工结合，这是当今普遍倡导的理念，但当时还是科学前沿理论。

更重要的是，技术科学思想的价值还在于奠定了钱学森作为坚定的马克思主义者的思想基础。这是因为技术科学思想中的"实践与理论"相结合的观点，与马克思主义哲学中的实践观点和矛盾观点，具有一脉相承性。钱学森曾经在1956年应邀参加《自然辩证法研究通讯》组织的笔谈，撰写《技术科学中的方法论问题》一文，其中写道：

在技术科学的研究中，我们把理论和实际要灵活地结合，不能刻板行事。我想这个灵活地结合理论与实际也就是辩证唯物主义的真髓了。因此，我以为世界上第一流的技术科学家们都是自发的辩证唯物论者，他们的研究方法是值得总结的。而有了辩证唯物论我们也可以把它用到技术科学的研究上去，提高研究的效率，少走弯路！

可以看出，钱学森对马克思主义哲学的理解具有扎实的实践基础。因此他1955年回国后就迫不及待地开始学习马克思主义哲学，他的秘书张可文回忆说："在力学所的时候，我经常见到钱先生和郭永怀先生两人，利用晚上加班的时间学习、讨论毛主席的《矛盾论》《实践论》。"1957年5月15日，山东工学院院刊编辑室致信钱学森，希望他谈谈治学经验。钱学森在6月14日的回信中说：

我钻研业务多年，但都是在资本主义的美国做的，就不容易同时学到马克思列宁主义，就不容易学到辩证唯物主义和历史唯物主义。在那种情况下我做了十几年的科学研究工作，也摸索出一套进行研究的方法，像处理问题应该怎样入手、怎样去看问题、怎样克服困难等等。当时倒也"自鸣得意"，算是我的科学研究心得吧。在我回到祖国以后，有好机会学习马克思列宁主义了，这才感到惭愧：我的那套心得，那套科学研究方法在辩证唯物主义和历史唯物主义里都有，不但有而且那里说得比我更完全、更精细。这就使我感到：马克思列宁主义不但是社会科学里不可--日没有的指南针，而且也是研究自然科学最好的指导。我不免私下想：如果我能早一些学一点马克思列宁主义，我也许能在科学工作中作出更多些成绩。

正因如此，钱学森在回国后能够始终坚持以马克思主义哲学作为准则，指导自己的科研实践和学术研究，学会用辩证唯物主义和历史唯物主义分析问题、处理问题，因而取得了巨大的科学贡献和学术成就。直到20世纪80年代，钱学森仍坚定不疑地指出：

基础研究，不论纯基础研究还是基础应用研究，都是探索性很强的工作，人的主观能动性非常重要，"死心眼儿"不行，机械唯物论也会误事；我们有辩证唯物主义这个锐利的思想武器，这是我们之所长。

由此看来，技术科学思想不仅是一种科学方法论，同时还具有哲学层面的实践价值。正如钱学森晚年总结自身学术经历时所言："我从工程技术走到技术科学，又走到社会科学，再走去叩马克思主义哲学的大门。"

第二十章
一次工作报告与世界学术地位

一般认为,钱学森在1954年出版的《工程控制论》是奠定他世界学术地位的标志,尤其是冯·卡门那句广为流传的评价:"你现在在学术上已经超过了我!"事实上,钱学森世界学术地位的确立,可以往前推到1949年的一次非常规学术报告。这次学术报告是钱学森以美国火箭学会会员、加州理工学院戈达德讲座教授和古根海姆喷气推进中心主任三重身份,在一次国际学术年会上做的具有工作总结和展望性质的报告。钱学森由此确立了他在世界空气动力学研究领域的"学术带头人"地位。

重回加州理工学院任职

1948年美国古根海姆基金会为了推动航空事业的发展,决定在加州理工学院和普林斯顿大学,同时成立喷气推进中心。基金会承诺在未来7年内向每个中心提供50万美元,用以支付中心研究人员的工资、研究生奖学金以及其他相关费用,中心办公实验场所和仪器设备由所在学校提供。对于这两个中心的成立,冯·卡门曾评价道:"在工程和人类思想方面都开辟了一个新的时代,将会比现在人们预想的更加深远地影响未来。"

事实上,古根海姆喷气推进中心成立之前,加州理工学院已经有两个以航空科学研究为主要内容的机构：加州理工学院喷气推进实验室（JPL）和加州理工学院古根海姆航空实验室（GAL）。所以，古根海姆喷气推进中心成立后就形成"三足鼎立"之势。虽然这三个机构的研究领域均为航空科学，但各自具体研究方向和侧重点有所不同。其中，古根海姆喷气推进中心的主要研究任务是：

第一，按研究生的水平在火箭和喷气推进技术的领域培训青年工程师和科学家，竭力培育新一代先驱者，将航空前沿推向下一个"更高的"范畴；

第二，在火箭和喷气推进领域策动研究和提出先进的理念，竭力对这一新领域的坚实发展贡献必要的基础知识；

第三，促进和平时期火箭和喷气推进的商业及科学应用。

但在具体授课过程中，三个科研机构不仅彼此"互通有无"，共享师资力量，而且古根海姆喷气推进中心可以无条件利用JPL和GAL高昂的实验设备。

加州理工学院和普林斯顿大学在确定中心主任人选时，第一人选都是钱学森。首先向钱学森发出邀请的是加州理工学院校长杜布里奇，他于1948年9月29日致函钱学森表示聘任愿望。信中说：

普林斯顿大学和加州理工学院都在筹建古根海姆喷气推进中心，立刻想到你是领导这个实验室的合适人选，希望你接受加州理工学院的邀请。

10月7日，钱学森经过深思熟虑后决定接受加州理工学院的聘请，并复函杜布里奇表示接受邀请，同意担任戈达德教授和古根海姆喷气推进中心主任职务。11月19日，钱学森同加州理工学院正式签署关于担任古根海姆喷气推进中心主任的协议。12月13日，加州理工学院校长杜布里奇和古根海姆基金会主席哈里·F. 古根海姆正式宣布加州理工学院古根海姆喷气推进中心成立。在成立仪式上，校长杜布里奇对新闻媒体公布：

加州理工学院的38岁的中国籍学生、加州理工学院学术委员会成员钱学森博士将会领导中心。钱学森博士现在是麻省理工学院航空系教授。

12月27日钱学森致函好友马林纳,告知已决定离开麻省理工学院回到加州理工学院任职。在信中提及麻省理工学院时说:

这儿的气氛一板一眼,很呆板。跟我这个"加州理工学院派"或者说是"冯·卡门派"很不搭。老实说,我在这里待得并不称意。我可不认为汉萨克会对我的离去感到不悦!总之,我一点儿也不适合这个老掉牙的航空工程系!

对于是否接受加州理工学院的聘请,钱学森还曾经在给父亲钱均夫的信中讨论过此事。1948年11月20日钱均夫前往杭州凤凰山敷文书院参加蒋百里的下葬典礼,中午应蒋左梅接待在楼外楼用膳时遇见竺可桢、苏步青等人,钱均夫便告诉竺可桢,钱学森现仍在麻省理工学院,"每周教三小时,但因有流体力学实验,甚忙。最近普林斯顿大学与加州理工学院均要开展 Jet Propeller 飞行试验,约学森去主持,已决计去加州理工学院,但MIT未肯放"。

1949年上半年,钱学森已经开始为下学期去加州理工学院做准备。1949年暑期,钱学森和蒋英将家中生活用品打包后,交给运输公司运到洛杉矶帕萨迪纳,他们则带着尚在襁褓中的儿子钱永刚,自驾前往洛杉矶帕萨迪纳,还特地途经康奈尔大学与郭永怀、李佩夫妇,以及西尔斯夫妇见了一次面。

在康奈尔大学停留时,他们不仅嘘寒问暖、互道家常和游览风景,而且还深入讨论了跨声速气动力学中关于奇异摄动法的问题。郭永怀当时已经进行了深入研究,及至1953年郭永怀前往加州理工学院访学,钱学森又再次与其进一步讨论。钱学森此后又经过多年研究,将郭永怀(Kuo)与Poincaré、Lighthill 的方法做了综合研究,并于1955年归国前完成*The Poincaré-Lighthill-Kuo Method*[1]。此文即钱学森1956年访问苏联在第三届苏联数学大会上的那篇报告。

当钱学森再次回到加州理工学院时,已然不是几年前的副教授。当然,

---

[1] Poincaré即法国数学家、物理学家和天体力学家亨利·庞加莱(1854—1912),创立代数拓扑学,著有《天体力学新方法》《科学与假设》等。Lighthill即法国数学家、流体力学家詹姆斯·莱特希尔(1924—1998),创立飞行声学、非线性声学和生物流体力学,并提出"莱特希尔理论",著有 *Mathematical Biofluid Dynamics* 等。Kuo即郭永怀。

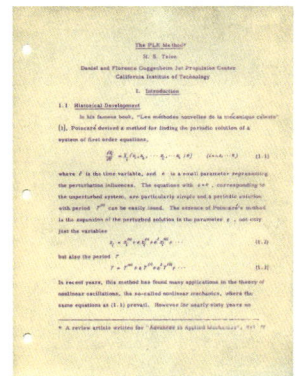

图4-24 钱学森完成的 The Poincaré-Lighthill-Kuo Method 打印稿首页（共96页）。该文后收入纽约学术出版社出版的《应用力学进展》一书中。

他的回归更不是因为冯·卡门学生的身份，而是一颗航空科学研究领域冉冉升起的"一等星"。

奠定世界学术地位的工作报告

钱学森回到加州理工学院不久，以美国火箭学会会员、戈达德教授和加州理工学院古根海姆喷气推进中心主任身份，在1949年12月1日美国火箭学会年会上做的一次报告，奠定了他在航空科学研究领域的世界学术地位。

这次年会在美国纽约市Hotel Statler举行。美国火箭学会年会是美国火箭、航空航天和空气动力学等研究领域的国际性学术会议。钱学森在大会上所做的报告题目是 Instruction and Research at the Daniel and Florence Guggenheim Jet Propulsion Center（《Daniel and Florence Guggenheim喷气推进中心的教学和研究工作》）。

严格地说，钱学森的报告并非真正意义上的学术报告，而是具有总结和展望性质的工作报告。报告分为三部分：喷气推进中心的介绍、喷气推进中心的教学研究计划、喷气推进中心近期的研究方向（火箭和喷气推进工程的特征、材料问题、热交换、燃烧、火箭和喷气推进飞行器的性能）。因有美国主流新闻媒体参会报道，这次会议非比寻常，不亚于常规学术报告，所以钱学森在会前做了相当充分的准备工作。不仅如此，古根海姆基金会还在纽约举办新闻发布会，通告钱学森将出席大会。

这次会议之所以引起《纽约时报》《华盛顿邮报》《洛杉矶时报》等

主流媒体关注，是因为钱学森在报告展望中提出了"时速9140英里的飞船在技术上是可行的"的观点，即"一个洲际火箭可以在一个小时内穿越整个国家"。虽然这只是一种猜想，但却引起社会的广泛关注，因为这极有可能是一个新时代的到来。正如1949年12月2日《华盛顿邮报》报道称：

这是一个艺术家关于火箭飞船的概念，还未建成，科学家说将在一个小时内从纽约飞到洛杉矶。这个蓝图是加州理工学院的钱学森博士昨天在纽约向美国机械工程师协会描述的。钱学森博士说一个小时将会飞行几乎1万英里，但是着陆时仅150英里。

这个观点极具想象力和科幻色彩，但正是基于此，钱学森后来于1952年提出著名的"钱学森弹道"，如今已经成为发展航天事业的重要弹道。并且，钱学森还强调燃料并不是太大的困难，可以采用几种原料跟液氧混合制成液体燃料作为动力。但毫无疑问，选择高速火箭要比飞机更容易，因为飞机必须能够一次飞行数小时甚至数天，材料必须能够承受长时间的磨损，而火箭工作只需数分钟甚至数秒。他总结说："通过设计数分钟而不是数千小时，我们能够使用承受巨大压力的抗压材料而不是耐磨的。"

12月1日至2日美国火箭学会年会举行之后，接着又举行了古根海姆基金会第二次会议。这次会议有两项议程：一是通过古根海姆喷气推进中心遴选研究员程序和明年会员发展的计划，二是重点讨论"目前各中心计划以及未来展望"。

钱学森作为加州理工学院喷气推进中心主任参加会议，并在会议上强调喷气推进中心教育工作的重要性，认为作为国家火箭和喷气推进研究生教育和培养的重要阵地，希望为工业和政府部门培养优秀的工程师。随后，他介绍了加州理工学院古根海姆喷气推进中心的课程设置情况，以及十五位研究者的研究工作。最后，钱学森提出鉴于目前尚未有专门发表火箭研究成果的杂志，因此建议每位戈达德教授都可以成为《美国火箭学会杂志》的编辑，以提高火箭研究成果的出版率。

在某种意义上，这是一次"新旧"交替的会议。事实上，古根海姆基金

肆　从青年学者到世界科学家

图4-25　从钱学森在此间与学者合影的中心位置可见他的地位

161

会第二次会议举行正式会议之前,钱学森还作为代表向冯·卡门致谢,以感谢他为世界空气动力学研究做出的杰出和开创性贡献。而此时冯·卡门已经回到欧洲,为北约组织科学家团队开展航空科学研究,正逐渐退居二线。可以说,钱学森在这次会议上的工作报告意味着他已经当仁不让地成为学术带头人,规划着整个空气动力学的发展方向和未来。在这次会议上,冯·卡门与钱学森完成了学术"荣誉"的交接。

伍

钱家的家庭生活

钱学森与蒋英的婚姻是注定的缘分。即便抛开科学家和歌唱家的外在光环，他们从结婚组成家庭到生儿育女，都是平凡人的生活，也同样令人羡慕。他们在美国的家庭生活属于典型的男主外、女主内模式，蒋英为支持钱学森的科研和教学工作，主动放弃音乐事业，并承担几乎所有家庭事务。夫妻双方有共同的世界观、价值观和人生观，建立起和谐幸福的家庭。当然，支撑家庭和谐运转还离不开钱学森较高的薪酬作为物质保障，正所谓"经济基础决定上层建筑"。钱学森在实现"财务自由"的道路上，最重要的是找到了"精神自由"的方向。

他日归来

第二十一章

"蒋英独唱会"蜚声乐坛

蒋英出身名门，属于典型的现代知识女性。她自幼接受良好的家庭教育，既受"武将"父亲蒋百里的影响，又受日籍母亲蒋左梅的熏陶，养成了独立与温柔并具的个性。她少女时代在上海接受现代教育，其间因对音乐产生浓厚兴趣，随后前往欧洲留学专攻歌唱。1946年底学成归国后在上海、杭州等地举办独唱会，蜚声乐坛。若未再遇钱学森，蒋英不会在"功成名就"时就选择放弃蒸蒸日上的音乐事业。

名门之女

蒋英于1919年10月1日（农历八月初八）出生在北京，祖籍浙江海宁。父亲蒋百里（1882—1938），是民国时期著名军事理论家和军事教育家，曾任保定陆军军官学校校长、陆军大学代理校长。母亲蒋左梅（1890—1978）原系日本本州岛新泻县人，毕业于东京护理产科学校，后在东京帝国大学附属医院实习五年。1914年与蒋百里结婚后改为夫姓，并由蒋百里取名为左梅。

蒋百里和蒋左梅一共育有五女。蒋英在家中排行老三，父母在家中都昵称蒋英为"三儿"。大女儿蒋昭因病早逝。二女儿蒋雍求学于香港中文大学，抗战期间参加救护队，后定居美国。四女儿蒋华毕业于康奈尔大学营养学专业,后定居比利时,曾创办欧洲中山学校,为华侨教育做出重要贡献。五妹蒋和曾与蒋英一起跟随父亲蒋百里游历欧美,新中国成立后定居北京。

钱均夫与蒋百里是刎颈之交,钱家一直想为独子钱学森找个玩伴儿,于是恳求蒋百里将三女儿蒋英过继给钱家当干女儿。在钱家的再三恳求之下,蒋百里答应将蒋英过继给钱家,并且改名为钱学英。当时蒋英三岁左右,长得乖巧,惹人怜爱。后来,蒋左梅爱女心切,实在舍不得,就把蒋英给接了回去。

蒋百里深爱他的"五朵金花",每次出门回家总会带点水果、零食给几个嘴馋的女儿,五朵金花都会争先恐后地跑到门口,看看爸爸是不是带了广东荔枝、新会橘、外国香瓜、葡萄等等。五个女儿,十只手,一抢而光,好不热闹。但是大女儿蒋昭早年不幸因病去世,让蒋家人很是悲伤。

蒋英幼年时代是在北京度过的,后来随父母前往上海生活。蒋英在上海中西女塾(现上海市第三女子中学前身)读书时对音乐产生浓厚的兴趣,于是开始练习钢琴以及学习乐理知识。1929年钱学森考入交通大学后,经常找在中西女塾读书的蒋英。蒋英后来说:"我读中学时,钱学森来看我,我都向同学介绍说他是我干哥哥。我觉得挺别扭的。那时我已是大姑娘了,我记得还给他弹过琴。后来他去美国,我去德国,联系就断了。"

(左)图5-1 蒋百里和蒋左梅夫妇的"五朵金花"
(右)图5-2 少女时代的蒋英

图5-3　1936年9月蒋百里赠词蒋英作为勉励

赴欧留学

1935年底，蒋百里奉命前往欧美考察军事和国防建设。蒋百里决定将两个女儿蒋英与蒋和一同带往欧美留学，蒋英随后留在欧洲学习音乐。1936年蒋英进入柏林名校冯·斯东凡尔德学校学习德语，同时兼及英语、法语、意大利语以及俄语等语言，为以后专攻歌剧打下语言功底。蒋百里在蒋英入学前一天，还特地带着蒋英与蒋和到德国柏林动物园参观，并且每人抱着一只小狮子合影。蒋百里在合影上题词："垂老雄心犹未歇，将来付与四狮儿。"这既是蒋百里对自己的勉励，同时又用"四狮儿"比喻四个女儿，期盼女儿们学业有成。

蒋百里前往美国考察时特地去加州看望世侄钱学森，并且还给了他一张蒋英的照片。虽不知此流传的真实性，却留下足够的想象空间。或许，蒋百里见到钱学森时，相谈中应该会提及蒋英吧！

蒋英经过一年的语言学习，于1937年考入德国柏林音乐院，正式学习歌剧。求学期间，蒋英在老师杜亚里果的指导之下，通过不断的实践练习"咬文嚼字"，反复思考琢磨如何发音，并且凭借"音乐灵敏度"的天赋，逐渐掌握了歌剧中"头音""间断音""贯音"等发音技巧以及怎样应用"音与音之间柔美的联系"和"感情演变"。

事实上,被称为"世界声乐的最高技巧"的歌剧并不容易学习,尤其是歌剧中的"咏叹调"和"宣叙调"对演唱技巧的要求极高。更何况蒋英还是一个中国人,对歌剧背后的欧洲文艺和希腊神话并不了解。所以,蒋英求学期间既要有大量的实践练习,同时还要阅读大量欧洲经典文学著作,为歌唱中的抒情运用奠定文艺理论功底。不仅如此,她还通过摄影、滑雪、登山和游泳等兴趣爱好培养乐观的生活态度,同时积极地融入当地普通百姓生活,反哺和丰富音乐情感。

凭借勤奋和努力,蒋英获得了学校给予的"天资卓绝、音韵与表情均臻神品"的评语。但就在她埋头于学业之际,接到了父亲蒋百里逝世的消息。那是1938年11月4日,蒋百里在广西宜山病逝。当蒋英收到母亲蒋左梅发来的电报后,她无论如何都不能接受,因为就在两年前,她还陪同精神矍铄的父亲来欧洲考察。蒋英不禁想起父亲的音容笑貌,以极其悲痛的心情写下《哭亡父蒋百里》一文,表达了对父亲无尽的思念之情。

在柏林音乐院学习期间,蒋英还多次参加德国大戏院的演唱活动。凭着浑厚的演唱功底,蒋英成了"德勒风旨"留音片公司的签约歌唱家。1941年蒋英因患上肺病中断学业,先后在德国和瑞士休养两年。1943年康复后进入瑞士路山音乐学院声乐系学习,师从匈牙利歌唱家依罗娜·杜丽戈(Ilona Durigo),开始学习德国艺术歌曲和清唱剧。当年,蒋英应邀参加瑞士"鲁辰"万国音乐年会"欧美各国女高音比赛",并在比赛中获得第一名。由于

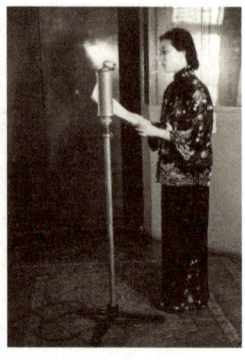

(左)图5-4 蒋英的青春岁月

(中)(右)图5-5 蒋英为"德勒风旨"留音片公司录制唱片

蒋英是该项比赛举办以来首位获得第一名的东方女性，名震一时。

留学期间，蒋英还经常利用业余时间去教堂唱歌，积累舞台表演和歌唱经验。匈牙利著名现代小提琴教育家卡尔·弗莱什（Carl Flesch，1873—1944）某次曾经到教堂时，正巧看到蒋英正在演唱，当他听完蒋英的演唱后，不无惊叹地称赞蒋英为"前途不可限量之歌王"。这是因为蒋英的歌唱融合了宗教文化和哲学思想两个方面的精华，而一般演唱者很难掌握真谛。

1946年，蒋英通过十年努力，系统地掌握了歌剧理论知识与实践技巧，学业有成。同年，在美国康奈尔大学求学并获得营养学硕士学位的妹妹蒋华也决定回国，姐妹两人便约定是年底在法国巴黎会合，乘坐法国"霞飞将军号"邮轮回国。12月14日，蒋英和蒋华乘坐的法国"霞飞将军号"邮轮抵达上海。母亲蒋左梅在码头等候许久，见到留学海外多年的女儿，激动不已。

蜚声乐坛

蒋英回国后迅速引起国内媒体的关注，纷纷以"抒情女高音歌唱家回国"为题报道她的活动。例如《申报》1947年1月29日便以《蒋英女士学成返国》为题报道称：

> 蒋百里之女蒋英女士，赴德赴瑞士，研习音乐十年。最近返国，已由国立音乐院聘为教授。闻蒋女士拟在最近期间，于京沪两地，开一盛大之音乐会云。

新闻中提及的"国立音乐院"，即当时位于上海的国立音乐专科学校（现上海音乐学院前身）。新闻报道往往并不可靠，国立音乐专科学校是否发放聘书不得而知，但蒋英很快就被上海正声合唱团聘为声乐指导。蒋英的回国还引起上海文化界和教育界的关注，1947年5月16日，上海市教育局长顾毓琇组织和主持了一场专门欢迎蒋英归国的宴会。蒋英在欢迎会上独唱歌剧《卡门》中的咏叹曲和舒伯特的《永生之歌》，演唱音色清丽，咬字清晰，且富表情，表现出精湛的修养与造诣。

显然，蒋英对这次小范围的独唱会并不满足。此时，她开始筹划一场规模较大的"蒋英独唱会"，并且把举办地选在上海兰心大戏院。五月的上海

图5-6 蒋英回国后与母亲、姐妹的合影

是音乐的季节,不仅有国立音乐专科学校每年举办的师生音乐会,还有上海市政府交响乐团的演出,等等。"蒋英独唱会"的各项准备工作就绪,并在《申报》上广而告之,称:

独唱会定本月卅一日在兰心举行,这是她归国后的第一次音乐会,演唱节目,共有德、意、法各国名家歌曲及著名歌剧作品,由国立上海音专名教授马格林斯担任伴奏,我们预料这次独唱会将为上海乐坛介绍一位出色的女高音,她的歌声必将吸引广大的听众。[1]

临近独唱会的最后几天,蒋英略微有些紧张。她不断反复练习沃尔夫冈·阿玛多伊斯·莫扎特、乔治·比才、贾科莫·普契尼等人的作品,又精心设计了一整套连贯自如的舞台表演动作,包括歌唱姿势、情感表现等。《申报》5月30日再次通告称:

女高音蒋英,定明日下午五时半假兰心大戏院举行独唱会。

图5-7 "蒋英独唱会"宣传海报

---

[1] 《蒋英独唱会——著名抒情女高音》,《申报》1947年5月19日第9版。

（左）图5-8 "蒋英独唱会"现场

（右）图5-9 1947年6月15日蒋英在杭州笕桥空军学校毕业典礼上演唱

5月31日下午5点30分，"蒋英独唱会"在上海兰心大戏院举行。整个演唱会持续三个多小时，蒋英一共演唱了十六首歌，既有欧洲咏叹曲和现代情歌，同时还特别"接地气"地演唱了两首中国民谣。一位现场观众描写道：

在第一个节目中她采用普通姿势（两手在前紧捏，上下移动），恰恰显示曲子赞颂伟大"爱情"的初衷。唱第二个曲子《夕阳颂》的调子十分平和，她的姿态也放松了，右手轻扶钢琴，左手自然垂下，在最后被喊Encore而增唱两支中国道地民谣"道情"与"凤阳花鼓"时，她的表情、动作，更甘美可爱，使人意识到她对歌剧的修养。感情方面，她也做到了"把自己从歌词中所得到的情感刺激，溶解在每个音符中"，因此全曲进行中，显出了浓淡深浅。这虽是很表面的条件，却为每个声乐家所不易达于尽善尽美的技艺。[1]

演唱会结束后，现场的中国和外国听众纷纷起立为蒋英送去掌声。演唱会现场还有两位特邀嘉宾：母亲蒋左梅和妹妹蒋华。这次演唱会取得巨大成

---

[1] 酉廷：《谈声乐欣赏》，《申报》1947年6月8日第9版。

功，女高音歌唱家蒋英的形象由此树立。

紧随其后，各种演出邀请纷至沓来。6月15日，杭州笕桥空军学校第二十四期毕业典礼，由空军总司令周至柔将军亲自主持，空军学校教育长胡伟克为隆重起见，派专机前往上海迎接蒋英。是日晚上8点，毕业典礼结束后举行蒋英独唱会，蒋英唱了七支歌曲，并且还请来周广仁担任钢琴伴奏。蒋英的演唱博得阵阵掌声，尤其是蒋英珠喉婉转的歌唱，体现了昂扬向上的生活态度和奋斗精神，因而被形容为"为了祖国空军增加了生力军而歌颂"。随后，6月30日大夏大学（现华东师范大学前身）毕业典礼上蒋英再次献唱助阵。

"蒋英独唱会"令她蜚声乐坛，成为一颗在音乐界冉冉升起的明星。"蒋英独唱会"还引起了一场关于是否要引进外国音乐的讨论。这是因为欧洲歌剧与中国京剧一样依托于所处国家和时代的历史文化，是一定社会经济的反映。蒋英演唱诸如《费加罗的结婚》《卡门》《行吟诗人》等歌剧中的咏叹调等，需要有一定文学知识才能理解其中的含义和感情，"不如听抗战歌曲或舞场音乐那样省事"。

所以，当时有人就提出"中国人又何必尽学外国歌"的观点，但歌剧作为一种艺术形式是超越国界的。并且，蒋英留欧期间还特别注重"用西学反哺中学"，将歌剧发音技巧引入中国民谣，促进中西音乐的融合发展。这种思想逐渐发展成为蒋英音乐思想的重要内容，后来她还同钱学森一起倡言要积极"吸收西洋音乐的长处"，说：

为什么要吸收西洋音乐的长处？吸收西洋音乐的长处是为了发扬我们固有的民族音乐。谁也不会否认我们固有民族音乐的价值。比起西洋音乐来，它有特殊的优点。让我们举一个例子：西洋乐器中的横笛，因为引用了机械化的键，不用手指来直接按孔，在演奏方面有一定的限制，不能吹滑音。而我国的横笛就没有这种限制，我国一流演奏家如刘管乐先生演奏中国横笛的表演能力远远胜过西洋的横笛。像这样的例子还有很多，中国的琴、筝等乐器都有西洋乐器不及的地方。但是承认了这个事实并不等于说西洋音乐就没有可取之处。我们认为要把吸收西洋音乐长处的工作做好，必须对西洋音乐有深刻的了解和认识，要有对西洋音乐鉴别和批判的能力。我们的最终目的是取其长去其短，而不是简单盲目地模仿。换一句话来讲,也就是我们必须要先达到西洋音乐的世界水平。但是我们离西洋音乐的世界水平还远,我们有一个傅聪,那是值得庆幸的;可是我们并没有在所有的国际音乐竞赛会演中都取得头几等的地位,这也表示了我们在西洋音乐方面的水平还不够。因此,我们觉得要想吸取西洋音乐的长处,就得花点本钱,先努力培养西洋音乐的人才,使我们无论在器乐、声乐方面都能达到世界先进水平。再不要说那些什么这样做就是重洋乐、轻中乐的话,因为我们的目的不是为西洋音乐而西洋音乐,而是"齐放"了之后的"推陈出新"。[1]

从这个视角看,1947年蒋英独唱会在中国近现代音乐史上的地位,恰如1947年钱学森回国讲学传播技术科学思想在中国近现代科技史上的地位一般。

---

[1] 钱学森、蒋英:《对发展音乐事业的一些意见》,《光明日报》1956年9月29日第6版。

第二十二章

钱学森与蒋英的婚礼账单

1947年钱学森和蒋英结婚时分别是三十六岁和二十八岁,已是大龄男女。所以1947年两人结婚有些仓促,且从他们的婚礼账单上可见婚礼一切从简。他们并未谈过真正意义上的恋爱就直接走进了婚姻生活,但这并不影响婚后的幸福生活,反而"先结婚、后恋爱"让他们在异国他乡更加珍惜彼此。

钱学森回国探亲访友

1947年7月1日,钱学森乘坐泛美航空公司航班回国探亲。飞机降落在上海龙华机场,前来接机的是范绪箕。当时,范绪箕正在浙江大学负责组建航空系。当他得知钱学森回国后,便向学校借了一辆轿车开到上海,亲自到机场接机。范绪箕接到钱学森后先到外滩兜了一圈,随后将钱学森送到上海愚园路岐山村。钱学森赴美留学后,钱均夫一直居住在上海愚园路岐山村。钱学森此次回国最主要的目的是看望一别十二载的父亲。

7月13日,钱均夫和钱学森父子乘坐火车回到杭州,祭扫钱学森母亲章兰娟墓。父子二人在杭州居住半月有余,钱学森还去拜望儿时的书法老师孙廑才,当时孙廑才正在写对联,见到钱学森高兴不已。在这期间,钱学森还被

图5-10　此照为钱学森与友人游览天坛时拍摄

竺可桢请到浙江大学做了一次学术报告。

从杭州回上海后,钱学森收到北京大学校长胡适8月19日的电报,邀请他北上,以便"对北大工学院之发展有所请教"。钱学森对北平素有深厚感情,1914至1929年随任职教育部的父亲在此生活了十五年。钱学森到北平后,专程看望了在清华大学任教的钱伟长,拜访了师友叶企孙、饶毓泰、罗沛霖、江安才、赵光曾、胡懋源等人,与友人相聚游览天坛、颐和园等名胜。

9月1日钱学森飞回上海,9月27日又乘坐飞机返回美国。就在此期间,钱学森向蒋英求婚成功。随后,他们举办了一场简朴的婚礼,结为夫妇。

一份珍贵的婚礼账单

1947年9月30日,秋夜。在上海愚园路1032弄岐山村111号别墅的一楼卧室里,钱均夫正按照惯例,拿出账簿、毛笔和墨水,记录当月的收入与支出。与往常不同的是,这个月除了房租、食米、食盐、酱油、糖等日常开支之外,还多了一笔为儿子钱学森举办婚礼的开支。他在账簿中写道:

付喜封送力及车费831000元；

付赠申夫妇牙章二对连刻费390000元正；

付新婚证书338000元；

付喜筵四桌（连一切开销）3658000元；

赴沪杭往返车费619000元；

付祭祖香烛、排元、供酒47000元正；

付请客糖果、手巾、纸烟、奶粉315000元；

付送礼新妇回门盒及燮和喜礼310000元。

钱均夫在账簿里提及的"申"便是钱学森。账簿中提到的"新婚证书"就是钱学森和蒋英的结婚鸳鸯谱。这份"鸳鸯谱"由封面、正文、封底三个部分组成，其中封面和封底为绸缎材质，内页为宣纸，内页正文包括两部分：一段文字和左右两幅配画。正文中的文字如下：

维中华民国三十六年九月十有七日，杭州市钱学森与海宁县蒋英在上海沙逊大厦举行婚礼。懿欤乐事，庆此良辰。合二姓之好，本是苔岑结契之交；绵百世之宗，长承诗礼传家之训。鲲鹏鼓翼，万里扶摇；琴瑟调弦，双声都荔。翰花陌上，携手登缓缓之车；开径堂前，齐眉举卿卿之案。执柯既重以冰言，

图5-11 钱学森与蒋英结婚的婚礼账单

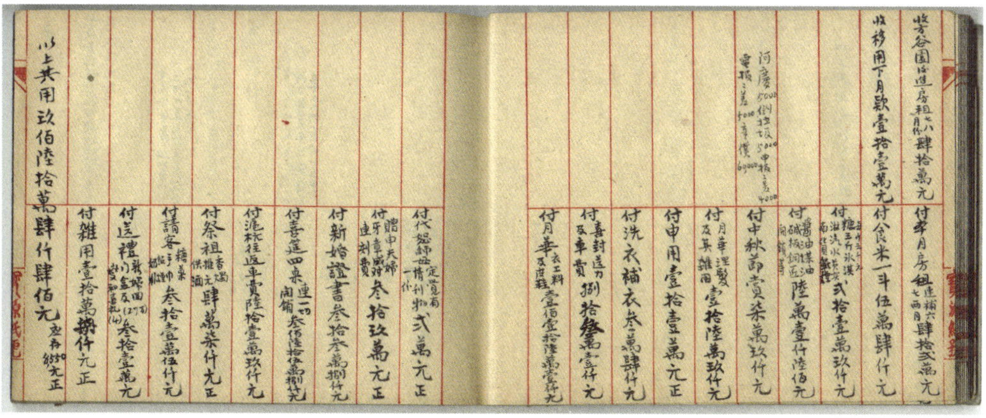

图5-12　钱学森和蒋英的鸳鸯谱。鸳鸯谱原先为六页折合，其中空白页后因故被蒋英撕去

合卺乃成夫嘉礼。结红丝为字，鸳牒成行；申白首之盟，虫飞同梦。盈门百两，内则之光；片石三生，前因共证云尔。

撰写这段文字的正是钱学森的书法老师孙厘才。配图为陈汉第创作的《夏清图》和吴善荫创作的《彩凤霞冠》，以竹寓意钱学森的君子风度，以牡丹寓意蒋英的高贵典雅。陈汉第和吴善荫是民国时期有名的海派夫妻画家，陈汉第是钱均夫和蒋百里在求是书院的老师，所以钱均夫特地找这位德高望重的长辈为钱学森与蒋英的鸳鸯谱配画。

钱均夫记完账后搁笔掩卷，不禁想起两个月前儿子钱学森回国探亲的情形。在两个月时间里，发生了太多的事情。但对钱均夫来说，最大的心愿得以完成：钱学森和蒋英完婚，9月17日钱学森与蒋英在上海沙逊大厦举行婚礼的场景，他仍历历在目。此时，钱学森已经回到美国波士顿，儿媳蒋英正在办理签证，年底即将赴美与钱学森团聚。

一场简约朴素的婚礼

对钱学森个人来说，再遇蒋英并结良缘无疑是此次回国的最大收获，了却了终身大事。实际上，钱均夫早在1945年便撮合钱学森和蒋英，曾对学生黄萍孙说"学森和蒋三小姐的婚事屈指可成"。钱均夫曾向蒋英母亲蒋左梅提起婚事，因两人均在国外未有结果。但是1945年钱学森前往欧洲考察之际，蒋英尚在瑞士求学，未知两人是否见过面，且钱学森此次考察确曾去过瑞士。或许，钱学森曾有约见蒋英的打算，亦不无可能。

1947年钱学森回国前，钱均夫让蒋英帮忙介绍女朋友，实则有所暗示。只是蒋英不明就里，真为钱学森举行欢迎聚会，邀请好几位闺密参加。钱学森如约赴会，只是心不在焉。一起参加欢迎会的蒋华说："钱学森在聚会上完全被姐姐给吸引了，根本没在意别人。"钱学森随后几天便借口看望蒋伯母去蒋家，找机会向蒋英表白。蒋英看出端倪之后恍然大悟，但她担心与钱学森专业差距太大，生活中会没有共同语言。不料，蒋华却告诉姐姐钱学森颇有艺术修养，而且对音乐极为了解。

蒋华见姐姐蒋英仍在忧虑，便连续好几天邀请钱学森到家里来玩，为他和姐姐创造单独相处的机会。某天，钱学森突然问蒋英："跟我到美国吧！"蒋英明白其意，正犹豫不决时，钱学森又重复说了两遍，蒋英答应了。蒋英后来幽默地说："没说两句，我就投降了。"

钱学森求婚成功之后，两家人便开始为婚礼忙碌起来。钱学森在父亲钱均夫的陪同下专程回到杭州祭扫母亲章兰娟之墓，以结婚喜讯告慰章兰娟的在天之灵。随后，钱学森和蒋英前往南京路的上海光艺照相馆拍摄结婚照。照相馆主人张丹子热情接待，亲自为钱学森和蒋英拍照，还在此后举办的婚礼上担任现场摄影师。接着，钱均夫又预订了"远东第一楼"沙逊大厦华懋饭店的北京餐厅，作为钱学森和蒋英举办婚礼的场所。

1947年9月17日，钱学森与蒋英的婚礼在沙逊大厦举行。婚礼采用中西结合礼仪，简约但不失隆重。参加婚礼的主要是两家亲友，有100多人，一共四桌。这场婚礼的证婚人是于斌[1]。这是因为蒋左梅此时已经信奉天主教，所以女儿们结婚时都会尊重母亲的意愿，由主教来为她们担任证婚人。在婚礼上，于斌以"真善美圣"四字赠送这对新人，为他们送去祝福。

按照惯例，每位亲友到婚礼现场时都要在鸳鸯谱中的那页空白纸上签

---

[1] 于斌（1901—1978），黑龙江兰西人，1919年入神罗修道院，后转读上海震旦大学，1924年赴罗马传信大学读哲学和神学，获宗教学博士学位，后又获经圣多玛斯学院、伯鲁日大学政治学博士学位，精通拉丁语、英语、法语、德语等。回国后在北平任中国公教进行会总监督，后任津沽大学教授、中国公教学校视察主任。1946年任天主教南京总教区总主教，1954年去台湾，并于1960年任辅仁大学校长，1978年病逝于罗马。

图5-13 钱学森与蒋英在上海光艺照相馆拍的结婚照

（左）图5-14　钱学森与蒋英接受亲友祝福
（右）图5-15　新人向亲友敬酒

名留念。但"文化大革命"期间蒋英忍痛将此页撕去，钱学森哲嗣钱永刚教授说：

> 这是父亲和母亲结婚的见证，它本来是一册，共六页，现在只有五页，还被撕成两半，而撕的人正是我的母亲。那是在"文化大革命"期间，虽然周总理对我家进行了保护，但母亲还是非常谨慎，将上面写有民国名流人物的一页忍痛撕掉了。

可以体会蒋英做出如此决定的复杂心情，但恰恰是如此举动使鸳鸯谱能够留存下来，从另一面展示了蒋英的智慧。

钱学森回到美国后购买了一台斯坦威三角钢琴作为结婚礼物赠送给蒋英，蒋英为支持钱学森的科研和教学工作，主动放弃音乐事业，成为全职太太。但她经常用这架钢琴演奏歌曲，钱学森有时还会随着旋律低声吟唱。1948年他们的儿子钱永刚出生，1950年女儿钱永真出生，新生命给这个家庭带来无限欢乐。

第二十三章
男主外、女主内的家庭生活

1947年结婚至1955年回国,钱学森和蒋英在美国生活了八年,先后育有一儿一女。前两年在波士顿居住生活,后六年在洛杉矶居住生活。这个阶段是钱学森和蒋英从单身到组建家庭和生儿育女的过程,他们逐渐步入中年,可谓"上有老下有小"。在这段时间,钱学森成为家庭的顶梁柱,蒋英因承担家务选择主动放弃音乐事业,他们的家庭生活属于典型的男主外、女主内模式。

波士顿的新婚生活

1947年11月,蒋英因丈夫钱学森拥有美国永久居留证,很快就在美国驻上海总领事馆通过赴美签证申请。是年底,蒋英乘坐中国航空公司航班经夏威夷飞抵波士顿,与丈夫钱学森团聚。

蒋英到美国后为支持丈夫而放弃了自己挚爱的音乐事业,成为一名全职太太,几乎包揽家中所有的事务,从而使得钱学森可以全身心地投入科研和教学工作。他们在这种生活氛围中保持夫妻平等,彼此关心,彼此尊重,彼此理解。当然,钱学森深知蒋英的兴趣爱好,每周都会带着蒋英到波士顿交响乐团听音乐会、看歌剧,新婚燕尔,如胶似漆。

（左）图5-16　钱学森与儿子钱永刚
（右）图5-17　蒋英与儿子钱永刚

1948年10月13日，儿子出生。钱学森按照"继承家学、永守箴规"的辈分给儿子取名为钱永刚，"刚"意为刚强和坚定。

钱永刚出生后，钱学森第一时间告知父亲钱均夫。晋升为爷爷的钱均夫闻之极喜，便吩咐钱月华去买鸡蛋煮好后向亲朋好友分发"报喜红蛋"，他在账簿中写道："永刚长孙于十月十三日九时诞生在美国波士顿城。"

此时，钱学森事业有成，同时初为人父，家庭幸福。如果没有变化，他和家人会居住在波士顿。直到1949年暑期钱学森接受加州理工学院以"戈达德教授"为名之聘，担任新成立的古根海姆喷气推进中心主任，再次回到洛杉矶生活。

1949年上半年，钱学森已经开始为下学期去加州理工学院做准备。自从结婚以来，钱学森还没有好好地带蒋英出去旅游过，于是6月6日至16日他带着蒋英去加拿大旅游了10天，算是给蒋英补了一次蜜月旅行。1949年7月，钱学森和蒋英带着尚在襁褓中的儿子钱永刚，由波士顿开车前往洛杉矶。途中，他们还特意来到康奈尔大学，与郭永怀、李佩夫妇短暂相聚。钱学森还见到了西尔斯，师兄弟之间相谈甚欢。

就在钱学森前往洛杉矶前夕，由于其杰出的科学成就，还于1949年5月12日被位于波士顿的美国艺术与科学院选为院士。美国艺术与科学院成立于1780年，旨在"弘扬学术，以增进自由、独立、良善之公民德行"，首任院长为美国第一任副总统及第二任总统约翰·亚当斯。此前已有三位中国

图5-18 这张背影照是钱学森和郭永怀三十年交往的缩影（蒋英拍摄，左起钱学森、李佩、郭永怀）

人入选，分别为胡适（1932年）、吴经熊（1938年）、翁文灏（1947年），此后又有李政道（1959年）、林家翘（1962年）、王瑞（1970年）、吴健雄（1972年）、丁肇中（1975年）等50余位中国人入选。

洛杉矶的家庭生活

位于洛杉矶的帕萨迪纳对钱学森来说，是一座非常熟悉的城市。此前，他曾经在帕萨迪纳学习和居住了十年，留下不少美好回忆。此次，他带着蒋英和儿子钱永刚来到洛杉矶生活，是故地重游。但此时钱学森已是一位了不起的"学术大牛"，从加州理工学院提供的待遇便可见一斑：年薪10000美元，可以雇用一个助教并每年提供3份奖学金，同时提供为期7年、总数50万美元的研究基金。

钱学森回到帕萨迪纳后，在奥克诺尔社区租到一栋带有草坪和花园的别墅。钱学森后来回忆说："1949年秋到了加州理工学院，一家三口，蒋英、我和一个小孩过起典型教授的生活，除教学和研究之外，还兼着通用喷气公司的顾问。"钱学森和蒋英到加州理工学院不久，还参加了1949年中秋节加州理工学院同学会在竞技公园（Tournament Park）举行的中华人民共和国成立大典庆祝会。

众所周知，1950年至1955年钱学森被困美国无法回国，处在被"监视"

图5-19 钱学森在"遛娃"(蒋英摄)

的状态。但他并未因此失去乐观的生活态度,尤其是被取消涉密资格后,反而从繁忙的科研中解脱出来,拥有更多时间陪伴家人。随着钱永刚和钱永真慢慢长大,钱学森的日常生活变得丰富而规律。早饭后,由钱学森开车将两个小孩送到幼儿园,随后到学校上班,下班再接孩子回家。蒋英白天忙于家务,闲时阅读英美文学、音乐等书籍。晚饭一般由蒋英做,钱学森偶尔也会下厨。所以钱学森后来说:"在1950年到1955年美国政府对我进行迫害的这五年间,她管家,蒋英同志是做出了巨大牺牲的,这一点,我决不能忘。"其实,他们回国之后家庭事务仍由蒋英主持,包括钱学森父亲钱均夫、蒋英母亲蒋左梅以及两个小孩的日常生活,都由蒋英安排得井井有条。所以,钱均夫晚年对儿媳蒋英赞不绝口。

如此往复,家庭逐渐成为钱学森的生活重心。钱学森和蒋英还给两个孩子购买了不少儿童音乐唱片和故事书籍,以及各式各样的玩具,也经常带他们到公园游玩。在这期间,钱学森仍是加州理工学院教授和博士生导师。当时,郑哲敏便在钱学森的指导下攻读博士学位,他说除平时课业,经常到导师钱学森家中蹭饭,当然还会充当"baby sitter(看孩子的人)",带着钱永刚和钱永真去附近爬山。

钱学森在被"监视"居住的五年时间里,人身自由受到很大限制,尤其是无法直接与国内的父亲通信,只能由蒋英代笔、收寄各类信件。而且钱学森为避免牵连他人，主动减少人际交往和社会活动。例如，当时钱学森考虑到"行动受美国特务监视，活动不便"，不得不主动放弃中国科学工作者协会北美分会的活动。又如，钱学森回国前接到袁家骝和吴健雄的告别电话，但他考虑到通话可能会被监听，于是非常谨慎地回答说："你们是美国公民，我不和你们说话。"这些实是不得已而为之的无奈之举。

但幸而有音乐做伴，钱学森才不至于陷入消沉状态。蒋英晚年说："有时我唱歌时，他围在我身边走一走，特别是在我们被限制的五年生活中，音乐使我们摆脱了孤独。"此时，钱学森最喜欢的是 Bartok 和 Beethoven 的交响乐，"特别是 Bartok 的音乐中潜伏着的那种执着的刚强"。罗沛霖解释说，"这也许是他作为当时中华民族的海外孤臣，与 Bartok 的情感相通吧。"

（上）图5-20 钱学森与女儿钱永真（蒋英摄）

（左下）图5-21 蒋英与女儿钱永真（钱学森摄）

（右下）图5-22 钱永刚和钱永真兄妹俩（钱学森摄）

第二十四章

钱学森的经济来源与生活支出

经济基础决定上层建筑。钱学森出生时家境优越，少年时代在北京生活衣食无忧。虽然他赴美留学前因家庭变故导致经济出现危机，但幸而有清华大学留美公费生奖学金，帮助他完成硕士和博士学业。钱学森留校执教后经济状况逐渐走上"财务自由"之路，但他没有把物质生活作为追求目标，而是逐渐找到"精神自由"的方向。

依靠奖学金完成学业

钱学森的父亲钱均夫曾官至教育部视学和浙江省教育厅代理厅长，母亲的娘家章家亦是杭州富商，家境优裕。钱均夫1914年刚到北京任职时按照"荐任四等四级"标准，可以领取280元月薪；1920年和1921年因连续获得"四等嘉禾章"和"三等嘉禾章"，月薪随之提高到三级，即300元，且可以获得"年功加俸"500元。不仅如此，钱均夫担任视学出京视察期间，还会得到每月200元的出差补贴（当时称为"川资"）。[1]

所以，钱学森在北京的生活可谓无忧无虑，饮食起居均由女佣照料。并

---

[1] 《教育部视学支费暂行规则》，《江苏教育行政月报》1913年第4号。

且，钱均夫还专门包了一辆"洋包车"负责接送"少爷"钱学森。钱家经济状况出现转折是在1934年底章兰娟因病去世，医药费和丧葬费耗资不菲导致家境窘迫。从1935年6月3日钱学森致清华大学校长办公处的信可见一斑，他在信中说："贵校会计处乞未将旅费发下，学森实无力长期垫款，务恳转饬贵校会计处将该款及六月份生活费寄下为盼。"[1]

钱学森赴美留学时家庭经济拮据，父亲钱均夫的好友朱谋先还曾给予经济资助。第二次世界大战期间，钱学森将美元汇给朱家在美国留学的朱维衡，以示谢意。[2]留美后，他必须学会独自生活，为节省开支他自己洗衣、打扫卫生等，一日三餐多在学校食堂，适应能力较强。

清华大学对留美公费生经费有严格的管理制度，1933年之前由设在华盛顿的留美监督处负责经费发放，1933年清华大学撤销留美监督处，将事务委托华美协进社（China Institute in America）代管。钱学森到美国后，每月都会收到华美协进社寄来的100美元生活费[3]，即1200美元/年，这比同期民国政府留美公费生1080美元/年的资助略高[4]。诚如1934年毕业于清华大学化学系、被选送到美国芝加哥大学攻读博士学位的马祖圣所说：

清华学生到美国后，都进入正规大学就读，多数进入名牌大学。那里学习条件优越，思想开放，管理严谨，实验设备、图书资料等齐全，特别是师资力量雄厚，一些学生甚至能直接从师于诺贝尔奖获得者。当然，这些名校收费也高，但以清华留美学生所享受的优厚待遇，自然不成问题。清华公费生出国前有制装费和出国川资，在美期间每月有零花钱，学费和医药费没有限制，另外还有学位论文打印费、学位文凭费、转学旅费及回国川资，待遇远高于一般公费留美学生。[5]

如前所言，钱学森留美求学期间因得到清华大学两次"延期"，得到了

---

[1]《钱学森致清华大学校长办公处函》，清华大学档案馆，档号:1-2: 1-89: 1-77。
[2] 吴锡九：《回归》，上海辞书出版社，2012年，第67页。
[3] 清华大学校史研究室：《清华大学史料选编·第二卷（上）》，清华大学出版社，1991年，第186页。
[4]《我国留学生出国留学之费用标准》，《全国学术工作咨询处月刊》1936年第12期，第45页。
[5] 马祖圣：《历年出国/回国科技人员总览（1840-1949）》，社会科学文献出版社，2007年，第177页。

共计4800美元的奖学金,正是这笔不菲的奖学金为钱学森在美国的生活提供了经济来源,从而使他能够顺利地留在美国完成博士学业。

执教后实现经济独立

1939年9月,钱学森留在加州理工学院执教,担任航空系助理研究员。据美国海陆军外籍工作人员调查表显示,钱学森此时年薪为2000美元。[1]当时美国高校按照十个月发放工资,即月薪200美元。这是加州理工学院新进职工平均工资水平,直到1950年,罗沛霖从加州理工学院电机系毕业留校时,每年的工资和奖金也是2000多美元。[2]若与国内高校相比,200美元按照当时的汇率换算为760元左右,清华大学和北京大学教授月薪为300元左右,可见钱学森的工资比同期中国大学教授要高得多。[3]

1943年9月钱学森被聘为航空系助理教授,1945年11月被聘为副教授,1946年8月前往麻省理工学院航空系担任副教授,翌年3月晋升教授。关于钱学森担任助理教授和副教授的年薪,竺可桢日记提供了颇有价值的史料。1947年2月27日,浙江大学校长竺可桢访美时与哈佛大学博士生戴振铎聊天,戴振铎谈及麻省理工学院中的五位"工程方面中国人才",竺可桢日记中有以下记载:

> 钱学森,交大毕业后至CIT加州理工学院,专Hydrodynamics流体力学;顾培慕,交大毕业,专门Aeroengine飞机发动机;林家翘,CIT,清华,Aerodynamics空气动力学;刘贻谨,ME机械工程;朱兰成,Radar雷达。此五人,钱、林、朱均为副教授,年7000元,顾、刘,助教授,年5000元。[4]

另外,上海交通大学钱学森图书馆收藏着一封非常珍贵的信函,内容是麻省理工学院校长办公室致函钱学森,告知其教授年薪自1948年7月起增加至

---

[1] 张现民:《钱学森年谱》,中央文献出版社,2015年,第43页。
[2] 罗沛霖口述、王德禄整理:《罗沛霖:党派我去留学,我要对得起党》,《中共党史研究》2011年第1期。
[3] 郑小慧等:《清华记忆》,清华大学出版社,2011年,第116页。
[4] 樊洪业:《竺可桢全集(第10卷)》,上海科技教育出版社,2006年,第385页。

9000美元。[1]1949年钱学森回到加州理工学院担任古根海姆喷气推进中心主任,年薪为10000美元。

以上述档案史料为依据,可以估算出钱学森各个职称阶段的年薪:助理研究员2000美元、助理教授5000美元、副教授7000美元、麻省理工学院教授9000美元、加州理工学院教授10000美元。依上述标准,1939至1955年钱学森在美国执教期间的工资总收入超过10万美元。

显而易见,工资并非唯一经济来源。钱学森留美时发表过五十余篇学术论文,稿费也是一笔不小的收入。例如,钱学森在 Advances in Applied Mechanics 上发表的 The Poincaré-Lighthill-Kuo Method 稿费便有112美元。[2] 若以此标准计算,钱学森留美时期仅稿费一项收入就有5000—6000美元。此外,钱学森的学术著作《工程控制论》英文版于1954年和1955年两次印刷,共计在全球范围内出售3080册,获得版税2333.65美元。再者,他还兼任过不少职务,如美国国防部陆军航空兵科学咨询团成员、美国战争部军务局专家顾问、美国国家航空顾问委员会委员等,这些职务是否有酬劳及酬劳额度也无法得到确切统计。但稳定的经济来源主要还是工资收入。

总而言之,钱学森执教后实现经济独立,物质生活优裕,且工资高于同时代美国和中国大学教授。以胡适做横向对比便可以知一二,当时胡适担任驻美大使的月薪为540美元(即年薪6480美元),要比钱学森少近三分之一。然而,钱学森在实现财务自由的道路上并未将物质生活作为追求目标,而是在努力寻找精神自由的方向。

实现财务自由之后

1955年9月16日,钱学森前往洛杉矶安全第一国民银行,取出全部活期存款1007.64美元。[3]翌日,他和家人乘坐"克利夫兰总统号"邮轮归国。疑惑的是,钱学森工资总收入超过10万美元,为何回国时存款仅有1000多美元。

---

[1] 《麻省理工学院通知钱学森增加年薪的函(1948年8月24日)》,上海交通大学钱学森图书馆,档号:RW-钱学森-1701-16。
[2] 《Advances in Applied Mechanics 杂志致钱学森的函(1955年8月22日)》,上海交通大学钱学森图书馆,档号:RW-钱学森-3773-75。
[3] 《钱学森洛杉矶安全第一国民银行澳克诺尔支行存折》,上海交通大学钱学森图书馆,档号:201507110004。

想要解答这个疑惑,只要估算出钱学森如何花钱便可知。

钱学森留美二十年是人生中的重要阶段,从普通留学生成长为著名科学家,同时也经历恋爱结婚和生儿育女的过程,从单身青年变为丈夫和父亲。随着时间推移,生活支出发生变化,根据阶段和用途可以概括为以下几类。

(一)单身阶段的日常生活支出

如前所述,钱学森作为清华大学留美公费生,不仅能获得520美元出国费,且每月可以从华美协进社领取100美元生活费。但留学生赴美后要置办各种生活用品,清华大学公费生浦薛凤曾撰文回忆说:"初到美国,一切大衣、西装、衬衫、皮鞋等等具备,故每月官费虽只八十美元,足够应用。嗣后,大衣、雨衣、西装、皮手套、皮鞋等件,均须加添,新旧书籍费用亦多,故每月官费遂由八十增为一百美元。"[1]一份调查资料显示:

> 如果在美国的大城市念书,譬如纽约、费城、芝加哥、波士顿、旧金山、屋克伦等处,一个月的食住和零用最低限度是六十五块钱。这就是说,一个月的食用四十元,住宿二十元,零用五元。六十五元的生活是相当清苦的。八十块到一百块是普通中国学生的生活用费。[2]

可见,清华大学的资助能够保证基本生活,但并不宽裕。钱学森的学费由华美协进社直接寄到学校,因此日常生活支出主要是房租和伙食费。据1936年《留美学生月刊》公布的留学生名单,钱学森的通信地址是麻省理工学院宿舍。[3]一般来说,学校宿舍比租住校外公寓便宜。后来,钱学森到加州理工学院读博时,便同范绪箕、袁家骝等合租校外公寓,共摊租金。同期在加州理工学院留学攻读生物学博士学位的殷宏章晚年回忆说:"因为加州理工学院是私立学校,学费特别高,学生也少,当时不过两三百人,且多是有钱人的子弟。我们是公费生,不成问题,别的研究生就要设法打工,半工半读还很艰难。宿舍也很贵,所以大部分学生均在外面住。"[4]

---

[1] 浦薛凤:《浦薛凤回忆录(上)》,黄山书社,2009年,第100页。
[2] 《留美须知:美国学生的生活费用》,《新闻资料》1946年第102期,第3页。
[3] 《留美同学录(续)》,《留美学生月刊》1936年第1卷第2/3期,第34-42页。
[4] 殷宏章:《未完成的回忆录(续一)》,《植物生理学通讯》1994年第5期。

每日三餐是一笔不小的开支，且由于留美公费生不允许兼职，100美元是一个月的所有收入。因此钱学森经常与同学一起做饭或包饭，以减少支出。据调查，若每天三餐在校解决约1.3—1.5美元，包饭每月则28—30美元，因此留学生各项开支中，"膳宿问题最感困难，而耗金亦最巨，日常费用三分之二化诸此"。[1]

（二）给父亲钱均夫的汇款

钱学森单身阶段非常节俭，即便工作后有丰厚年薪，日常开支仍保持最低限度，他节省的收入另有用途，其中最主要是汇给国内的父亲钱均夫。1934年章兰娟因病过世，钱均夫抑郁成疾，患上严重胃病，辞去浙江省教育厅职位，在杭州家中休养。1937年卢沟桥事变发生后，日军对杭州实施轰炸，钱均夫前往上海避乱，居住在愚园路1032弄岐山村111号。钱均夫在此居住近二十年，直到1955年钱学森回国后才搬到北京。

鲜为人知的是，钱均夫在账簿中详细记录了1938年至1951年钱学森的111次汇款数额。根据账簿中年代顺序和币种，包括：（1）1938年至1942年的法币8743.00；（2）1943年至1946年的储券6310000.00；（3）1946年的法币230000.00；（4）1945年至1951年的美元5327.00。[2]从账簿可知，1938年12月钱均夫收到第一笔汇款法币101.00，钱学森当时尚在读博，可以推断这必定是他从清华大学的资助中节省下来的。

钱学森的汇款保证了父亲在上海生活期间的支出，即便上海沦陷时也未曾中断汇款，正如钱均夫的学生厉麟似回忆所言："当时上海为日本侵占，太先生拒绝出来工作，其经济上主要依靠钱学森由美国寄钱回来维持。"[3]1950年钱学森回国受阻后人身自由受到限制，无法汇款，但只要听说有人要回国，就会委托其将美元带给父亲，例如1951年钱学森的博士生罗时钧回国时，钱学森就委托其给父亲带去300美元现金。

---

[1]《留美学生之衣食住（三）》，《新闻报》1936年5月16日第4版。
[2]《钱均夫账簿》，上海交通大学钱学森图书馆，档号：RW-钱均夫-44。
[3] 厉声教：《听父辈谈钱均夫钱学森父子逸事》，《钟山风雨》2013年第3期。

《钱均夫账簿》[1]中记载的汇款数额透露出的是钱学森作为儿子赡养父亲的孝心，是钱学森奉行孝道的真实记录，可谓百里负米。可以想见，钱学森每次办理汇款时，汇去的不仅是生活费，还饱含着对父亲的牵挂。钱均夫每次收到汇款时，必定都能感受到钱学森的孝心。留美期间，钱学森与父亲钱均夫通过这种形式，传达彼此的牵挂。

（三）组建家庭后的生活支出

1947年钱学森和蒋英结婚后，从单身青年到组建家庭，生活支出明显增加。但这种增加相对钱学森的工资收入而言，仍在其承受范围之内，且绰绰有余。这些家庭生活支出主要包括房租、日常饮食、衣服、婴儿用品、玩具，以及大量胎教和早教方面的唱片、书籍等。此外还有一项日常性的支出，就是钱学森因科研和教学一直自费购买大量专业期刊和图书阅读。

不得不提的是，钱学森在美国最后五年，因雇用律师打官司多次支付高昂的律师费。例如，钱学森第一次聘请律师的费用就高达2500美元。[2]同时需要说明的是，1950年钱学森被拘留后缴纳的15000美元保释费，还是友人波琳·里德贝格·米勒斯以购买美国债券的形式垫付的。钱学森后来说："保金是15000美元，比起一般强盗绑票所要的一两千赎金来，那我真是可以'自豪'的了，自然我是拿不出这样一大笔钱的，保金也由美国友人代交了。"[3]

正因如此，钱学森的存折除办理时存入660.56美元外，1949年至1950年只有五笔现金存入，分别是：1949年7月21日存入2.00美元，1950年1月12日存入118.55美元，1950年3月12日存入76.12美元，1950年8月10日存入51.86美元，1950年12月18日存入48.92美元。奇怪的是，1950年10月13日钱学森取出900.00美元，然而又在10月24日存了回去，他当时正在准备回国聘请律师，是否与此有关，只有钱学森本人知道。且值得注意的细节是，钱学森自1951年以后就没再存入任何款项，其原因或许是日常收支相抵，抑或为随时离开美国做好准备。

---

[1] 《钱均夫账簿》共计两册，为其居住上海期间所记，起于1937年11月，止于1951年10月。账簿大小为22.5厘米×15.5厘米。账簿为笺纸红格栏，半页十行，由钱均夫用毛笔按月记载，上半页记收入，下半页记支出，并计算当月结余。账簿内容庞杂，事无巨细，从收入到支出，每笔都有详细记录，其中就包括钱学森从美国寄来的汇款。
[2] 张现民：《钱学森年谱》，中央文献出版社，2015年，第43页。
[3] 钱学森：《我在美国的遭遇》，《人民日报》1956年1月6日第4版。

（左）图5-23　钱学森在洛杉矶帕萨迪纳家中的厨房

（右）图5-24　钱学森的活期存折

事实上，当年美国解除钱学森出境限制后，他可以选择留在美国，并且以丰厚年薪过上优渥的物质生活，但他毅然决然选择回国。从这个角度看，钱学森赴美求学并不在于追求物质生活，若以"留美"为目的，他完全可以凭借高工资生利或购置产业，为家人留在美国做长期打算。正如其言：

我在美国那么长时间，从来没有想过这辈子要在那里待下去，我这么说是有根据的。因为在美国，一个人一参加工作，总要把他的一部分收入存入保险公司，以备晚年退休之后用。在美国期间，有人好几次问我存了保险金没有，我说一块美元也不存，他们听了感到奇怪。其实没什么奇怪的，因为我是中国人，根本不打算在美国住一辈子。[1]

可以说，钱学森赴美求学二十年不仅实现了财务自由，更重要的是找到了精神自由的方向。因此当他1955年9月17日离开美国前接受《洛杉矶时报》记者采访时，便满怀自信和自豪地说：

When I reach China, I will do my best to help the Chinese people build a nation where they will get along with dignity and happiness.

---

[1] 钱学森：《一切成就归于党，归于集体》，《人民日报》1989年8月6日第2版。

第二十五章
钱学森的穿着与朋友圈

人靠衣装,并非仅仅强调外在装饰。内外兼修方为得体,透过穿着能够显露出一个人的内在品质和涵养。钱学森留美时期深受冯·卡门学派的影响,一年四季均以穿着正装为主,凸显青年学者的自信。钱学森留美期间有两个身份:一是交通大学毕业生,二是清华大学留美公费生。他的双重校友身份构成了他在美国的主要人际关系网。当然,钱学森留美后还结交了不少国际友人,且入乡随俗,积极了解美国文化和美国思维模式。

冯·卡门学派的穿着风格

钱学森在国内读书时家境优越,但穿着朴素,在校时以穿校服为主。1935年钱学森赴美留学时,因得到一笔清华大学发放的出国资助,特地去裁缝店量身定制了一套正装。出国前,父亲钱均夫还为他购买衣料,请裁缝为他制作了几套换洗的衬衫、西服。

钱学森到加州理工学院读博后,着装深受导师冯·卡门的影响。冯·卡门要求学生无论四季,必须着正装和穿皮鞋。所以,钱学森留美时期的照片总是西装革履、衣服整洁,流露出青年学者的自信。

不只钱学森如此,当时在加州理工学院学习的中国留学生穿着都极为讲

（左）图5-25　留美初期的钱学森　　　　　（右）图5-26　加州理工学院中国留学生的穿着

究。一个人的穿着或许只是外在表现，但是从当时留存下来的照片中可见，求知青年们都精神饱满，志气昂扬。正所谓内外兼修方为得体，透过一个人的穿着能够显露出他的内在品质和个人涵养。不仅如此，穿着在某种程度上还是一个时代的写照。恰如钱学森晚年在研究社会主义精神文明时，针对当时的青少年着装问题提出："现在青年们的服装怎么能说是代表着社会主义的精神文明呢？"[1]

中国留学生的朋友圈

由于中、美在第二次世界大战中结盟的时代背景，美国大量接受中国留学生前往美国求学，同时还邀请中国优秀科学家前往美国高校或科研机构访学，参与相关科学技术的研究工作。20世纪30年代至40年代的加州理工学院就聚集了不少中国留学生和短暂访问的学者。

这些中国留学生或访问学者经常聚集在一起，形成一个比较固定的朋友圈。在这个朋友圈里有周培源、钱学森、郭永怀、郭贻诚、谈家桢、卢嘉锡、孟昭英、毕德显、钱伟长、林家翘、傅承义、张捷迁、袁绍文、顾功叙、殷宏章、范绪箕、朱正元、黄厦千、周明溪等。

---

[1] 涂元季、李明、顾吉环编：《钱学森书信（2）》，国防工业出版社，2007年，第456页。

这个朋友圈里的人不仅经常在一起组织学术讨论，而且日常生活中经常集群成对。他们白天在各自实验室做实验，或者在图书馆看书，晚上基本上在一起吃晚饭。尤其是1943年周培源受母校加州理工学院邀请，到该校参加战时科学研究与发展局以及海军试验站的研究工作，周家一下子成为中国留学生的"活动中心"。当时，有一位老华侨经常从洛杉矶开车到加州理工学院附近，专门将自己栽种的新鲜蔬菜、姜、葱，以及鱼、肉等售卖给中国留学生。由于周培源当时已经成家，周太太王蒂澂又做得一手好菜，中国留学生们一下为肠胃找到了"归属感"。周太太也特别热情，几乎每周都会做一桌子好菜招待这些在异国他乡的学子。每次聚会，这些多年未归国的留学生听到周培源的女儿在咿咿呀呀地讲中国话，真是倍感亲切。

几十年之后，周培源和王蒂澂将家中收藏的书画捐赠给国家，并整理出版了《周培源王蒂澂收藏古代书画选》。他们知道钱学森喜欢书画，于是特地赠送给他一本。钱学森翻阅时，看到有一张周培源一家在帕萨迪纳的全家福时不无感慨，他复函周培源和王蒂澂说："册中老师和师母同三位师妹的合影，学森一见，感受颇深，乃五十年前事再现！"后来，郭永怀的夫人李佩也回忆说："我们这些年轻人经常到周培源家里聚餐，因为周培源当时已经成家。每次聚餐大家都带来蔬菜、鸡、鸭、鱼、肉，钱学森、孟昭英和毕德显的厨艺非常不错，所以经常主动承担做饭的任务，其他人就负责饭后洗碗。"[1]白斩鸡是钱学森常做和爱吃的一道菜。

钱伟长晚年回忆这段生活时也说："当时在加州理工学院的中国人有周培源教授和钱学森、林家翘、郭永怀、傅承义等人，朝夕相处，从世界大事、国事、学术、音乐、艺术，无所不谈、无所不议。但怀念祖国、怀念同学、怀念亲人，还是最主要的内容。"[2]事实上，这些中国留学生虽在海外求学，但无不时刻关心国内时局，聊天时总会高谈国是，畅所欲言，对当时国民党独裁统治极为反感。钱学森经常在闲谈中旗帜鲜明地表达"我是自以为有马列主义"的观点。

---

[1] 李佩：《钱学森认为"最相知"的专家》，《文史博览》2013年第11期。
[2] 钱伟长：《八十自述》，海天出版社，1998年，第25页。

交大和清华的"双重校友"身份

钱学森赴美求学时就有两个身份:交通大学校友和清华大学校友。钱学森非常重视这两个身份,这两个身份也构成了他在美国的主要人际关系网。

2009年10月31日钱学森病逝之后,交通大学校友总会于11月1日电唁钱学森治丧委员会和钱学森家属。校友总会在唁文中提及了一段鲜为人知的往事:

钱学森学长,1934年毕业于交通大学机械工程系,是交通大学最出色的校友代表。钱学森学长毕生对母校和校友怀有深厚的情感,寄予殷切的期望,给予了无微不至的关心和领导。早在1942年留美期间,钱学森学长就与熊大纪、胡声求学长共同成立了交通大学南加州校友会。

这段往事是,1942年钱学森、熊大纪和胡声求三位交通大学学子,在美国建立了交通大学南加州校友会。20世纪40年代在加州地区的交通大学毕业生不多,钱学森为加强校友之间的感情交流,于1942年中秋节发起建立"南加州交通大学同学会",并担任首任会长。此同学会成立时除了钱学森,仅有胡声求和熊大纪两人。

熊大纪和钱学森是大学同学,胡声求于1939年交通大学毕业后赴美求学。1942年中秋节,熊大纪找到胡声求说:"我们赶快去开会!"胡声求就被莫名其妙地带到加州理工学院教师活动中心。钱学森已等候多时,随后直奔会议主题,宣布说:

今天是中秋节,我们特别选今天,凑足南加州的全体交大校友,成立校友会,总共就是我们三个人!

胡声求此时才明白怎么回事,但他看到钱学森后大吃一惊,感到这个人非常面熟。不多久,胡声求就想起来此人长相与好友钱学榘如同"复制"一般。会议间隙,钱学森便告诉胡声求,钱学榘是他的嫡亲堂弟。对这次开会的场景,胡声求多年后仍旧记忆犹新,他说:

我就在钱学森坐的长沙发对面坐下，熊大纪兴冲冲地拿出预先准备好的一份文件说："好了，好了，全体会员到齐，我们马上来开会。"我看见那张纸上写着年、月、日和南加州交通大学同学会开会记录，到会者钱学森、胡声求、熊大纪。熊大纪还在那张纸上写：全体会员同意选举钱学森为会长，胡声求为副会长兼财务，熊大纪为总干事兼文书。他问问大家有没有不同意见，我看了一眼，也没有什么好反对的。当时钱学森便签了名，我同熊大纪也签了名。熊大纪又说："我们三人中，胡声求在办飞机厂，一切由美国国防部拨款资助，所以最有钱。南加州交大同学会会费定为每年一美元，全由胡声求代为支付。"钱学森会长马上附议，写了会议记录。

会议就要结束时，熊大纪打趣地说："今天开同学会第一次会员大会，决议到中国城孙中山铜像北边的香港大酒楼举行聚餐，全部费用，也由胡声求以南加州交大同学会财务的名义付款。为了庆祝南加州交大同学会成立，我们得大快朵颐。"这就是交大南加州校友会成立时的情形，经过70多年发展，交大南加州校友会已成为交大美洲校友联谊、职业发展和创业投资的重要组织。

此后钱学森在波士顿居住时，还时常参加波士顿地区交通大学同学会活动。例如，1947年交通大学校友会在富兰克林公园举行庆祝母校建校51周年活动，参加聚会的有钱学森、钟士模、杨嘉墀、曹建猷、张思侯等。

钱学森在留美求学时期都会自称清华大学校友，这是因为只要考取清华大学留美公费生便会成为清华大学校友。钱学森在波士顿读硕士时，就经常以清华大学学子身份参加清华大学同学会。当他后来回到麻省理工学院执教的时候，也经常参加清华大学校友组织的各种聚会。当时诸如赵元任、冯培德、陈可忠、顾培慕、刘贻谨、卞学鐄等均在哈佛大学和麻省理工学院执教或就读，他们经常到赵元任家中蹭饭，钱学森也是其中之一。王念祖回忆说："我和许多同学一样，经常受邀到哈佛语言学家赵元任家里聚餐，赵夫人非常好客，时时亲自下厨，端出好几个盛满在搪瓷面盆的菜肴享客。"[1]

---

[1] 王念祖：《我的九条命：王念祖回忆录》，中国财政经济出版社，2002年，第54页。

又如，1947年竺可桢访问美国，钱学森作为清华大学校友全程参与接待。此次接待过程中，钱学森还特地于4月22日安排竺可桢与冯·卡门见面，举行了一次长达4小时的私人会谈。4月27日，清华大学三十六周年纪念会在赵元任家中举行之际，钱学森和竺可桢都前往参加。4月30日，刘贻谨在家中设宴欢送竺可桢前往华盛顿、芝加哥和旧金山等地考察，钱学森前往参加宴会并为其饯行。1949年春节，侨居波士顿的几十位清华大学校友聚会，会上大家都感叹中国共产党即将解放全国建立新政权，纷纷提出要准备回国服务和建设新中国。

当钱学森1949年回到加州理工学院担任古根海姆喷气推进中心主任时，他已经成为加州地区乃至全美最知名的华人科学家。所以，他经常作为东道主接待国内访客。1950年8月顾毓琇从香港到美国，在经过洛杉矶时，钱学森便与当地领事馆总领事江易生夫妇设宴欢迎。

钱学森留美期间身兼美国战争部军务局专家顾问、美国国家航空顾问委员会委员等职务。各种身份使钱学森社交活动变多，交往能力也得到提升，尤其是懂得如何用"美国思维"说服美国政府或军方主管为科研立项。事实上，钱学森留美二十年的生活是丰富多彩的。其间，他积极地融入美国文化圈，了解美国思维和美国文化，例如他和蒋英也会按照西方习俗过圣诞节。总的来说，钱学森和蒋英在美国的饮食、居住、出行、交友等方面属于中西合璧方式。

图5-27 钱学森拍摄的家中景物（中国书法和圣诞树可谓"中西合璧"）

陆

"他日归来，湖山依旧"是一位长辈写给钱学森留美求学时的寄语，殷切地期望他学成归来，为国贡献。可以说，"他日归来"是钱学森海外求知岁月的真实心愿。这是因为他在国内求学期间思考"如何迎头赶上世界先进各国"的过程中，不仅树立"科学救国"的宏伟抱负，而且在共产主义思想启蒙下形成朦胧初心："要中国能得救，要世界能够大同，只有靠共产党。"正因如此，他在留美求学二十年间矢志不渝初心理想，一切努力均"以作他日祖国成立共产党政权时回来为国效劳"。"他日归来"成为钱学森坚定的报国信念，而他未辜负长辈的殷切期望，于1955年冲破重重阻力回到新中国，实现科学报国初心。

第二十六章

青年时代的"思想启蒙"

钱学森生活的时代是一个中国人走向觉醒和自强的时代,无数人以自己的方式进行了艰辛的探索,甚至付出了宝贵的生命。钱学森科学救国思想产生时就面临一个严峻的现实问题:所救之国在何方?当他中学和大学时代受到"思想启蒙",并坚信"要中国能得救,要世界能够大同,只有靠共产党"时,赴美求学就有了明确目标:"学好技术本领以待中国革命成功后来建设",这也是他终生的报国信念。所以,他留美二十年间初心不改,等待报国时机。

中学时代朦胧的"革命思想"

据钱学森自述,1926年他在北京师范大学附属中学读初中三年级,同学们在一天午餐后闲聊时,有一位同学得意地说他知道"列宁是俄国的革命伟人",大家听后却茫然,因为包括钱学森在内的许多同学都不曾听说过"列宁"这个名字。当然,他们就"更不知道还有马克思、恩格斯"。这次闲谈给钱学森留下深刻印象,他说激起了自己对"革命伟人的崇敬"。

事实上,钱学森在北京师范大学附属中学读书时深受爱国主义熏陶。当时北京师范大学附属中学的不少老师都是中共地下党员,经常在国文、地理

和历史等课堂上"宣传爱国、民主、进步的精神"。[1]其中,对钱学森影响最大的就是国文老师董鲁安。董鲁安(1896—1953),又名于力,蒙古族,河北宛平人。董鲁安在北京师范大学附属中学教书时就已经成为一名革命者,并且经常在讲课时传播革命思想。钱学森曾回忆说:

> 董鲁安是国文教员,但他在我们高中课里,常常用较长的时间讨论时事,表示厌恶北洋军阀政府,憧憬当时国民革命军的北上。他教导了我对旧社会的深切不满,对鲁迅先生的钦佩,也使我了解要祖国富强就非树立新政权不可。

钱学森此时的思想还处在朦胧阶段,尚不懂得到底要树立什么性质的新政权,也不懂得社会主义到底是什么。但毫无疑问,董鲁安在钱学森的心里播下了一颗"思想革命"的种子。1935年钱学森考取清华大学留美公费生后北上办理出国手续期间,还特地去拜访董鲁安老师。董老师知道钱学森喜欢北方面食,还特地为他准备了肉馅饺子。

这次见面不久,董鲁安因揭露日本侵略事实,掩护进步学生的抗日活动,遭到日伪软禁两个月,最后经过进步学生声援才得以脱险。钱学森此时正在美国留学,不久便听说董老师到解放区去了。这个时候他才知道,原来董老师在从事党的地下工作。1984年11月27日钱学森致信群众出版社于浩成社长时,还回忆起董老师说:

> 承赐鲁安老师《游击草》及《人鬼杂居的北平市》,十分感谢。都激起我对老师的怀念,他是我最尊敬的,也是对我教育最深的中学老师!

钱学森中学时代朦胧的"革命思想"的产生过程中有一个特别的人物:鲁迅。钱学森不仅在董鲁安的课上听过鲁迅其人其思,而且还在现实生活中见过这位"周叔叔"。当时,钱均夫和鲁迅同在教育部任职,交往颇多,经

---

[1] 涂元季、李明、顾吉环编:《钱学森书信(10)》,国防工业出版社,2007年,第70页。

常聚在一起喝酒聊天。鲁迅参与编撰《新青年》杂志时，时常将新出杂志赠送给钱均夫阅读。钱学森是否阅读过《新青年》就不得而知了，但鲁迅对他的影响是毫无疑问的，因为钱学森在1993年9月12日写给钱学敏的信中就说过："我在出国前，就崇敬鲁迅先生。"

大学期间"人生观上升了"

1930年春夏之际，全国各地暴发了一场流行性伤寒。当年暑期即将结束，钱学森准备从杭州回校时患上伤寒，随后在家里休养一个月仍未见好，便向学校提出休学一年的申请。正是休学期间，钱学森在思想上受到了一次启蒙，影响他的关键人物叫李元庆。

李元庆（1914—1979）在现代音乐史上广为人知，是著名音乐学家和大提琴演奏家。他与钱学森还有一层亲戚关系：李元庆的母亲钱家礼与钱学森的父亲钱均夫是嫡堂兄妹，生于1911年的钱学森长李元庆三岁，是其表哥。李元庆出生在北京，父亲李学濬曾在北京大学任职。李元庆在北京读书时就对音乐产生浓厚兴趣，经常参加各种文艺活动，还自学大正琴、口琴等。1929年李元庆的祖母因身体多恙返籍养病，他也回到杭州。

钱均夫1914年至1929年在教育部任职，钱家和李家经常走动，钱学森和李元庆两个表兄弟交往颇多。1930年李元庆考入杭州国立艺术专科学校音乐研究会，师从音乐家李树化学习钢琴。此时钱学森在杭州休学一年，与李元庆家是近邻，经常结伴去杭州青年会听音乐。在此过程中，谈论话题从音乐延伸到人生观和价值观，尤其是钱学森从李元庆那里"略闻左翼文艺运动情况"。钱学森的侄女钱永龄回忆说：

李元庆早年就读于杭州艺专，家中都说他是共产党，当年国民党要抓他，他住到我家。他曾与我父辈各兄弟姐妹相处很好，尤其是与钱学森伯父交往十分频繁。他经常向学森伯父灌输进步思想，讲述民族危亡现状，一心希望早日唤起全中国各民族的伟大觉醒。那时，他经常向学森伯父偷偷传阅《共产党宣言》《辩证唯物主义》等进步书籍。

钱学森自己后来也说，休学期间乘机看了社会主义的书，"对国民党政府的所作所为知道了点底细，人生观上升了"。他说：

> 1930年暑假因为我害了伤寒病，在杭州家里卧病一月余，体弱不能上学，在家休学一年。这一年是我思想上有大转变的一年，我在这一年里第一次接触到科学的社会主义思想，在我脑子里树立了对共产主义的信念，资本主义一定要灭亡。这一经过是这样的：我因爱好美术，所以在书肆购了一本讲艺术史的书，不想这本书是一位匈牙利社会科学家写的，是用唯物史观的看法写的。对当时的我说，这是一个突如其来的看法，我从来也没有想到艺术会有科学分析的可能，因为我是学科学的，所以对这一理论产生了莫大的兴趣。我接着读了普利汉诺夫的《艺术论》、布哈林的《唯物论》等书，感到这真有道理。我也想了解一下反面的论点，所以又看了一些西洋哲学史之类的书，也看了胡适的《中国哲学史大纲（上册）》，看来看去终于感到只有唯物史观和辩证唯物主义才真有道理，唯心论等等没有道理，经济学也是马克思的有道理，而资产阶级经济学那一套利息论等等，不能自圆其说，不能令人接受。所以在书本子上，我当时是信服科学的社会主义的，对国民党的那一套不信了，觉得要中国能得救，要世界能够大同，只有靠共产党。但这不过是书本子上的认识，尚未到行动的地步。

钱学森由于有时间读了社会科学方面的书籍，"人生观上升了"，对国民党政府的统治也有所认识。他说："既然我是学科学的，那么，对于社会和宇宙的看法，就得有一个正确的科学态度。我们科学工作者如果掌握了它，就等于掌握了研究宇宙、人类社会和研究科学的钥匙，就等于我们在人生道路上有了正确的方向。"

与此同时，李元庆走上了追求真理的革命道路。1931年他考取上海国立音乐专科学校，此后又在北京和杭州等地学习音乐。1935年到江西省推行音乐教育委员会管弦乐队任大提琴演奏员，直到1937年前往济南谋职。1935年至1937年李元庆在南昌期间还有一个重要的活动就是参与编辑《音乐教育》，即钱学森曾经先后发表过两篇音乐评论的杂志。此后他在济南、温州、北京、桂林、重庆等地担任音乐教授，开始参加革命活动。

1941年李元庆被国民党政府列入黑名单，后经友人介绍与周恩来秘书张颖取得联系，随即在其帮助下前往延安参加革命，先后三次受到周恩来的接见。在延安期间，李元庆担任鲁迅艺术学院音乐系教员，1942年参加了延安文艺座谈会。1949年底，李元庆参与了中央音乐学院的合并组建工作，并担任研究部主任，此后又负责筹建中央音乐学院民族音乐研究所，先后担任副所长、所长。当时，钱学森因被困美国无法回国，李元庆就与钱均夫通信以了解钱学森的境况，有时还会通过钱均夫转寄信件给钱学森，但美国对钱学森的通信进行限制，有时从国内寄去的信件无法寄达。直到1955年钱学森获准回国，钱均夫第一时间将消息告诉李元庆。

1955年10月，钱学森归国后便全身心地投入导弹研制工程。此时，李元庆在中央音乐学院任职，两人虽未能经常见面，但他们在思想和精神上是相通的，并且都在各自的事业上做出重要贡献。1979年12月2日，李元庆因突发心脏病抢救无效，在北京逝世。12月14日，钱学森前往八宝山革命公墓礼堂参加李元庆的追悼会，表达了深切的哀思！

参加党的外围组织活动

事实上，钱学森在交通大学读书期间树立科学救国思想时，潜意识里已在思考一个问题：虽然已经有了"学好技术本领以待中国革命成功后来建设"的信念，但所救之国在何方？直到他在交通大学参加党的外围组织活动过程中，答案才逐渐清晰起来。

1931年9月，钱学森结束休学后回到学校读二年级。回校不久便发生九·一八事变，交通大学学生在校内地下党的组织领导下三次前往南京请愿，要求积极抗日。钱学森因休学期间"人生观上升了"，回校后便开始参加"社会科学研究会"和"读书合作社"的活动。这两个组织是交通大学地下党的外围组织，由时任交通大学地下党支部书记许邦和负责。

1929年交通大学党支部受到破坏，上级法南区委决定由许邦和与乔贤魁两人重新组织党支部：许邦和担任支部书记，乔贤魁担任组织干事。法南区委交给交通大学党支部的首要任务是发展党员和壮大组织，并要求在校内通过"社会科学研究会"和"读书合作社"发展党员。随后，许邦和多次邀请进步人士林伯修、邓初民等前来演讲，还在星期日组织大家到地下党员刘俊明家中学习。钱学森在参加讨论和学习过程中，"才第一次知道红军和解放区的存在"，同时对革命有了进一步了解。

钱学森通过参加讨论和学习掌握了初步的革命理论知识，因此经常在和同学聊天时谈起如何革命的话题。并且，钱学森还通过传播革命理论影响了两位同学。他的一位王姓舍友就因听了钱学森的谈话"而干起工人运动，数次被捕"，另一位则是被称为"红色院士"的罗沛霖。

罗沛霖1931年考入交通大学电机工程学院，是钱学森的学弟。新中国成立后当选为两院院士，是新中国信息产业的奠基人之一。他们聊天时经常谈起"社会革命"问题，钱学森曾对罗沛霖讲，"这个政治问题，不经过革命是不能解决的，我们虽然读书，但光靠读书救不了国"，并且强调："不靠政治（革命）而只靠读书是不能改变的。"罗沛霖说："这话对我有很大的启发，在很大程度上影响了我以后的生活。"正因如此，罗沛霖毕业后奔赴延安，决心走革命道路。当时钱学森已赴美求学，仍时常与罗沛霖通信，还约定找机会一起去革命圣城莫斯科。

钱学森在交通大学读书时期，由于思想上受到共产主义启蒙，开始关心社会和政治问题。因为1933年许邦和不幸病逝以及乔贤魁离开学校，钱学森与组织失去联系，但参加"社会科学研究会"和"读书合作社"的活动使他有了参加党组织活动的实践经验。对此，他后来颇为准确地总结，对革命问题"初步从书本上搬到生活上来"。

正因如此，钱学森留美读博时还积极参加加州理工学院马列主义学习小组。他通过学习小组组织的读书活动，学习了恩格斯《反杜林论》等著述，还在学习小组上多次听过美国共产党书记布劳德的现场演讲。但这个学习小组比较分散，不像"一支想从事革命的队伍"，并且"白色压力大，常常开不成会，就无形解散了"，钱学森便与学习小组脱离了关系。但这段经历还是对钱学森产生了深远的影响，尤其是他对美国政治生态有所关心、有所思考，"对资本主义国家的实际有深刻印象"。客观而言，这些经历奠定了他回国后成为坚定马克思主义者的思想基础。

第二十七章

珍藏国画《西湖一角》

钱学森晚年在卧室里挂着两件经过装裱的物品,一件是前文提及的父亲钱均夫肖像照,另一件是一幅名为《西湖一角》的国画。这幅国画描绘的内容是钱学森故乡杭州西湖的部分景色。创作者1941年初春画好后便寄给远在美国的钱学森,钱学森收到后将其挂在房间里,回国时又将其带回,视为一生的珍藏。创作者在国画上的赠语"他日归来",成为钱学森整个海外求知岁月的初心理想。这幅国画对钱学森而言具有特殊意义!

《西湖一角》的创作者

通过款识可知,国画创作者是姜丹书(字敬庐,号赤石道人)。他1885年生于江苏溧阳,1907年毕业于南京两江优级师范学堂图画手工科,曾游历日本和朝鲜。1911年执教于浙江两级师范学堂,担任图画手工课老师,同时还在浙江省立女子师范学校、浙江省立第一中学等学校讲授艺术课程。1924年又被上海美术专科学校聘任,讲授美术基础课程,同时还兼任杭州国立艺术专科学校教职。所以,他每周三天在上海,三天在杭州,两地奔波。

姜丹书在浙江两级师范学堂任教时,结识了同在此校执教的钱均夫。此外，钱家曾一度住在杭州凤起桥河下28号，和住在29号的姜家比邻而居。姜丹书之子姜书凯曾回忆说：

> 钱伯母人略胖，知书达理，是个大家闺秀。那个时候我家中园子里有各种树木和花卉，还有一片茂盛的竹林，每年春天出笋季节，钱伯母会应邀从院内小门进入我家竹园来一起挖笋尝鲜。她为人非常和蔼，当时我最小的姐姐乔春才六七岁，是我五个姐姐中长得最漂亮的，又聪明伶俐，钱伯母很欢喜她，认她为干女儿。可惜钱伯母于1934年患伤寒逝世。

钱均夫北上教育部担任视学后，仍与姜丹书保持书信联系。1917年钱均夫还曾利用"私人关系"，帮助姜丹书的著作《美术史》通过教育部审定出版，因而成为当时五年制师范学校的指定教材。这本教材不仅包括建筑、雕刻、治印、书法和工艺美术等内容，还涉及西洋美术史、印度与东方诸国美术等内容，是我国近现代美术史研究的开山之作。此后，姜丹书又先后编写《美术史参考书》《艺术论文集》《透视学》《艺术解剖学三十八讲》等著述。

1929年钱学森考入交通大学后，每年暑假都会回杭州居住，其中还因患伤寒在杭州休养一年。其间，钱学森经常到姜丹书家中，且有一次找到姜丹书告知其正在研究无线电技术，需要在两家三楼之间拉一根天线，姜丹书听后欣然同意。1931年姜丹书还曾赠给钱均夫一幅《西溪图》，并在画上题词："西溪打桨觅诗材，诗未成吟画已催。芦花万亩柿千树，疑是雪中送炭来。"钱均夫六十岁生日时，姜丹书还特意创作一幅祝寿画。由此可见，钱家和姜家的关系非常和睦融洽。

1937年钱均夫在日本占领杭州后寓居上海，姜丹书也搬到上海避居，两人经常见面。姜丹书非常关心晚辈钱学森，每次都会询问钱学森在美国的留学和生活情况，1949年新中国成立之后，姜丹书调入无锡华东艺术专科学校任教。1955年钱学森回国后不久，钱均夫就写信告诉姜丹书钱学森已顺利归国，请勿惦念。此后，钱均夫随儿子钱学森从上海迁居北京，但钱家和姜家之间一直书信不断。1962年6月8日，姜丹书因病在杭州逝世，钱均夫还按照习俗寄去十元奠仪。

他日归来:国画中的家国情怀

在近代美术史上,姜丹书率先开设了解剖、透视、摄影等美术课程,具有非常重要的地位。但他在后来相当长的时间里很少创作,而是将大部分时间用于教学,并且培养出不少大家,例如丰子恺、潘天寿、来楚生、郑午昌等。

1937年姜丹书避居上海后,反而有足够的时间用于创作。此幅《西湖一角》是姜丹书创作于1941年初,正是其画风娴熟之际,这幅画是钱均夫请姜丹书创作后寄给远在美国的钱学森。姜丹书答应钱均夫的请求后并未立即下笔,而是经过较长时间构思后,决定以"忆写"形式创作一幅以钱学森故乡西湖为内容的国画。姜丹书创作完这幅国画后并未立即寄出,又经过深思熟虑后题写了一段百余字的款识:

我学愚公术,移湖夺化工。画随番舶转,人在地球东。犹是当年貌,曾何不洁蒙?家山收尺幅,万里托帡幪。学森世阮游学美洲多年,必有眷怀故土之念。因作是图,付邮寄赠,以当卧游。余亦抛却西湖四五年矣,他日归来,湖山依旧。君车我笠,联袂重游,当以此图为息壤也。辛巳春,忆写于孤岛屋笼人鸟居之嚣嚣轩,敬庐姜丹书。

图6-1 国画《西湖一角》

图6-2　钱学森在1947年回国期间泛舟西湖

这段款识仅有百余字,却蕴含着极其丰富的情感。既是创作者借画抒情的表达,同时又寄托着对钱学森的殷切期盼。当时正值抗日战争胶着之际,姜丹书却只能在"孤岛屋笼人鸟居之嚣嚣轩"想象西湖创作,颇有一种无奈之感。钱学森1947年暑期回国探亲期间,和姜丹书履行了"联袂重游西湖"的约定。钱学森和蒋英结婚时,还特地邀请姜丹书来参加婚礼。

可以想见,远在美国的钱学森和蜗居在"孤岛"的姜丹书有同样的情感:故乡西湖正在被日寇占领和蹂躏,内心充满悲痛和思念。所以这幅《西湖一角》对赴美求学已有六年的钱学森来说,无疑能解"眷怀故土之念",以"卧游"西湖。但更重要的是,这幅国画还寄托着姜丹书对钱学森的殷切期望:"他日归来,湖山依旧。"可以说,"他日归来"正是钱学森海外求知岁月的初心理想。他无论是在国内读书期间,还是在海外求学、工作和科研，心中始终不忘科学报国的初心，恰如"湖山依旧"一般坚定不移。直到1955年钱学森历经坎坷终回祖国，终于实现科学报国的初心。

据钱学森哲嗣钱永刚说："父亲在晚年的时候，曾特意让我把这幅《西湖一角》给找出来，挂在他的卧室里，我父亲一般不会随意在他的卧室里摆放东西，所以这幅画对我父亲来说很重要。"这个举动足以说明《西湖一角》在钱学森心中的地位，因为这幅国画虽仅画出西湖的"一角"，却饱含着他对祖国的全部思念。这种家国情怀深深地烙在钱学森心里，成为钱学森爱国主义精神的集中体现。

第二十八章

婉拒教育部长的聘请

1947年暑期钱学森回国时,正值母校交通大学校长更换风波,且令其未曾想到的是,自己会牵涉其中。事实上,钱学森回国时曾有留下来服务祖国科学事业的打算,但是当他看到国内战争正酣、经济萧条、民不聊生时,还是婉拒了教育部长朱家骅的聘请,没有接任母校交通大学校长一职。有意思的是,教育部拟聘钱学森为交通大学校长的传言一出,当年上海春明书店刊印的《大学入学指南》中就特别标明:"交通大学 上海 钱学森",以此吸引学生报考。

交通大学校长更迭风波

据时媒报道称,朱家骅担任教育部长之后,交通大学校长更迭风波便随即产生,其原因是"朱吴并不属于一个系统",但由于随后发生的学潮,"深恐发生不良的后果",吴保丰直到暑期开始方才"辞职"照准。[1]当1947年暑期钱学森回国时,母校交通大学校长吴保丰已向教育部请辞获准,但校长人选一时难以确定,教育部便组织成立"校政整理委员会"作为过渡,由教育部次长

---

[1] 《钱学森将长交大》,《光报》1947年9月1日第1版。

杭立武任主任委员。7月27日，杭立武与上海市教育局长顾毓琇、公用局长赵曾珏以及交通大学有关人员举行会议，商讨整理交通大学问题。翌日，整理委员会在中央研究院举行会议，决定一个月内产生新校长。

随后，整理委员会、交通大学校友会等先后推荐蒋梦麟、凌鸿勋、茅以升作为校长人选，但三人均予婉辞。同时还有传说朱家骅将兼任交通大学校长，随后又传出上海工务局局长赵祖康将来接任，不久又有前校长唐文治将复任的传言，但始终未见官方证实。恰巧此时，回国探亲的钱学森进入教育部长朱家骅的视野。《申报》8月28日便以《交大校长人选，教部内定钱学森》为题报道称：

> 据可靠方面获悉：国立交通大学新校长人选，教部内定交大校友钱学森继任。钱氏原任美国麻省理工学院教授有年，新近由美返国，现留居北平，朱部长前在北平时，曾请北大校长胡适出面商于钱氏，钱氏以校务责任綦重，尚在谦辞中。

8月29日，朱家骅又通过叶企孙致电钱学森。叶企孙在8月29日的日记中写道："晚接骝先（笔者注：朱家骅）部长致钱学森电，请彼担任交大校长。"但当叶企孙将电文告诉钱学森并询问意见时，钱学森当即表示："目前国内局势战乱不止，各级政府又腐败无能，在这种形势下，我不能回来为国民党装点门面。"于是叶企孙就建议他："你要不愿意，那么就赶快走，晚了恐怕就走不成了。"

叶企孙是1934年钱学森考取清华大学留美公费生的招考老师，有师生之情。钱学森在北平时住在叶企孙家中，朱家骅通过叶企孙转达电报，意在由其说服钱学森。钱学森听从老师的建议，9月1日便飞回上海。是日，《申报》仍报道称："教部对其出任交大校长，期望颇殷，渠返沪后，将赴京（笔者注：指南京）一行。"但钱学森回沪后并未前往南京，也未接受任命。

颇有意思的是，除《申报》《大公报》等主流媒体跟踪报道之外，像《光报》这样的小报也以"刻据首都传来可靠消息"为关键词报道钱学森将接任交通大学校长的消息。[1]由于当时正值高中生报考大学之际，此言一出，上海春明书店便在刊印的《大学入学指南》中特别标明："交通大学　上海　钱学森"，以此吸引学生注意力，希望他们前来投考。

为何拒绝教育部长的聘请

钱学森为何拒绝母校校长一职呢？钱学森回上海后曾对父亲钱均夫说过归国效劳是其素志，但这种政府断不能存在于人世间。[2]尤其是当钱学森在北平看到钱伟长在清华大学无法安心做科研、施展才华时，自然不愿为国民党政府装点门面，并力邀钱伟长返回美国。钱学森已经意识到，造成钱伟长困境的深层次原因在于国民党的腐败统治。当时，一位署名"飞燕"的作者便以《交大校长钱学森掼纱帽》为题在1947年9月8日的《力报》上撰文称：

> 交通大学一场风波，吴保丰不得不走，各方逐鹿甚多，结果落在钱学森头上，钱学森为何许人？除教育界的人知其历史甚详外，其他人士，对之颇感陌生也。钱系中国理化专家，杭州人，幼时家庭不丰，勤奋向学，在校中有啃死书之名，在交大卒业后，渡洋求深造，得博士位，现任美国麻省理工学院正教授，国人获此荣誉，以钱为一人也，现闻钱因长期休假关系，于月后返国，居故都渡夏，接获接长教交大消息，彼表示不愿出任，大甩其纱帽。据交大学生方面传说，钱已连上数本，向教育部辞职，同时美国麻省理工学院已有催促电，请钱速返，故钱博士出任交大之希望，甚微鲜也。

鲜为人知的是，钱学森在北平拜访的友人中多半具有中共地下党员身份，如罗沛霖、胡懋源，且与他们有深入交谈。钱学森在和罗沛霖的聊天过程中提出"支持罗要到美国上学的想法"，还为他写了推荐信，从而使得罗沛霖顺利赴美留学。但钱学森尚不知罗沛霖的共产党员身份，以及共产党正在准备派遣罗沛霖赴美。当时中共党组织已经委派孙友余联系罗沛霖，指示他"想办法去美国留学"，"因为中国共产党看到解放战争胜利在即，而即

---

[1]　《钱学森将长交大》，《光报》1947年9月1日第1版。
[2]　《钱均夫致李元庆函（1955年8月12日）》，上海交通大学钱学森图书馆，档号：RW-钱均夫-70。

将开始的社会主义建设需要人才"。[1]

钱学森虽未接受母校校长之聘，但他回国期间居间联系，积极为母校从美国购置风洞奔走，对母校和国内航空科学的发展亦起到推动作用。1935年钱学森出国时二十四岁，意气风发，志存高远。1947年晋升为麻省理工学院教授时年仅三十六岁，可以出入美国国防和军事核心部门。可以说，钱学森此次回国给国内科学界带来极大的信心。当年《世界交通月刊》第3期的《交通人物——钱学森》一文中称：

钱君在短短十年中，已大有贡献于航空科学，蔚为国光。现仍在继续努力，孜孜研究，将来成为航空界之巨擘，可操左券。我国航空专业方在创设，将来钱君返国任职，对于国航前途上之贡献何可限量。

这篇报道正好解释了朱家骅为何要聘请钱学森担任交通大学校长。因为此时让一位"蔚为国光"的留美科学家担任校长，可以为国民政府增添一点亮色。正如钱学森所言："我在美国有地位，我完全以有特殊地位自居，我完全可以堕落到和蒋介石集团同流合污。"但钱学森不为所动，正如那位署名"飞燕"的作者用"掼纱帽"来刻画钱学森此时的心理状态，完全没有被"大学校长"这顶"纱帽"吸引住，而是准确地判断出国民政府的动机和目的，于是选择尽快回到美国。然而这篇报道却精准地预计到钱学森这位"航空界之巨擘"将来回国后，"对于国航前途上之贡献何可限量"。只是，这一等就是八年之久，且历经坎坷。

---

[1] 罗沛霖口述，王德禄整理：《罗沛霖：党派我去留学，我要对得起党》，《中共党史研究》2011年第1期。

第二十九章
"北方局"的秘密来信

近年来的档案披露与史实研究表明,中共中央早在新中国成立前夕就着手动员留学生归国参加社会主义建设。钱学森便是被特别邀请回国的科学家之一,当他收到"北方局"来信并预订机票准备回国时,却被美国以支持共产主义和携带涉密文件为由制造出所谓的"钱学森案件",且被滞留美国长达五年。

"北方局"来信之后

早在新中国成立前夕的1949年初夏,周恩来就指示"将动员在美国的中国知识分子特别是高科技专家回来建设新中国作为中心任务"。此后,中共中央又做出一系列决策以鼓励海外留学生归国,并成立"办理留学生回国事务委员会"作为专门负责机构。在此背景之下,钱学森收到一封由曹日昌代笔的"北方局"的秘密来信。

1949年5月14日,香港大学心理学教授、中国科协香港分会负责人曹日昌[1]按照上级指示,给远在美国的钱学森写了一封信。但曹日昌对钱学森不甚

---

[1] 曹日昌(1911—1969),著名心理学家,1936年毕业于清华大学心理学系,1948年获得英国剑桥大学博士学位,后在西南联合大学、香港大学任教。中华人民共和国成立后,历任中国科学院心理研究所副所长、研究员。著有《新心理学方法的建立》《间隔学习与集中学习的研究》《关于心理学的基本观点》等。

了解，于是翌日又给在美国芝加哥大学的葛庭燧写了一封信，希望多多鼓励那些"在政治上纯洁，有'一技之长'的人"回国，随后笔锋一转，希望他将此信转交钱学森。他说：

> 另有一事相托。钱学森先生，想你认识，否则请打听一下。北方局希望回来，要我约他，我不知道他的通讯处，附函请代转交，并请对他多鼓励一番，他能回国最好！拜托，拜托。[1]

曹日昌在信中连用两个"拜托"，可见重视程度。5月20日，葛庭燧将这封密信转寄钱学森，并附信称：

> 以吾兄在学术上造诣之深及在国际上的声誉，如肯毅然回国，则将影响一切中国留美人士，造成早日返国致力建设之风气，其造福新中国者诚无限量。弟虽不敏，甚愿追随吾兄之后，返国服务。弟深感个人之造诣及学术地位较之整个民族国家之争生存运动，实属无限渺小，思及吾人久滞国外，对于国内伟大的生存斗争犹如隔岸观火，辄觉凄然而自惭！[2]

葛庭燧寄出密信前还特意誊抄一遍，于是便有了这封珍贵的密信"底稿"。这封信的内容是：

学森先生：

听好几位留美的同学提到您，可惜我们没有见过面。

近来国内的情形想您在美也知道得很清楚：全国解放在即，东北华北早已安定下来了，正在积极恢复建立各种工业，航空工业也在着手。北方工业主管人久仰您的大名，只因通讯不便，不能写信问候，特命我代为致意。如果您在美国的工作能够离开，很希望您能很快地回到国内来，在东北或华北领导航空工业的建立。尊意如何，盼赐一函。一切旅程交通问题，我都可以

---

[1] 刘深：《葛庭燧传》，科学出版社，2010年，第108页。
[2] 刘深：《葛庭燧传》，科学出版社，2010年，第109页。

尽力襄助解决。

最后，我作一个自我介绍，我是学心理学的，现在香港大学任教。因为香港接近国外，国外朋友回国多数经过香港，我就顺便招呼一下。

余另叙，候示，即祝

研安

弟曹日昌上
五.十四

此信对促使钱学森做出回国决定起到重要推动作用，直到1993年他还在葛庭燧八十寿辰的贺信中说："我永远也不能忘记是你引导我回到祖国的怀抱。"其实，钱学森收到密信前夕，已从周培源写给林家翘的信中得知北京西郊解放的消息，国民党军溃败已成定局。但钱学森稍早前已经接受加州理工学院的聘请，并签署聘用合同，他和蒋英协商后决定先去加州理工学院任职，再借机寻找回国的恰当理由。为准备随时回国，钱学森开始陆续辞去陆军航空兵科学咨询团、海军炮火研究所、海军军械实验室等机构的兼任职务。

正因如此，钱学森回到加州理工学院任职之后，于1949年7月18日前往位于帕萨迪纳奥克诺尔社区的洛杉矶安全第一国民银行奥克诺尔支行办理了

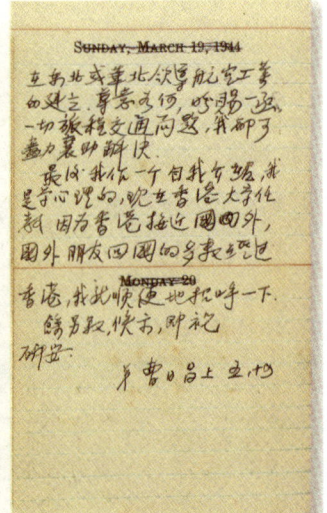

图6-3　1949年5月14日曹日昌写给钱学森的信（葛庭燧誊抄的底稿）

一本活期存折。众所周知,活期存折的特点是方便存取,可以随时存款和取款。这充分说明钱学森已经做好随时回国的准备。

FBI和CIA的联合调查

1945年第二次世界大战结束后,美苏同盟关系迅速瓦解,尤其是美国对共产主义的忌惮和苏联核武器的成功研制,最终使得国际关系陷入资本主义与社会主义两大阵营对峙的"冷战"局面。美国在"冷战"开始之际便打响"反共运动战",总统杜鲁门还于1947年3月21日颁布"忠诚调查"法令,以调查是否同情共产主义为名,实则清算国内共产主义及其相关组织。紧随其后,美国联邦调查局(FBI)、美国中央情报局(CIA)以及非美活动调查委员会等机构纷纷"出击",以藐视国会、拒绝表达政治信仰、同情共产主义或参加共产主义组织等为由制造出大批案件,涉案者或入狱,或缴纳保释金,例如"反法西斯流亡者联合委员会案""好莱坞十人事件""艾斯勒案""约瑟夫案""马查尼案""摩福德案"等。

在美国发动的这场"反共运动战"中,高潮是1947年美国共产党总书记丹尼斯以"藐视国会"为由被判入狱一年,且缴纳1000美元罚金。同时,1948年美国还发起一场正面"歼灭战",以违反1940年外侨登记法(即《史密斯法》)为由对美国共产党全国政治局委员12人实施逮捕。正是在如此时代背景之下,又由于中国共产党与国民党争夺政权战争的结果越来越明朗,中美在第二次世界大战期间形成的同盟关系趋于瓦解。当中美同盟关系逐渐变为敌对关系时,钱学森的中国科学家的身份自然很容易引起关注,尤其他是否具有共产主义倾向成为焦点。

FBI曾专门到钱学森任职的麻省理工学院和加州理工学院,以及钱学森所在的美国科学促进会和西格玛赛学会进行调查。调查结果显示钱学森曾订阅过支持共产主义的报纸,但并未发现他有共产主义倾向。然而当以维护美国国家安全利益为名的"麦卡锡主义"泛滥后,反共和排外运动猖獗,且"忠诚调查运动"再起,凡在军队、政府、高校以及科研机构中任职者都要经过此番调查,连爱因斯坦都未能幸免。

所谓"钱学森案件"就是发生在如此复杂的历史背景之下,案件起因是

FBI发现了一条有"价值"的线索。1949年FBI证实加州理工学院JPL俄裔研究员魏因鲍姆（Sidney Weinbaum）的共产党员身份，恰巧推荐他到JPL任职的正是钱学森。且在随后的调查中，有目击者声称钱学森曾经参加过魏因鲍姆主持的共产主义小组讨论会，还发表支持共产主义的言论。FBI如获至宝，以此为线索于1949年5月至8月密集调查，调查结果显示钱学森与魏因鲍姆属于朋友关系，未能发现钱学森有明显的政治倾向。

FBI调查之际，专门从事搜集外国情报的CIA介入其中。两个机构各显神通，形成联合调查之势。1949年8月8日，CIA驻洛杉矶分局分别致函加州帕萨迪纳警察局和麻省坎布里奇警察局了解情况。结果令其失望，两个警察局分别于8月12日和15日复函表示未查到任何记录。但是当8月18日CIA前往FBI洛杉矶分局再次审查文件时，确信一份共产党员名单上的"约翰·M. 戴克"正是钱学森无疑。这个发现使得FBI和CIA坚信钱学森是一名美国共产党员，并且同情和支持共产主义。

随后，FBI和CIA逐渐扩大调查范围，钱学森的整个朋友圈都成为调查对象，他们希望通过"外围"渠道寻找更多确凿证据。例如9月27日CIA人员专程前往康奈尔大学航空工程系，询问钱学森在加州理工学院的师兄西尔斯教授（William Rees Sears）；又如10月3日FBI专程前往麻省理工学院询问钱学森的两位同事奥伯教授（Sartre Stuart Ober）和马卡姆教授（John Makam）。[1]

事实上，FBI和CIA搜集的"外围"证据并不充分，因为西尔斯、奥伯和马卡姆三人的证词有利于钱学森。真正改变案件发展态势的并非FBI和CIA的联合调查，而是美国军方的介入。这是因为即便是FBI和CIA调查期间，钱学森仍拥有主持和参加涉密科研项目的许可证，但美国军方的介入彻底改变了局面。

"魏因鲍姆案件"发生后，钱学森意识到必须尽快离开美国，"遂决定向学校以探亲为名，实是回国，一去再不返"。但他并不知道FBI和CIA两大调查机构已在暗中调查他，尤其随着"麦卡锡主义"泛滥以及朝鲜战争发生后，美国军方开始介入其中，他们认为仍旧保持钱学森涉密资格许可证不符合美国利益。

---

[1] 张现民、吕成冬：《1950年钱学森回国行李被扣始末》，《西安交通大学学报（社会科学版）》2015年第6期。

1950年5月18日，美国陆海空三军人事安全局召开会议，专门讨论钱学森涉密许可证事宜。会议经过讨论达成一致意见，认为此时要求钱学森从加州理工学院古根海姆喷气推进中心辞职的理由并不充分，但保留他的涉密资格许可证显然对美国有百害而无一利。即便会议上未提供足够证据，但仍有两点被认可：

第一，钱学森曾经是司法部所认定的具有颠覆性质的共产主义组织的成员；
第二，钱学森与共产党成员有比较亲密的关系并对他们持同情态度。

这次会议最终达成一致意见，决定由美国陆海空三军人事安全局致函加州理工学院，要求禁止钱学森参加任何级别涉密的科研项目。美国军方又为何会专门召开会议讨论是否取消钱学森的涉密资格许可证呢？原因非常简单，钱学森担任加州理工学院古根海姆喷气推进中心主任，科研项目主要来自美国军方。若被取消涉密资格许可证，就意味着钱学森将无法参加涉密项目，中心主任不啻名存实亡。毫无疑问，这正中钱学森的要害。

6月6日美国陆军第六军总部根据会议要求致函加州理工学院，通知取消钱学森的涉密资格，同时指出钱学森可以根据工业雇佣审查委员会的规定提出申诉。钱学森于6月16日收到信件后，便于当天向加州理工学院机械工程学科主席林德瓦尔教授（Fred Lindvall）提出辞职意向，并强调说："我觉得在美国已经不受欢迎，现在唯一能做的就是辞职回到中国。"当钱学森提出辞职意向后，翌日就有匿名者向FBI报告钱学森准备回国。FBI随后便打电话给钱学森核实详情。钱学森说：

我从加州理工学院辞职是非正式的，只是向机械工程学科主席弗雷德·林德瓦尔博士表达准备辞职想法，因为那是我唯一能做的事情。至今尚未从他那里获得任何信息，尚不知辞职是否被接受。但若获准辞职，便会立刻回到中国。

FBI在电话中希望能与钱学森面谈，钱学森答复称可以，并将面谈时间约在6月19日。FBI人员如约来到加州理工学院，钱学森在办公室告诉FBI，他在过去十余年为美国科学技术的发展做出过贡献，但如今作为受欢迎者的身份荡然无存，只能告诉弗雷德·林德瓦尔，唯一能做的就是辞职回国，且一旦辞职获准便会返回中国。翌日，钱学森正式向加州理工学院教工委员会主席华森教授（Ernest C. Watson）提出辞职请求。

不久之后，钱学森又于7月29日致函美国国务院明确表达回国意愿，同时打听可以协助其回国的美国国际贸易服务协会，并且预订了8月28日加拿大太平洋航空公司飞往香港的航班。为做好回国准备，8月18日和19日钱学森连续两天带着白金斯运输公司的工作人员到家中和办公室打包行李。

然而，事情并非如钱学森计划的那么简单。由于白金斯运输公司经理的告密，发生了令钱学森意想不到的变化，整个事态急转直下。这次告密事件的发生看似偶然，但在美国发动"反共运动战"和"麦卡锡主义"大肆横行的背景下，却有其必然性。同时至此，美国开始掌握主动权，钱学森逐渐陷入被动局面。

"钱学森案件"的发生过程

如果没有白金斯运输公司经理的告密，钱学森和家人应该会如期登上8月28日飞往香港的航班。但是当8月19日运输公司一名员工在仓库整理钱学森行李时，发现一些技术文件上标有"秘密""机密"和"内部"字样后，便向公司经理做了汇报。公司经理很警惕，立刻打电话将情况告知洛杉矶海关。洛杉矶海关立即指示停止打包工作并要求对外保密，同时向海军、空军、国务院以及原子能委员会等报告情况，并邀请他们派代表于8月21日审查钱学森的行李。

8月21日上午，洛杉矶海关、海军、空军和国务院委派代表，组成代表团前往仓库。FBI得知后主动要求派代表加入，以便及时掌握信息。由于钱学森的中国科学家身份，整个调查行动便由美国司法部移民归化局牵头负责，协调调查工作。代表团抽箱检查后发现部分论文、笔记、信件上标有密级，主要涉及原子能、火箭、导弹、喷气推进等。但代表团谨慎地认为，先暂扣行李以便由专业技术专家全面审查这些资料，其中密级文件应由发文机构评判。

8月21日下午至22日下午，洛杉矶海关向原子能委员会、国务院军械部、财政部海关署、商务部工商执法办公室等机构通报初步审查结果。这些部门随后陆续反馈意见，例如国务院军械部建议拘捕钱学森，财政部海关署建议从军事角度审查资料。最后，洛杉矶海关还是决定向司法部汇报以听取意见。

8月23日上午，洛杉矶海关前往司法部向总检察长汇报。总检察长明确表示应查扣资料并在可能条件下启动诉讼程序。不仅如此，总检察长表示将会要求FBI密切监视钱学森，以防止其离开美国。正是这次会见，洛杉矶海关决定向洛杉矶地方法院申请行李扣押令。是日下午，洛杉矶海关便前往仓库登记钱学森回国行李。

8月21日至23日钱学森正在华盛顿，向海军部长金波尔申明近来遭遇并表示准备回国。8月23日钱学森和金波尔见面后于下午返回洛杉矶，但当他深夜抵达洛杉矶机场时，移民归化局总稽查朱尔早在机场等候，随即向钱学森宣布由司法部移民归化局法官兰敦签署的不准离开美国的命令。钱学森回国的可能性至此不复存在，8月24日，钱学森无奈之下致电加拿大太平洋航空公司，取消原定于8月28日前往香港的机票。

8月24日洛杉矶地方法院正式签署命令，扣押钱学森行李，然而钱学森此时尚不知道自己的行李已经被扣。8月25日《洛杉矶时报》以《机密资料被查扣》为题进行报道，称：

船上装有八大箱子秘密和绝密科学资料，是加州理工学院钱学森教授试图运送到中国去的。昨天，政府人员对其进行指控。美国政府宣布，他们查获有密码的书籍、照片、草图、复印的底片、记录以及大批有关火箭研究的技术资料。

事实上，《洛杉矶时报》并未真正掌握案件内情，仅依靠"小道消息"便以"机密资料被查扣"为题进行报道。正是这篇新闻报道使得"钱学森案件"公开化，演变为一件公共事件。甚至钱学森本人也是看到这篇报道后，才知道行李已经被美国海关查扣。

8月26日，蒋英打电话给白金斯公司经理，以女儿刚刚出生需要使用洗衣机为由，试探能否将行李要回，但所有努力都是徒劳的。针对行李被查扣的

图6-4 钱学森被查扣的行李

突发情况,钱学森决定有必要对外公开说明。8月26日,钱学森在洛杉矶《检视者》报上发表声明反驳。声明称:

> 我计划全家返回中国,以后再回来。我的父亲在中国,还有家庭问题需要我返回。我已经安排好运输公司负责我的所有行李的打包工作。星期三晚上,我收到移民局的命令:我不能离开美国。在此之前,我的行李全部打包完毕并准备启运。在我将我的个人文件打包前,我仔细检查了这些文件,将所有涉密资料拿出来并将其存放在我办公室的柜子里,钥匙交给米利肯先生。据我所知,在我携带的这些资料中没有什么内部、绝密和秘密文件。

那么,美国洛杉矶地方法院的扣押令和钱学森的声明,究竟谁的可靠呢?事实上,钱学森行李中确实有标有密级的技术文件资料,但此后的调查显示这些文件已经解密。

该来的总归会来，躲是躲不掉的。1950年9月6日是钱学森人生的至暗时刻。是日下午4点，美国司法部移民归化局官员带着逮捕令，迅速敲开钱学森的家门。钱学森开门的瞬间，移民归化局官员便以违反移民法为由将钱学森带走。随后，钱学森被关押在洛杉矶以南特米诺岛的一座监狱。此时，家中只留下蒋英以及两个年幼的孩子，女儿钱永真还是三个月大的婴儿。

这就是1950年发生在美国且轰动一时的"钱学森案件"。最终，钱学森在9月23日以15000美元购买债券的方式获得保释，这笔保释金还是一位美国朋友为其支付的。比较而言，美国共产党总书记丹尼斯被判刑一年缴纳罚金1000美元，可想而知，15000美元保释金意味着什么。十五天的监狱生活使钱学森的体重骤减三十磅，甚至产生幻听现象。当蒋英去看望钱学森时，他已经不能说话，只能点头示意。

钱学森被拘留后很快成为新闻焦点，《洛杉矶时报》《华盛顿邮报》等报纸的持续报道，使之成为"大事件"。1955年与钱学森同船回国的何国柱回忆说：

钱学森被扣留以后，美国国务院召集了10个大学的校长开会，问他们如何对待那些被扣下来的中国科学家，采取什么政策。因为像钱学森这样的都想回去。一般情况下，中国留学生毕业后都要回国，美国不允许他们留在美国工作。美国总统想知道，是只扣留钱学森，不让他回国，还是把其他人一起扣下来。这10个大学的校长说，绝对不能让这些人回去，尤其是学理工的。[1]

1950年美国国会专门通过"中国地区援助法案"（China Area Aid Act of 1950），允许政府拨款600万美元，用于对留学生、学者的救济工作。这一法案后来总计花费800万美元左右，资助4000名留学生，达到了截留中国留学生归国的目的。但这种方法只是暂时的，新中国成立后的"海归潮"从未中断。

---

[1] 王德禄、刘志光：《1950年代归国留美科学家的归程及命运》，《科学文化评论》2012年第1期。

第三十章

揭开层层迷雾

自"钱学森案件"发生之后,真相就笼罩在层层"迷雾"之下。从表面上看,案件的发生和发展是钱学森与美国双方对峙的过程,但其实是钱学森与美国军方、美国司法部移民归化局和美国国务院等部门之间的紧张博弈。钱学森最终处于"驱而不逐"状态,正是博弈各方根据切身利益而综合考量后采取的对策。但令钱学森未曾想到的是,博弈背后还有一股力量,那就是来自祖国的密切关注以及中国政府做好了随时出手解救钱学森回国的准备。

美国各方的利益考量

需要特别指出的是,"钱学森案件"的发生和发展过程并非钱学森与美国双方的"对峙",美国相关机构对待钱学森的态度是不同的。"钱学森案件"涉及的美国相关部门主要包括:情报系统(FBI和CIA)、军方(空军、海军、陆军和国防部)、海关、司法部移民归化局以及国务院等。

在"钱学森案件"的发生过程中,美国两大情报系统FBI和CIA是重要的参与者。众所周知,前者主要"对内",后者主要"对外",双方都以维护美国国家安全利益为宗旨,彼此分工又配合,在世界各地建立起庞大的情报体系,无孔不入。在某种程度上,FBI和CIA是"钱学森案件"的联合制造者。尤其是从"魏因鲍姆案件"至"钱学森案件"的近一年时间里,FBI和CIA依靠各自情报来源从"内线"和"外围"两方面全面调查钱学森,期望找到任何有价值的线索。钱学森此后被困五年之久的监视工作便由FBI负责,他曾说:"特务看守着我,查我们的信,听我们的电话,盘问来看我们的友人。"这里的"特务"便是FBI。

CIA积极参与"钱学森案件",是因为钱学森的中国科学家身份,涉及外部事务。更重要的是,当时CIA新任局长是原美国驻苏联大使沃尔特·比德尔·史密斯(Walter Bedell Smith),他任驻苏联大使期间通过建立的情报网已经得知苏联在导弹和原子弹等尖端武器研制方面的动态,所以对这位希望返回苏联的盟友中国的火箭技术专家钱学森特别在意。

美国军方(空军、海军和陆军)在案件发生过程中,聚焦关注两大核心问题:第一,钱学森拥有涉密资格许可证对美国利益是否会产生负面作用;第二,钱学森的行李中是否携带密级文件。对于第一个问题,1950年5月18日陆海空三军人事安全局会议已经达成共同意见,即必须立即吊销钱学森涉密资格许可证。对于第二个问题,同样也是美国海关总署和司法部移民归化局关心的问题,查核这个问题的唯一办法就是对行李中的文献进行技术鉴定。

涉密文献的技术鉴定

钱学森回国行李中携带的涉密文献的技术鉴定工作,由美国海关总署牵头负责,并组织海军、空军以及陆军等科研机构的技术专家进行鉴定。整个鉴定过程分为三步:第一步,由海关总署委托美国赖特·帕特森空军基地派人于9月5日至8日将文献拍成缩微胶卷。第二步,按照文献是否涉密进行分类,并将涉密文献进行编目。第三步,由海关总署邀请空军、陆军和海军等科研机构的技术专家,根据《总统二七七六号法令》中禁止出境装备及其设计图纸目录清单,鉴定涉密文件的具体内容。FBI从旁协助,利用情报系统调查涉密文献来源途径,从"上游"寻找线索。

由于大部分涉密文献为航空航天科学方面的资料,鉴定工作主要由美国空军承担。赖特·帕特森空军基地情报部对涉密文献再次分类后,分三批鉴定。随后,分别于9月27日、10月17日和10月30日反馈三个批次的鉴定结果。报告结果显示：鉴定资料均属内部资料，其中关涉空军的文件属于非涉密性质。但有一点可以肯定，即这些资料并无《总统二七七六号法令》禁令清单中列入者。也就是说，钱学森携带所谓"涉密文献"回国的行为并未违反法律。[1]

11月20日，美国陆军和海军的技术鉴定结果同时出炉。美国陆军洛杉矶军械部的鉴定结果显示，标明涉密的文献由其他机构发出，不在陆军管辖范围，而未标密级的文献和出版物可以通过购买获得。美国海军航空局给出的鉴定结果，与陆军洛杉矶军械部的结果大同小异。美国陆军和海军的技术鉴定结果模棱两可，其实是采取不置可否的态度。[2]

就在美国军方对涉密文献的内容开展技术鉴定期间，美国海关总署和FBI还从"源头"入手，调查钱学森获取这些涉密文献的途径。这些涉密文献的发文机构包括美国原子能委员会、美国空军情报局、美国航空咨询委员会、美国海军军械局技术联络办公室（南加州区）、美国陆军洛杉矶军械部、美国空军装备司令部洛杉矶采购办公室、加州理工学院喷气推进实验室等机构均参与鉴定，但鉴定结果均显示这些涉密文献已经解密，并不会对美国构成威胁。且可以肯定这些解密文献可能被他国利用，但并无《总统二七七六号法令》禁令清单中所列者。

FBI不放弃任何机会，于9月22日到加州理工学院搜查钱学森办公室，寻找蛛丝马迹。当FBI进入办公室后发现有两个上锁的保险柜，立即命令克拉克·米利肯打开保险柜，发现存放许多密级文件。随后，FBI要求海关将行李中的文献与保险柜的文献比对，他们发现行李非涉密文献中有一份关于喷气推进的笔记与保险柜中的印刷品高度相似，但米利肯明确解释说："钱学森编辑这份文件做了大量工作，对其最终完成做出很大贡献，因此觉得作为作者之一有权利保留，大多数教授都认为有权利保留他们作为合作者从事科研活动所形成的材料。"[3]

不仅如此，FBI还要求米利肯提供钱学森参加的所有项目以及项目负责单位、负责教授的名单，以便全面核实有无向钱学森发放涉密文件的可能，但

---

[1] 吕成冬、张现民：《从"涉密调查"到"驱而不逐"——以美国档案重建钱学森案件中的两个核心细节与过程（1950—1953）》，《冷战国际史研究》2016年第21辑。
[2] 同上。
[3] 同上。

调查结果都令FBI失望。而且，FBI在加州理工学院类似涉密项目管理办公室的记录中，也未能查找到钱学森曾经复制任何涉密资料的记录。

实际上，钱学森回国打包行李前，对哪些文件能够带回国、哪些文件属于学术成果、哪些文件属于涉密性质，已经做了分类判断。尤其是当加州理工学院执行吊销钱学森的涉密资格许可证的命令时，钱学森就主动退还了涉密文献，暂时无法退还的便存放在办公室保险柜，并将钥匙交由米利肯保管。这就是美国军方经过反复技术鉴定后仍"一无所获"的原因，同时从侧面说明钱学森为能够顺利回国做了大量准备工作，他已经预料到回国过程中可能出现的"障碍"并做了提前安排。

"敌人怎会轻易放过"

不难发现，"钱学森案件"焦点从最初的政治态度入手查找是否支持共产主义，到后来的以携带涉密文献为由搜集有无违反《总统二七七六号法令》的线索。但FBI、CIA和美国海关总署的所有努力都是徒劳的，未能搜集到钱学森的任何违法行为。因此11月24日海关总署致函美国司法部报告最终调查结果时，对钱学森是否违法仍未作定论，只在最后指出："如果打算刑事检控，我们将提交通常需要的案例报告。"至此，具有法律裁量权的美国司法部开始参与"钱学森案件"。那么，美国司法部究竟会如何判决呢？

事实上，美国司法部接手的是一件颇为棘手的案件。因此当1951年1月4日美国司法部驻洛杉矶办公室检察长多林致函海关代表格雷泽时就谨慎地指出，无论是以参与共产主义颠覆性活动为由起诉钱学森违反《间谍法》，还是以涉嫌携带涉密文献为由起诉钱学森违反《出口控制法》，都没有足够充分的理由。据此，钱学森按照美国法律应当获得人身自由。但多林在信中补充强调指出，海关在司法部移民归化局未决定是否启动驱逐出境程序前，应维持行李扣留状态。海关随后根据多林的意见，将"涉密文件"扣留在洛杉矶海关仓库，等待继续审查。

这种权宜之计是美国司法部的惯用手法，以扣留行李继续审查为由延长调查期限，将案件拖入"持久战"。美国司法部接受案件后，决定再次从"钱学森支持共产主义"入手寻找突破口。至此，钱学森与美国之间的博弈就演变为钱学森与美国司法部之间的较量,并且从1950年11月至1951年4月的半年时间里由司法部召开了四次听证会。

控辩双方在听证会上针锋相对,主要围绕钱学森1938年至1939年有无参加共产党组织及其组织的会议和活动。不容忽视的是,钱学森在听证会以及整个案件过程中未陷入被动局面的一个重要原因,是他的律师库伯全程参与案件并提供相当专业的法律建议和辩护策略。但毫无疑问,长达半年的听证会无疑是身体和心理上的双重煎熬。然而钱学森在案件发生后就得到了道义上的支持,冯·卡门、加州理工学院校长杜布里奇、美国古根海姆基金会主席哈里·古根海姆等都给予其积极帮助。例如杜布里奇10月18日以私人名义致函《洛杉矶时报》发行人诺曼·钱德勒,希望《洛杉矶时报》能够通过新闻报道使社会舆论倾向于钱学森。

其实,美国司法部虽然按照法定程序组织四次听证会,控辩双方充分表

图6-5 钱学森参加听证会

述各自意见,但谁胜谁负早在听证会召开前就已注定。也就是说,是否存在证实钱学森为美国共产党员的证据链已经不重要了。正如钱学森自己预料的那样,"敌人怎会轻易放过"。1951年4月26日,美国司法部最终裁决钱学森曾在1938年加入美国共产党,并做出将钱学森驱逐出境的法律裁定。

至此,"钱学森案件"暂时告一段落。5月3日钱学森收到判决书时平静如常,因为驱逐出境就意味着能够离开美国。可想而知,钱学森从1950年5月18日吊销涉密资格许可证到1951年4月26日案件宣判的近一年时间里,承受着怎样的巨大压力。就在"钱学森案件"政治化和复杂化期间,1950年6月26日女儿的出生给他带来了及时的慰藉和无限的希望,钱学森和蒋英为女儿取名钱永真,寓意真诚地希望一家人能早日归国、追求真理。

当钱学森收到判决书后,辩护律师库伯于5月23日向美国司法部提交申诉书,直到1952年2月8日美国司法部才给出维持原判的答复,但同时又强调指出驱逐出境令的执行仍需明确指令。此后,库伯提出多次申诉均无果。最终,"驱而不逐"成为钱学森案件各方博弈的结果。直到1952年12月2日,《纽约时报》记者还向洛杉矶移民局打探有否收到执行驱逐钱学森出境的命令。这就再次使案件陷入迷雾之中。然而1953年3月6日《纽约时报》的一篇题为《驱逐对美国不利》的报道,寻找到了制造"驱而不逐"这层迷雾的根源:"加州理工学院火箭专家钱学森的离开会损害美国的核心利益。"

中国政府做好随时出手准备

近年来解密档案显示,中国政府自从"钱学森案件"发生后,便持续密切关注案件的发展动态,并且做好了随时出手解救钱学森回国的准备。

1950年中国外交部得知钱学森欲归国被美国扣押,立即采取相关措施。一方面,通过收集《纽约时报》以及法新社等媒体新闻报道,密切关注案件进展。另一方面,于1950年10月5日派人到刚从美国回来在中国科学院工作的金荫昌处了解情况,据金荫昌称:

八月中决定回国时,其行李(书籍、笔记等物)有二千余磅,受到美国洛杉矶码头检查,因发现其书籍、笔记等印有"极密"(Top Secret)字样之文件遂不准出口，亦不准钱本人出境（但据加省理工学院院长事后宣布称，钱并未携带有系政府之极密文件，仅系其本人研究心得之记录及公开出卖之书籍）。[1]

外交部美澳司第一科科长凌青将了解到的情况呈报上级称，虽然钱学森被扣系因携带秘密文件，难由外交部发表声明申斥美政府之无理，但可先由群众团体机关发表宣言通电。因而从1950年钱学森被禁止回国之后，先后有中国科学工作者协会武汉市分会、中华全国自然科学专门学会、九三学社等团体发表通电申明，抗议美国的行为，要求释放钱学森回国。并且，中国科学院副院长陶孟和也向外交部建言："我政府可托印度驻美大使馆向华盛顿要求从速释放被捕人员。"另外一方面，1950年中国科学院在商讨成立研究机构时，便计划设立"工程科学研究工作筹备处"，"以招徕尚在国外的钱学森、林家翘等回国筹组"。[2]

及至1951年10月5日，当外交部美澳司从中国科学院办公厅主任曹日昌处得知美国可能将钱学森监送至台湾地区时，立即采取相应对策，提出两套方案：第一，如果钱学森被美帝驱逐，可能走到香港附近，电告在香港做统战工作的吴狄舟，届时予以照顾，争取钱学森回来；第二，如果钱学森不能自由行动，被美监视送往台湾地区，就电告英国著名进步科学家Crowther，在美国方面动员力量予以救援，使钱学森不致被美帝监送台湾地区。[3]

随后外交部立即采取第一套方案，电函新华社驻香港记者吴狄舟"请注意钱的行踪"，如钱学森经过香港，希望吴狄舟"设法护送至穗"。但是美国一直没有采取行动，未将钱学森驱逐、监送到台湾地区。外交部为了安全起见，又决定采取第二套方案，于1953年1月7日给驻捷克大使谭希林发去电报，简要说明钱学森一事的来龙去脉之后，称：

一九五二年十二月二十六日法新社台北消息称，美帝已决定驱逐钱学森出

---

[1] 《关于留美科学家钱学森回国的有关材料》，外交部档案馆，档号：111—00081—03（1）。
[2] 葛能全：《钱三强年谱》，科学出版社，2013年，第154页。
[3] 同[1]。

境，但尚未采取行动，其近况如何不详。请转告新华社同志通过英共方面请英国著名进步科学家Crowther等设法协助钱安全回国，结果如何，望复。[1]

1月18日，谭希林大使回电外交部称："钱学森情况陈天声和英共方面打听无下落，他们希望告知钱现在何处（大概有个线索即可）有助于他们继续查清，并协助其回国。"[2]遗憾的是，笔者未能在外交部档案馆查到外交部有否继续给谭希林大使发去指示电报。但这些档案足够表明：中国外交部在钱学森被困美国后一直密切关注案件动态，通过收集各种可靠信息以寻找营救钱学森回国的机会。只是，如此机会直到1955年中美大使级会谈之际才出现。

---

[1] 《关于留美科学家钱学森回国的有关材料》，外交部档案馆，档号：111—00081—03（1）。
[2] 同上。

第三十一章

苦等五年终回新中国

"无一日、一时、一刻不思归国参加伟大的建设高潮",是钱学森在美国最后五年的真实心态。这五年又是钱学森卧薪尝胆的时期,他将留美十五年的科研成果凝结成《工程控制论》,同时又创新出"物理力学",身怀绝技等待归国。如其所言:"这几年中惟以在可能范围内努力思考学问,以备他日归国之用。"当钱学森借助中美大使级会谈这一有利时机,以"求援信"形式直达中央高层,随后就有了中央派员迎接和护送钱学森归国的过程。

咖啡苦与甜的寓意

经过漫长的调查、审查和听证,钱学森最终以"驱而不逐"被迫生活在美国。而他从1953年3月起获得假释后的活动被严格限制在洛杉矶,直至1955年9月回国,期间必须每月向洛杉矶移民局报告行踪。可想而知,一位曾经拥有涉密资格且可以出入五角大楼的科学家,此时却须每月报告行踪,郁闷至极。钱学森每次报告返家途中,都会途经一家小店喝上一杯咖啡,以排解心中的郁闷。

1950年至1955年钱学森在美国的最后五年,隐忍以行。1950年钱学森被吊销涉密资格许可证时才三十九岁,正是科学研究峰值年龄。但他此时仍任加州理工学院的教授和博士生导师,依托科研站在更高的学术高度厚积薄发,通过总结工程实践经验转向理论研究,并于1954年出版《工程控制论》。与此同时,他准确判断出科学技术发展的新趋势,借助原子、分子和凝聚态物质等微观理论,开创出超越经典力学研究范畴的"物理力学",其编写的《物理力学讲义》成为这门新兴学科的开山之作。可以说,正是这两本学术著作使钱学森超越了其导师冯·卡门。钱学森晚年忆及此段经历时说:

> 我师从全世界闻名的工程力学和航空技术的权威——冯·卡门,他是一位使我永远不能忘记的恩师,他教我掌握了现代科学技术的观点和方法。到1955年夏天的时候,我被允许可以回国了,当我同蒋英带着幼儿园年纪的儿子、女儿去向我的老师告别时,手里拿着一本在美国刚出版的我写的《工程控制论》,还有一本我讲物理力学的讲义,我把这两本东西送到冯·卡门老师手里,他翻了翻很有感慨地跟我说,"你现在在学术上已经超过了我。"这个时

图6-6 钱学森被困美国五年之际保持乐观的生活态度

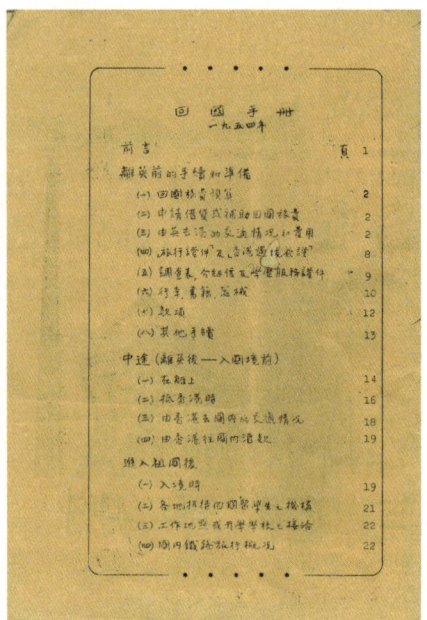

图6-7 这本钱学森收藏的《回国手册》,是1954年4月留英中国学生总会编印的。它详细地介绍了"离英前的手续和准备""中途(离英后—入国境前)"和"进入祖国后"的详细情况,是当时留英中国学生回国的指南。无法得知钱学森是如何得到这本小册子的,或许他曾试图计划借道英国回国

候他已74岁了。我一听他这句话,激动极了,心想,我20年奋斗的目标,现在终于实现了,我钱学森在学术上超过了这么一位世界闻名的大权威,为中国人争了气,我激动极了。这是我有生以来第一次这么激动。[1]

正是由于杰出的科学成就,钱学森在1953年获得了代表世界航空航天科学成就的"彭德雷航空航天著述奖",但他并未接受该奖项,导致奖杯至今仍保留在加州理工学院。事实上,钱学森开创的这两门学科与火箭、航天研究有着密切的关系。尤其是工程控制论,在钱学森回国后更是成为我国发展航天事业的技术指导思想。正是在这个思想的指导下,及钱学森的带领下,我国于1964年就能独立自主研制导弹,又于1966年实现以导弹为运载工具将原子弹运送至指定地点的目标。1966年10月27日,《纽约时报》以《有价值

---

[1] 钱学森:《在授奖仪式上的讲话》,《人民日报》1991年10月19日第3版。

的中国科学家钱学森》为题报道称：

> 这是"冷战"历史的一个讽刺，一个由美国培养、教育、鼓励、尊重，且支付酬金和信任十五年的人，帮助中国共产党用导弹把第一颗原子弹送上天空。

可以说，这篇报道高度概括了钱学森与其所处时代的复杂关系。不知道钱学森在中国独立自主完成导弹研制和两弹结合时，会不会想起被困美国五年期间经常去喝咖啡的那家小店。或许，那杯味道不错的咖啡正是钱学森被困美国五年生活的隐喻。咖啡虽苦涩，却有甘甜之味。然而还应客观地指出，钱学森之所以能够在1955年回国，与美国总统艾森豪威尔的误判有关。

美国总统的一次误判

1954年日内瓦会议期间，中、美开始商讨战俘与留学生归国问题。会谈虽没有达成任何一致性意见，却促使美国开始重新审核滞留在美国的中国留学生问题。美国国务卿杜勒斯因此要求美国司法部加速审理此前不准离境之123名中国留学生的出境事宜，以换取中共早日释放战俘。然而，当美国国防部经过审核后，仍认为"只有加州理工学院之钱学森因具导弹飞弹知识，故不太愿意准其离境"，同时还对外声称"钱氏本人似亦无意离开美国"。[1]

1954年9月3日，第一次台海危机爆发，再次使中、美两国刚刚恢复交流的关系出现危机。但是年底中国通过印度传话，暗示战俘问题与中国留学生返国问题可以相提并论。所以当1955年4月万隆会议期间，周恩来总理发表声明，中国政府愿意与美国谈判。作为回应，美国开始谋求恢复中美会谈，于是重新加紧审核中国留学生出境许可。1955年4月下旬，美国通过联合国秘书长哈马绍通知中国，除了两名学到国防高科技者外（笔者注：其中之一为钱学森），其他中国学人可以随时离开美国。[2]

---

[1] 张淑雅：《文攻武吓下的退缩：美国决定与中共举行大使级谈判的过程分析（1954—1955）》，《中央研究院近代史研究所集刊》1996年第25期。
[2] 同上。

1955年5月底，中国再次请印度驻联合国大使梅农传话，表示愿意先释放四名战俘并要求美国做出相应回复。迫于外界压力，艾森豪威尔总统于6月10日做出两名国防高科技学者"所学到的国防科技也许没有那么大不了"的基本判断后，命令国防部对他们再次审核，以便让他们自由离开。艾森豪威尔总统此番决定，是为了向中国表示诚意，以换取关押在中国的美军战俘。

然而美国国防部直到7月底，即大使级谈判开始前夕，"才勉强同意让最后一名习得飞弹技术的学者（笔者注：指钱学森）返回大陆"[1]。其实，钱学森于7月27日就得知此消息，7月29日便由蒋英执笔致函父亲钱均夫，告知："七月廿七日为吾辈应该纪念的一天，遥想隔岸相望，必具有同感，并有那天能走就走，请各亲友暂时耐心等待。"[2]

与此同时，钱学森在中美两国试图对话之际"惟恐错过机会"，便给陈叔通写了那封著名的"求援信"。鲜为人知的是，钱学森在给陈叔通写那封求援信前，曾再三告知即将回国的徐璋本[3]向中国政府转达"他积愿于今年暑期中返国服务"的口信。外交部档案显示，1955年7月29日徐璋本回国后便给中华全国自然科学专门学会联合会写信，称：

> 为协助钱先生心切返国服务之热忱，希望学联会诸位先生赐与研商，并与我政府外交部协商于日内瓦中美两政府大使级会谈时，尽力设法俾钱学森先生能于短期间返国服务，不再受美政府无理阻挠。

8月4日，联合会将徐璋本的信转送外交部，希望外交部设法协助钱学森返国服务，以便函复徐璋本。外交部收到信后，由美澳司司长徐永焕于8月10日签发复信，称："关于被美国无理扣押的钱学森教授回国问题，我们正在设法协助他早日回国参加建设工作。"而在8月4日这一天，美国司法部移民归化局正式通知钱学森，宣布取消1950年8月23日的禁令，钱学森于翌日接到

---

[1] 张淑雅：《文攻武吓下的退缩：美国决定与中共举行大使级谈判的过程分析（1954—1955）》，《中央研究院近代史研究所集刊》1996年第25期。
[2] 《钱均夫致李元庆函（1955年8月12日）》，上海交通大学钱学森图书馆，档号：RW-钱均夫-70。
[3] 徐璋本（1911—1988），与钱学森同为加州理工学院博士，1940年获得博士学位，专业是反导弹技术，回国后曾在上海交通大学电信研究所任教。

该通知。这意味着钱学森回国的法律障碍已经清除，于是第一时间预订开往香港的邮轮。

可以说，艾森豪威尔的判断是一次误判。事实上，对美国构成威胁的并非那些物质的技术文件，而是那些装在脑袋里的科学思想。恰如"钱学森案件"发生时加州理工学院喷气推进实验室的塞弗特教授和阿尔珀林教授被询问行李中文献的价值时所言："内容早已牢记在心。"可以说，美国作为移民型国家，其矛盾之处就在于既需要大量优秀知识分子帮助美国，但这些优秀知识分子在某种历史条件下又会转变成为美国的威胁。如此矛盾心态延续至今，未曾改变。恰如一位美国学者在分析"钱学森案件"时辩证地总结道：JPL不仅为美国培养科学家，同时也在为美国的敌国培养科学家。[1]

求援信的转寄过程

"他日归来"的信念在钱学森留美求学最后五年岁月中变得越发强烈。当他1955年6月间得知中美大使级会谈正在举行时，尤其是见到报纸上有父亲钱均夫的老师陈叔通"为人民服务及努力的精神"新闻报道时，他不失时机地通过求援信使中央了解到他强烈的归国愿望。这份求援信的全文如下：

叔通太老师先生：

自一九四七年九月拜别后，久未通信，然自报章期刊上见到老先生为人民服务及努力的精神，使我们感动佩服！学森数年前认识错误，以致被美政府拘留，今已五年。无一日、一时、一刻不思归国参加伟大的建设高潮。然而世界情势上有更重要更迫急的问题等待解决，学森等个人们的处境，是不能用来诉苦的。学森这几年中惟以在可能范围内努力思考学问，以备他日归国之用。

但是现在报纸上说中美有交换被拘留人之可能，而美方又说谎所谓中国学生愿回国者皆已放回，我们不免焦急。我政府千万不可信他们的话，除去学森外，尚有多少同胞，欲归不得者。以学森所知者，即有郭永怀一家（Prof. Yung-huai Kuo, Cornell University, Ithaca, N.Y.），其他尚不知道确实姓名。

---

[1] Clayton R. Koppes: *JPL and The American Space Program*, Yale University Press, 1982年，第31页。

这些人不回来,美国人是不能释放的。当然我政府是明白的,美政府的说谎是骗不了的。然我们在长期等待解放,心急如火,惟恐错过机会,请老先生原谅,请政府原谅!附上纽约时报旧闻一节,为学森五年来在美之处境。

在无限期望中祝您康健。

一九五五年六月十五日
钱学森 谨上[1]

钱学森在信中提到的"纽约时报旧闻一节",正是1953年3月6日《纽约时报》中的那篇报道。这篇报道证实钱学森回国时所携带的技术资料中,并没有发现任何秘密资料,还说明钱学森被驱逐出境,但美国又不允许其离开美国,真正原因是他的离开会损害美国的核心利益。关于这封信是如何被转送的,不少传记中都认为陈叔通先生收到信的当天,就把它送到周恩来总理手中,但外交部档案中的记载并非如此。

钱学森写好这封求援信后并未寄到国内,因为他的行动还是受到监视,于是先寄给蒋英在比利时的妹妹蒋华,蒋华收到后立即转寄给钱学森在上海的父亲钱均夫,一波三折。蒋英后来回忆说:

寄到中国不可能了,只好寄到比利时。我们就开车到一个黑人最多的超市,悄悄把那封信塞到邮筒里。当时只是想特务不会检查到那儿去。果真,这封信寄到了比利时。我妹妹也很聪明,知道这个事,赶快将这封信寄给钱学森的爸爸,他在上海。钱学森的爸爸赶快就把信寄给陈叔通,陈叔通收到信后赶快将信转给周总理。[2]

但略有出入的是,这封信实际上并未直接转到周恩来总理手里。7月7日,钱均夫将这封信寄给陈叔通(时任全国人民代表大会常务委员会副委员长、中国人民政治协商会议全国委员会副主席),并称:

---

[1] 《关于留美科学家钱学森回国的有关材料》,外交部档案馆,档号:111-00081-03(1)。
[2] 2010年5月25日,上海交通大学钱学森图书馆工作人员采访蒋英时的访谈内容。

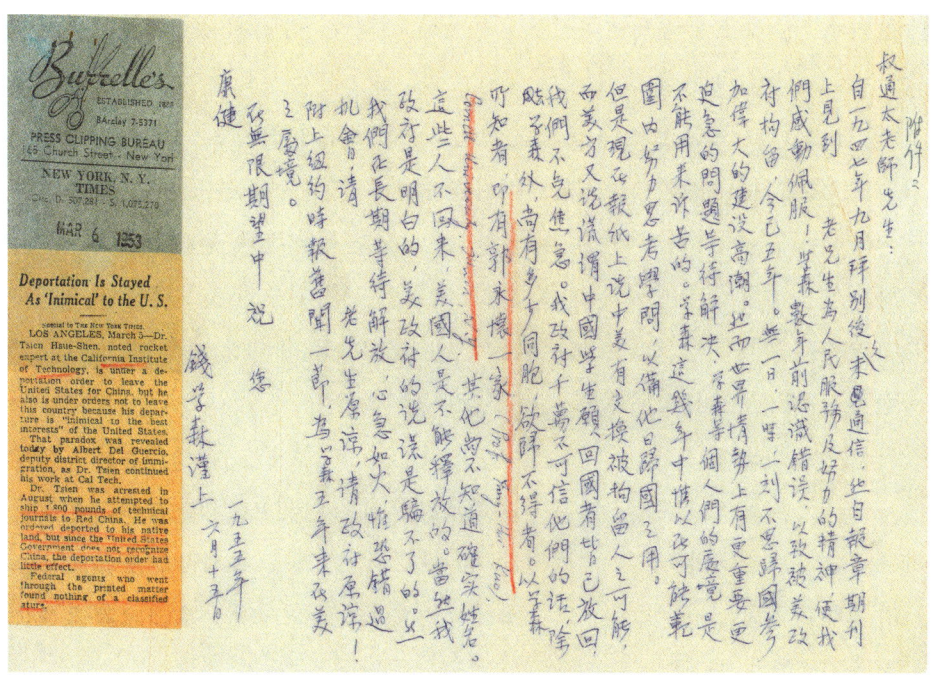

图6-8 1955年6月15日钱学森给陈叔通写的求援信（原件存外交部档案馆）

六月底小儿钱学森为欲归之志愿不遂，最近又看到同学中之放回者，特附函转，恳鉴察其苦衷，得便向中枢申说。

但陈叔通并没有直接交给周恩来总理，而是转交给自己的好友、中国科学院副院长竺可桢。竺可桢在7月11日的日记中记载："陈叔通交与钱经甫（家治）接学森（本年6月15日）的信，知道学森想回国，要叔老为之设法。钱被扣已3年。"7月12日，竺可桢将求援信转给中国科学院党组书记、副院长张稼夫，请其设法帮助，并说：

从钱个人信里可以看出他是急切地想回国而且极不愿再留在美帝的。但从附来美国报纸的新闻（1953年3月）就可以看出美帝把钱看作航空工程的权威，而且以他为飞箭的专家，而这飞箭是美国想用来运载原子武器的，从此可以看出美帝之所以扣留钱，并不是因为他携带1800本书，而是怕钱回国后

为祖国服务。院里应该如何拯救钱君使他能脱虎口，请你设法。[1]

7月17日，张稼夫致函国务院副总理兼外交部部长陈毅，"设法争取其回国"。7月21日，陈毅批示外交部副部长章汉夫"请外交部想办法"。7月29日，外交部美澳司司长徐永焕对钱学森的情况进行详细调查，认为美国不会轻易释放钱学森这样的火箭专家，但美国已经接受周总理在万隆会议所宣布的中美直接谈判的建议，因此也有放他回来的可能。同时，徐永焕还向外交部副部长章汉夫提出处理意见：

如尚无被放回的消息，则我方应在此次日内瓦会谈中谈到我留学生和侨民问题的时候，具体问美方关于钱的情况和是否放他回国。如对方作肯定答复，此问题即不再提。如不肯定，则提出释放的要求。如说不放，则用说理态度，而坚持释放的要求。[2]

8月2日，章汉夫同意徐永焕所提意见，并给正在日内瓦进行中美大使级会谈的王炳南发去电报。电报要求王炳南在大使级会谈中，随机应变，据理力争，用说理态度坚持要求释放钱学森回国。从7月21日陈毅做出要求"想办法"的批示，到7月29日外交部做出处理意见，再到8月2日给王炳南大使发去电报，最终，这封信成为中国在随后举行的日内瓦大使级会谈上争取钱学森回国的直接起因。

回国旅费及预提所得税

1955年8月4日，美国司法部移民归化局终于发出通知，宣布解除钱学森的出境限制。钱学森于翌日收到通知后，便立刻预订最早前往香港的船票，并且预约白金斯运输公司前往家中打包行李。由于当时中美两国没有直接通航，留美学生回国之路颇费周折，一般都要绕道香港经过深圳、广州，然后再北上抵达首都北京报到。

---

[1] 《关于留美科学家钱学森回国的有关材料》，外交部档案馆，档号：111-00081-03（1）。
[2] 同上。

（左）图6-9　美国白金斯运输公司为钱学森开具的打包、装运、运输及保险明细单
（右）图6-10　美国银行绿湖支行的支票。这张支票显示钱学森1955年4月11日缴纳的预提所得税为171.50美元

钱学森预订的是9月17日起航前往香港的"克利夫兰总统号"邮轮，但只预订到T-2舱段的船票，共计支付船票1125美元（船票1095美元，加税30美元），其中，成人全票为365美元/人，儿童半票为182.5美元/人。[1]当9月19日邮轮航行至日本横滨后，钱学森和家人由T-2舱段升至C-1舱段，增加日本横滨至香港航段的升舱住宿费291美元。[2]两者相加，钱学森一家四人回国的船票共计1416美元。

钱学森又再次委托美国白金斯运输公司打包家中物品，并由其负责运输。白金斯运输公司经过整理，所有物品分装成42箱，重达8215磅，收取费用1586.95美元，明细包括："打包、装运和称重431.05美元，搬运和装卸139.62美元，按5000美元计算所交的保险为80.00美元，从洛杉矶到香港的运费（含上下浮动）900美元，运费联邦税36.28美元。"[3]

随后，钱学森又询问中国旅行社（香港）可否将行李由香港运至天津，该公司复函钱学森可以托运行李，并说明收费标准："香港装船往天津费用，水脚系按尺码吨计算，每40立方英尺港币120元，连同其他驳运等什费，共港币150元左右。你的行李体积大小，可依此标准计算，将运费设法汇来或

---

[1]　《美国总统轮船公司开具给钱学森的费用存据（1955年9月17日）》，上海交通大学钱学森图书馆，档号：201507110080。
[2]　《美国总统轮船公司开具给钱学森升舱的住宿费用存据（1955年9月19日）》，上海交通大学钱学森图书馆，档号：201507110081。
[3]　《BEKINS VAN AND STORAGE CO开具的预付收费明细（1955年9月13日）》，上海交通大学钱学森图书馆，档号：201507110089。

开支票。"[1]

钱学森收到香港的明确复函后，便委托白金斯运输公司将行李尺寸、重量等信息告知中国旅行社（香港）。中国旅行社（香港）经过估算后致函钱学森，香港至天津运费为400美元。[2]由于当时台湾海峡经常遭到骚扰，中国旅行社（香港）为保险起见，将行李按照30000港元估价，以1％的标准收取300港元的保费。[3]即钱学森回国行李运费为1986.95美元（美国至香港段为1586.95美元，香港至天津段为400美元），以及保费300港元。

由此可见，钱学森和家人回国的费用是一笔不小的开支。不宁唯是，钱学森回国前还缴清了他的预提所得税。所谓预提所得税（withholding tax），即预先扣缴的所得税，通俗地讲，主要是指国家针对外国企业或居民在本国获得利润或收入征收的所得税。不过从作者掌握的材料来看，钱学森在1955年分期缴纳预提所得税透露出丰富的信息。按照惯例，每年都会一次性收缴预提所得税。下表是钱学森1952至1955年的收入及其缴纳预提所得税的情况，征收对象是钱学森和蒋英夫妇。

钱学森缴纳预提所得税一览表

年份	收入/美元	预提所得税额/美元
1952	10249.98	1616.40
1953	10500.00	1646.40
1954	10999.98	1584.00
1955	8624.97	1252.80

但档案材料显示：钱学森在1955年并未一次性缴纳所得税，而是计划先分4次缴纳，每次缴纳所得税额度为171.50美元。显然，这个额度明显低于前几年的平均额度。这个信息透露出钱学森可能早在1955年初就已经预料能够在年内

---

[1] 《中国旅行社有限公司（香港）复钱学森函（1955年8月11日）》，上海交通大学钱学森图书馆，档号：201507110097。
[2] 《中国旅行社有限公司（香港）复钱学森函（1955年10月8日）》，上海交通大学钱学森图书馆，档号：201507110098-1。
[3] 《中国旅行社有限公司（香港）致钱学森函（1955年10月18日）》，上海交通大学钱学森图书馆，档号：201507110098-2。

陆　思想启蒙与报国初心

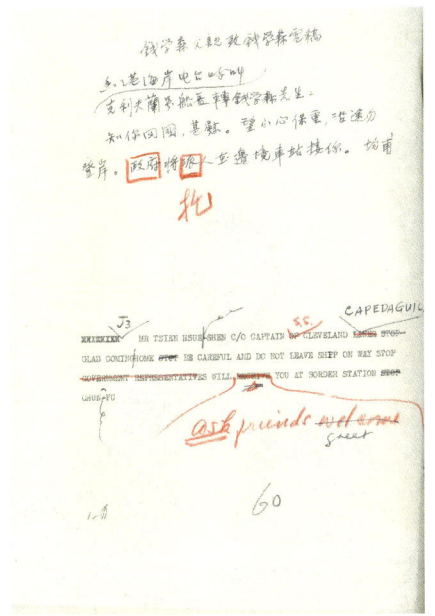

图6-11　外交部以钱均夫名义发给钱学森的电报（原件存外交部档案馆）

回国，所以计划分若干次缴纳所得税。最终，钱学森9月17日回国前"实报实销"，缴纳的预提所得税额度是1252.80美元（按照收入8624.97美元计税）。

中国政府派员迎接

9月17日，钱学森和家人登上驶往香港的"克利夫兰总统号"邮轮，踏上归国之旅。当钱学森登上邮轮的那一刻，他的美国永久居留证便失去法律效力，而他回国后自动获得中华人民共和国国籍，成为一名具有中华人民共和国国籍的中国科学家。鲜为人知的是，钱学森启程回国时，中国政府为了确保钱学森顺利抵达北京，进行了周密的安排。

一方面，由外交部于9月21日以他父亲钱均夫的名义发去电报，要求钱学森注意人身安全，称："知你回国，甚慰。望小心保重，沿途勿登岸。政府将托人在边境车站接你。"[1]另一方面，派人在香港和国内做好周密安排，做到无缝衔接，因为当时香港鱼龙混杂，掺杂着各色人等。为了避免不必要的麻烦，周恩来总理指示外贸部委托具有中共背景的华润公司负责在香港接应

---

[1]　《关于留美科学家钱学森回国的有关材料》，外交部档案馆，档号：111—00081—03（1）。此处"托"字本为"派"字，但在正式发去电报中将"派"字改为"托"字，可见重视之程度。

图6-12 钱学森和家人在"克利夫兰总统号"邮轮上拍的全家福

钱学森。据崔哲[1]回忆称：

> 1955年9月20日，外贸部办公厅机要处收到从周恩来总理办公室转来的密件，周恩来总理在密件中指示外贸部电告华润公司，"指定可靠同志，会同蔡福、方远宏接送钱学森等人。经费由张平拨付。"[2]

崔哲收到密件后，立即交给外贸部副部长李强。这引起了李强的高度重视，指示崔哲即刻以密电形式将消息告知华润公司负责人，以确保钱学森一行顺利返回祖国。华润公司总经理张平收到密电后，按照密电中的指示，马上指派专人同港中旅的蔡福和方远宏取得联系。当时之所以选择港中旅具体负责此事，是因为港中旅员工的成分比较复杂，既有中共党员，也有国民党员，还有一些旧帮会分子，较之"党产"华润公司来说，港中旅更加适合在这次任务中直接出面同港英当局交涉沟通，协调香港各种势力。华润公司则配合港中旅，负责协调与费用。港中旅接到此项任务之前，还没有接送过像钱学森一行这么重要而又敏感的爱国人士的经验。据蔡福回忆说：

> 当时大家认为华润公司和港中旅虽然是两家不同公司，但承担的任务是同样的重要，要同华润公司积极的配合开展工作。大家一定要把前期工作准备好，保证钱先生一行在香港不出任何纰漏，让钱先生一行顺利、平安地抵达深圳。

随后，华润公司和港中旅经过多次商讨后，制定出一套稳妥可靠的接送方案：由华润公司利用在香港船运业、港英当局海关和移民部门中的关系，设法在钱学森一家乘坐的邮轮靠岸前，派出自己的人员登船同钱学森取得联系，这样既可以在钱学森下船前进行保护，同时也使钱学森登岸前就能感受到祖国的欢迎和问候。并且华润公司还根据经验建议，因为当时香港环境复杂，为确保钱学森一家的人身安全，最好不要在香港停留，直接从九龙坐火

---

[1] 崔哲时任外贸部办公厅副主任，他与时任港中旅书记杨晨光等人整理的口述资料《护送钱学森先生去回祖国》，记述了华润公司和港中旅在香港接应钱学森的具体过程，其回忆具有可靠性和真实性，具有重要史料价值。这份口述资料由钱永刚教授提供。
[2] 蔡福时任港中旅副经理，中共党员；方远宏时任港中旅经理；张平时任华润公司总经理。

车赶赴深圳。于是,由华润公司经理张平派人提前订好10月8日从九龙到深圳的火车票。

与此同时,中国政府在国内的接应工作同步展开。9月27日,国务院委派中国科学院朱兆祥前往深圳迎接,并要求广东省人民委员会协助食宿安排。10月8日清晨,"克利夫兰总统号"邮轮抵达香港时,钱学森一家便由港中旅接应,从邮轮换乘小游艇直达九龙,未在香港岛登岸,再由九龙乘火车经罗湖口岸抵达深圳。直到1998年11月10日钱学森致信鲍世行、顾孟潮时仍记忆犹新地写道:"对我个人来说,深圳是我滞留美国20年后,于1955年乘客轮横渡太平洋,在九龙登陆后,走上祖国的第一城!我也记得在边界就见到五星红旗和毛主席像的激动心情!"

此时,朱兆祥早已在罗湖口岸等候。钱学森一家在朱兆祥的陪同下于当晚抵达广州。10月9日,钱学森参观了农民运动讲习所、苏联经济及文化建设

图6-13 钱学森归国后在上海与家人的合影(右一为钱均夫干女儿钱月华)

图6-14 1955年10月28日钱学森到达北京时,中国科学院副院长吴有训(右)、物理学家周培源(中)在北京火车站迎接

成就展览会。钱学森对新中国和社会主义有了许多感性认识和直接经验,还购买了《中华人民共和国宪法》和《中华人民共和国发展国民经济的第一个五年计划(1953—1957)》两本书。10月10日,钱学森一家在朱兆祥的陪同下登上去上海的火车,10月12日抵达上海,与钱均夫团聚。随后,钱均夫、钱学森、蒋英以及钱永刚、钱永真前往杭州看望亲友,并祭扫钱学森母亲章兰娟之墓。

钱学森在上海期间,还于10月22日和25日两次回到母校交通大学参观座谈。在10月25日的座谈会上,副校长、教务长、系主任、教研室主任等三十余人参加,主持座谈会的便是令钱学森难以忘怀的陈石英老师,他此时已是交通大学副校长。钱学森在座谈会上以他在美国的亲身经历,说明目前美国的科学研究遇到的困境,同时又以他回国见闻所感,指出我国科学技术必定具有无限广阔的前途,且必将超越美国。

10月28日,钱学森一家在苦等五年之后终于回到新中国首都北京。当日,中国科学院吴有训、华罗庚、周培源、钱伟长、赵忠尧等二十多人到车站迎接。第二天,钱学森、蒋英夫妇带领两个孩子去天安门。当看到五星红旗飘扬在天安门广场上空,他们的内心无比激动。

11月1日,中国科学院院长郭沫若在北京饭店为钱学森举行欢迎晚宴,八年前与钱学森相识、此时已是中国科学院副院长的竺可桢也参加了晚宴。是日,竺可桢在日记中写道:"钱已七八年不见,比前苍老甚多,虽只43岁,恐因在美国被软禁五年所致。"钱学森在这次晚宴上还见到了"太老师"陈叔通先生,直至三十多年后他还满怀激情地回忆说:

我自己对叔老还怀有感激之情。我们一小家在一九五五年所以能回到日思夜梦的祖国,当然因为中国共产党领导全中国人民建立了伟大的中华人民共和国,中国再也不是受人欺负的了;但叔老在关键时刻办了一件起作用的事,也是重要的。这一点我不会忘记。[1]

钱学森在回国不长的时间里,看到国内科学家饱满的工作热情异常感动,这使他感到中国共产党对科学事业和科学家的关怀和重视。他在接受《人民日报》记者柏生的采访时表示:

自己刚刚回国,许多东西都还要学习,愿意把自己二十年来从事科学研究工作的成果完全贡献出来,并为祖国培养年轻的科学研究人才。[2]

钱学森回国后不久被任命为中国科学院力学研究所所长,主持和领导中国力学研究事业。然而,钱学森深知他的工作不会仅仅局限在力学研究所,等待他的将是一项重大的国家级工程。

---

[1] 钱学森:《在陈叔通先生诞辰一百一十周年纪念会上的讲话》,上海交通大学钱学森图书馆,档号:RW-钱学森-2310-05。
[2] 《热爱祖国的科学家钱学森》,《人民日报》1955年11月3日第3版。

第三十二章

一份绝密档案的首次公布

2011年12月11日,在钱学森曾经就读的上海交通大学徐汇校区,一座专门为纪念他而建设的钱学森图书馆建成开馆。这是目前国内规模最大的一座科学家纪念馆,同时也是全国爱国主义教育基地和全国科普教育基地。开馆当日,一份绝密档案首次全文公布。这份绝密档案就是奠定中国航天辉煌历程的《建立我国国防航空工业意见书》(以下简称《意见书》),起草者就是钱学森。

国务院安排的东北之行

1955年10月28日,钱学森历经艰难险阻终于回到祖国,抵达北京。10月30日至11月11日,他参观了中国科学院、北京大学、清华大学等研究机构和高校,以便了解新中国成立以来的科学成就。在参观过程中,中国科学院领导对钱学森说:"你刚回来先去看看中国的工业吧,中国工业最好的是东北。"随后不久,钱学森在国务院安排下专程前往东北三省参观。此次东北之行名为参观,实为通过考察综合评估以现有科技和工业基础研制"航空工业"的可行性。正如11月20日国务院给东北三省和相关机构的电报中所称:

钱学森的专长是力学、自动控制、航空工程等，在了解我国建设情况及技术水平后将对他未来的研究工作有所帮助。

11月22日钱学森启程前往东北，至12月21日返回北京，为期一个月。其间，国务院为钱学森拟定考察的城市和机构主要包括：

哈尔滨：哈尔滨工业大学、科学院土木建筑研究所、自动化电热厂、亚麻厂、量具刃具厂、机械化农场；长春：科学院机电研究所、应化研究所、仪器馆、第一汽车厂、东北人民大学；吉林：小丰满水电站；沈阳：东北工学院、科学院金属研究所、机床厂、风动工具厂、重型机器厂、冶炼厂、农业合作社；抚顺：露天煤矿、石油厂；鞍山：鞍钢；旅大：大连工学院、造船厂、科学院石油研究所。

除上述机构之外，钱学森还主动提出希望能够参观计划之外的哈尔滨军事工程学院，并获得许可。通过参观和座谈，钱学森基本摸清了我国"航空工业"的底子。后来，他在《意见书》中指出：

我国现在航空工业是十分薄弱的，我们在最近才从飞机修理阶段转入飞机生产阶段，有了飞机工厂和喷射式推进机厂。但是这两个工厂现在完全依靠苏联供给的图纸，自己还不能够设计新型飞机，更不能作出为设计用的工程及科学资料。至于飞弹火箭，我们是完全没有。

说到航空用的材料，我们的情况也是一样薄弱。现在只有一个年产20000吨的铝厂。我们所必需的航空特殊金属还是要由外国进口。电子器材厂也是正在开始，还不能完全生产各种类型的零件。

至于航空研究，我们只有些主要为教学用的风洞及其他实验设备。我们还没有专为研究用的设备，更没有大型为设计研究用的设备。所以可以说，我们完全没有航空研究可言。

人力呢？我们也是很薄弱。以整个力学来说，估计全国有180人从事力学教学。力学研究的高级干部，中间最有能力的，能做领导工作的只30人左右。航空人才只是力学人才中的一部分，人是更少了。

陆　思想启蒙与报国初心

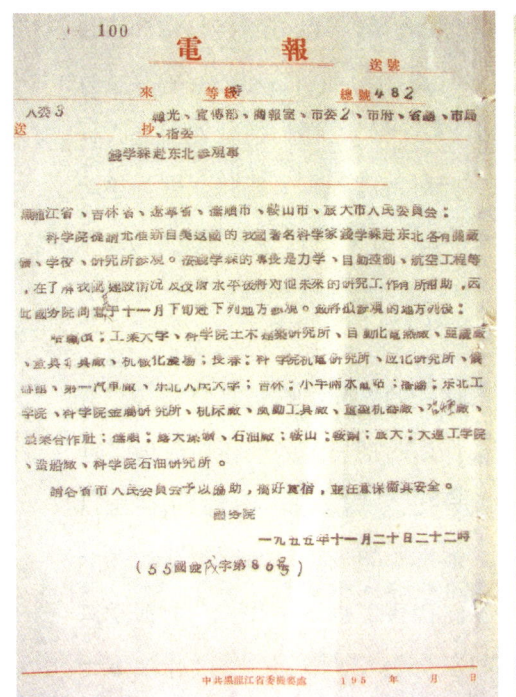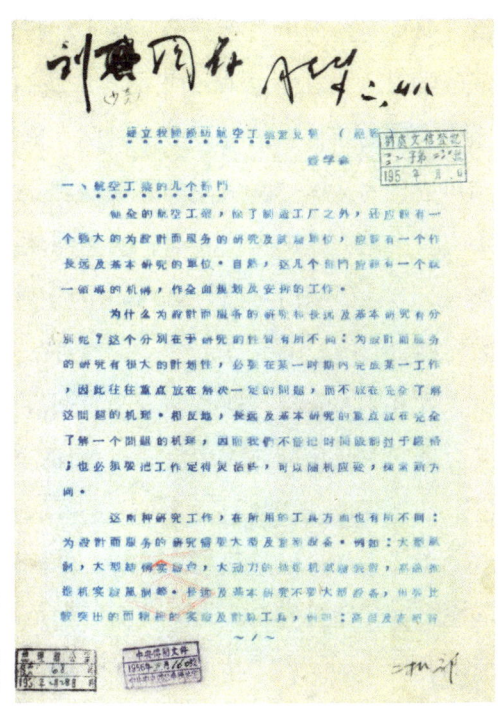

（左）图6-15　1955年11月20日国务院给东北三省和相关机构的电报（原件存吉林省档案馆）

（右）图6-16　《建立我国国防航空工业意见书》首页。这份意见书是周恩来于1956年2月28日批给刘少奇阅存的，后归入中央档案馆

　　总体而言，钱学森通过东北之行得出的结论是我国航空工业基础非常薄弱。那么，钱学森是否就此断定中国无法研制导弹？11月25日钱学森与哈尔滨军事工程学院院长陈赓之间的一段对话，对此做了明确回答。陈赓问："中国能不能发展导弹？"钱学森回答："为什么不能搞？外国人能搞，我们中国人就不能搞？难道中国人比外国人矮一截？"陈赓说："好，我就等你这句话。"钱学森的底气来自参观时发现我国科技和工业基础虽极为薄弱，但已经具备研制导弹的"星星之火"。陈赓与钱学森的对话广为流传，也为钱学森撰写并向中央提交意见书埋下了伏笔。

起草绝密文件的前后

　　钱学森回到北京后，于12月26日在陈赓和朱兆祥陪同下看望因病住院的国防部部长彭德怀。彭德怀在谈话过程中透露，我国当前急需的是防空火

255

箭,其次是对海上目标火箭,要求能打300—500公里。谈话间,彭德怀直接问钱学森:"射程为500公里的导弹我们自己能造出来吗?这样的导弹需要什么人力物力条件?估计要多少时间才能造出来?"彭德怀为何会提出能否研制出射程为300—500公里的导弹呢?这主要针对台湾的军事威胁,因为这个距离与台湾海峡的宽度相当,台湾海峡北部宽200公里左右,南部宽410公里左右。若能研制出射程为500公里的导弹,整个台湾都在射程范围,从而能有效压制台湾的军事威胁。

现在未有资料披露钱学森是否回答了彭德怀的提问,但12月27日钱学森与万毅(时任中国人民解放军总参谋部装备计划部部长)的谈话对此做了回答。钱学森说,研制射程为300—500公里的导弹,"在两年内可以由研制试制到工业生产,但这只解决了20%的问题;最重要的飞行自动控制器80%的问题,如无国外资料,自己从头开始,可能需10年,也许短些"。但钱学森紧随其后详细地谈了技术人才、机构设置和资金投入等问题,并"建议军委予以讨论,下决心开始这一兵器的研究工作"。随后,万毅即向彭德怀汇报此次谈话内容。

可以说,这次的谈话内容实际上为撰写《意见书》打了一个"腹稿"。1956年2月某日,钱学森和蒋英夫妇在陈赓陪同下受邀前往国防委员会副主席叶剑英元帅家中做客。席间,他们谈论的话题仍然是如何研制导弹。叶剑英的干女儿戴晴后来在《我的义父——叶剑英》中回忆说:

> 一天,那时我刚读初中,他请才从美国归来的钱学森夫妇吃饭。客人未到之前,他极为高兴地以几个孩子为对象,讲这马上来的人有多么了不起,是"研究一种能追着飞机飞的炸弹的"。

随后,钱学森就接到周恩来总理交办的一项特殊任务。1956年2月16日,钱学森受到周恩来和陈毅的接见。谈话中,周恩来委托钱学森起草一份关于导弹研制的方案,在场的还有国家科委副主任范长江、中国科学院副院长张稼夫、地质部副部长刘杰。2月17日,钱学森按照周恩来总理的委托开始撰写《建立我国国防航空工业意见书》。钱学森后来回忆说:

有一次叶帅在家请我们吃饭,我爱人也去了,陈赓也在。吃完饭,大概是星期六晚上,他们说找总理去,总理就在三座门跳舞。我们跑到那儿,等一场舞下来,总理走过来,叶帅、陈赓他们与总理谈话。后来大概就谈定了,总理交给我一个任务,叫我写个意见——怎么组织这个研究机构?后来我写了一个意见,又在西花厅开了一次会,决定搞导弹了。

很多著作将这份《意见书》全称写成《建立我国国防航空工业的意见书》,事实上全称中没有"的"字。这份《意见书》共九页,2700余字,分为四部分:航空工业的几个部分、航空工业组织、国内现状和发展计划。综观《意见书》全文,首先强调的就是研制导弹并非生产简单的军工武器,而是需要"一个健全的航空工业"。那么,这个健全的航空工业到底包括哪些条件呢?《意见书》从系统工程和职能分工角度提出四个条件:领导机构、科学研究、设计研究和生产工厂。随后,钱学森进一步分析各自职责。

(一)领导机构

钱学森所指的"领导机构"并非纯粹的行政领导,而是"一个全面规划及安排的机构,应该包括科学、工程、军事、政治方面人员",并建议设在国防部。这个建议与国情有关,研制导弹必须有一个协调的机构,才能保障不同机构的配合。这个建议很快得到落实,1956年5月26日周恩来代表中共中央宣布研制导弹时指出:"要动员更多的人来帮助和支持导弹的研制工作。这项工作所需的技术专家和行政干部,同意从工业建设、高等教育、科学研究等部分和军队中抽调,军队要起模范作用。"据此,1956年7月中央军委批准成立导弹管理局(国防部第五局),作为研制导弹工作的领导机构。

(二)科学研究

导弹研制不仅是一项工程,它还广泛涉及应用力学、爆炸力学、材料学、化学、电子学、控制论等多方面的理论。《意见书》提出,这些理论研究可以依托中国科学院:

> 现在在科学院内,力学研究所的研究工作或多或少都与航空工业有关,其他研究所中的高温材料研究、电子学研究、计算机研究等也都与航空工业有密

切关系。在将来很可能再设新研究所来推进某一方面的研究，如气动力学研究所、自动控制研究所等。估计在这方面工作的研究人员，在整个系统完成时有600人，其中副博士水平以上的有120至150人。

钱学森回国后的第一个职务是中国科学院力学研究所所长，因此在其担任所长期间，力学研究所承担了相当多的导弹研制任务，为中国航天的发展做出过许多贡献。后来钱学森同时担任国防部第五研究院院长，可谓"双管齐下"，有效地协调了国防部第五研究院和中国科学院之间的分工与协作，大大地提高了效率。

（三）设计研究

钱学森提出的设计研究，其主要任务是"生产新型成品，包括试制及试飞阶段在内"。在这个部分，钱学森回答了彭德怀关于研制导弹需要多少人力物力的问题。钱学森估算整个系统大约需要6000名技术人员，其中副博士以上的应在500—600人，用地200平方公里。《意见书》提出这个机构可以称为"航空设计院"，并根据任务分为下列研究所：空气动力学研究所、材料研究所、燃料研究所、结构研究所、火箭推进机研究所、冲压推进机研究所、透平式推进机研究所、控制系统研究所、运用研究所、设计局、试制工厂、试飞站。这个建议得到执行和落实，即1956年10月8日成立的"国防部第五研究院"，其下属机构大体按照《意见书》设置。

（四）生产工厂

《意见书》指出，最终生产出导弹武器成品，还需要"航空生产系列的一系列工厂"，"把航空设计院的新型设计大量生产"。具体而言，这些生产工厂包括金属工厂、非金属原料工厂、电器制造厂、燃料工厂以及各种零件工厂等。当时，这些工厂多数属于第二机械工业部，但可以通过设在国防部的领导机构进行协调。这正是钱学森提出将领导机构设在国防部的原因之一，有利于相关机构的协调。

显而易见，这四个条件就是四个"小系统"，共同组成导弹研制工程的"大系统"，向中央言简意赅地说明了开展导弹研制工程需要具备的条件。对于这四个条件，第一个比较容易实现，对于后面三个条件（即研究、设计和生产），由于各自基础和发展的不平衡，钱学森提出了一个基本原则："研究、设计和生产三面并进，而在开始时，重点放在生产，然后兼及设计，然后兼及研究。"后来事实证明这个思路是正确的，因为只有提高工厂生产能力才可以为设计工作提供材料和零部件，而研究工作由于中国科学院已经集聚一批素有成就的科学家，且已经积累了一些理论研究成果。

"依靠外援"还是"独立自主"

钱学森留美求学长达二十年，在航空工程、航空科学等领域取得非凡研究成果。依据经验，钱学森认为以现有基础研制导弹，"如果只能靠自己，这非二三十年办不到"。在钱学森起草《意见书》之际，中苏两国正在洽谈援助中国武器研制的项目，其中就包括导弹。因此意见书特别指出要在短期内研制成功，"非争取苏联及其他兄弟国家的大力帮助不可"。正因如此，1956年钱学森访问苏联之际，就通过实地考察了解苏联到底能够提供哪些具体援助。

所以，《意见书》建议应当尽快选择国内航空科学研究人员以及相应军事、政治人员，组织参观团于近期内前往苏联及其他国家参观并商议合作方案。《意见书》提出了详细的留学生培养计划：

> 在今年暑期高等学校毕业后，调派两种人到苏联及其他兄弟国家：一种是到合作国家去学习飞弹火箭制造工艺，同时请合作国家的专家为我国设计飞弹火箭制造的一系列工厂，预备到1958年生产我国自制的飞弹及火箭。第二种人，约300人，到合作国家学习设计及设计研究，这是建立航空设计院的基础力量。他们每人学一个专门方向，一两年或三年为期。同时请苏联及其他兄弟国家代我们设计大型风洞及推进机试验设备（也要利用我们在国外的上述留学生），争取在1957年开始航空设计院的基本建设，1959年300留学生回国再请兄弟国家专家200人来我国，配合青年干部600人，开始航空设计院的工作。以后每年加入青年干部600人，到1967年达到6000人足数。

但与争取外援相比，《意见书》表达出一个极其重要的观点：依靠外援并非长久之计，中国必须拥有研制导弹的全部能力，掌握本领。客观而言，确有一批苏联科技人员在中国研制导弹的过程中发挥了一定作用，但中国在1960年苏联撤援后还能成功研制导弹，根本原因就是中国开展导弹研制工程之初就选择了独立自主的道路，关键是将一批"高级人才"聚集到此项工程中，意见书明确列出一份"高级人员"名单，分别是：

空气动力学方面：沈元、陆士嘉、庄逢甘、罗时钧、林同骥、潘良儒。

航空结构方面：王俊奎、钱伟长、王仁、杜清华、胡海昌、钱令希、郑哲敏、李敏华、范绪箕。

推进机方面：吴仲华、陈士祜、梁守槃。

控制系统方面：罗沛霖、林津。

火箭方面：任新民。

正是这些人奠定了中国航天事业的基础，成为中国航天事业的开拓者。但仅有"高级人才"远远不够，《意见书》为此还提出了详细的人才培养目标：

逐年扩大中国科学院有关航空的研究工作，在1967年到600人。依照上述发展计划，每年需要高等学校航空有关科门的毕业生如下：

1956年　400人（100人工艺，300人设计）

1957年　400人（完全工艺）

1958年　400人（完全工艺，开始飞弹制造）

1959年　600人（完全设计，开始航空设计院工作）

1960年　700人（100人工艺，600人设计）

1961年　700人（100人工艺，600人设计）

1962年　800人（200人工艺，600人设计）

1963年　800人（200人工艺，600人设计）

1964年　800人（200人工艺，600人设计）

1965年　800人（200人工艺，600人设计）

1966年　900人（300人工艺，600人设计）

1967年　900人（300人工艺，600人设计）

到1967年，共有工厂技术人员2400人，设计院技术人员5700人。

此后，中国科学院、高等院校以及其他研究机构都开设培养航空科学研究和设计人才的专业。不仅如此，钱学森亲自上阵讲授"导弹概论"。那么，钱学森为何要将培养目标放在1967年呢？因为在他起草《意见书》之际，国务院正在制定1956年至1967年十二年科学规划，并将喷气与火箭技术列入重点的发展项目之一。钱学森将时间节点放在1967年，就是将导弹研制计划纳入全国科学发展计划中，从而争取到国家最大的支持和投入。正因如此，导弹研制工作自从启动之后就得到了中央以及军工、高校、科研机构、工厂等各个系统的鼎力支持和积极配合，成为一项由上而下的国家级工程。此外，无论是科研和设计人员，还是工厂技术人员，都有废寝忘食、争分夺秒的工作热情。这也是中国在短时间内能够成功研制导弹的重要原因。正如钱学森后来所总结的：

按照我的体会，周总理、聂老总就是把他们过去在解放战争中，组织大规模作战的那套办法，有效地用到科技工作中来，把成千上万的科技大军组织起来了。所以尽管我们在经济、技术上有许多困难，但由于组织领导有方，还是很快搞成了。

2月22日，周恩来将钱学森撰写的《建立我国国防航空工业意见书》送毛泽东审阅，并致函特别说明："这是我要钱学森写的意见，准备在今晚谈原子能时一谈。"2月28日，周恩来又将《意见书》批给中央军委和国防部以及其他党和国家领导人。这份《意见书》很快就进入实施阶段，成为导弹研制工程的指导性文件。

1956年钱学森提交的意见书之所以迅速得到中央首肯，并将其作为研制导弹的指导文件，主要原因是：（1）钱学森依据其在美国从事航空科学研究的理论知识和工程经验，从专业角度阐述了新中国初期的航空工业基础以及怎样研制导弹，使中央了解已经具备哪些条件、还要创造哪些条件；（2）

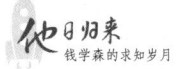

《意见书》提出一套从顶层设计到具体发展计划的可行性方案,并将其与中国科学发展大战略相结合,而非纸上谈兵。

钱学森曾非常谦虚地说:"现在想起来真是惭愧,那时我对中国的情况一点也不了解,意见书中错误一定不少。"但实际上,这份《意见书》犹如"定海神针",使中央相信中国能够研制导弹。10月8日,中央宣布成立国防部第五研究院并任命钱学森为院长,全面负责导弹的研制工作。

时至今日,中国航天已经走过六十余年。这六十余年,中国航天从无到有、从小到大、从大到强,凝聚了包括钱学森在内的数以万计航天人的奋斗、奉献和心血,甚至宝贵生命。

终 章

时代与韶华

一个时代有一个时代的主题，一代人有一代人的使命。钱学森出生和成长在中国走向觉醒、走向复兴的历史大时代，他的人生经历深深地打上了时代烙印。

20世纪是科学技术发展到"大科学"的时代，科学研究成果能够在短期内被全球科学家共享，可谓"科学无国界"。正因如此，加上两次世界大战的催化作用，世界航空工业在20世纪上半叶由"螺旋桨时代"经过快速发展后进入"喷气推进时代"，并且一只脚已经踏入"航天时代"。

斗转星移，时代转换。钱学森顺应时代潮流，逐渐将学术兴趣转移至航空工程研究领域，进而以空气动力学为专攻方向，解决了世界航空科学领域中诸多具有挑战性的学术难题，逐渐从青年学者成长为世界科学家。与此同时，他以世界眼光和宽广胸怀，将研究范围逐步拓展到喷气推进、火箭助推器、原子能利用、工程科学、工程控制论、物理力学等领域，并且取得一个又一个学术成就，为世界科学技术的发展做出杰出贡献，登上世界科学之峰。

但与科学成就相比，更重要的是钱学森在他的求知岁月中经历了"科学自信"的觉醒过程。这种觉醒是对近代以来中国科学技术技不如人固有观念的一种实践性回击，尤其是当他1937年在美国听说茅以升主持建造的钱塘江大桥建成通车，"心里真是高兴极了"。这使他意识到："在工程技术领域，外国人

也不能独霸天下,他们能干的,中国人也能干!"1955年钱学森归国前看望老师冯·卡门,当老师说出"你现在在学术上已经超过了我"这句话时,钱学森激动极了,这是因为其二十年奋斗的目标终于实现,完成了"科学自信"的觉醒过程。在某种意义上,钱学森取得的科学成就是他作为一个中国科学家在世界科学舞台上"科学自信"的展示。所以,钱学森经常跟蒋英说:"做学问应以世界先进水平为目标,为什么中国人不能超过外国人呢?"

然而,"科学家有祖国"在钱学森心中才是最重的。钱学森出生在一个爱国知识分子家庭,自幼便受到现代学校教育和良好家庭教育,且从小学至大学皆遇良师益友,树立起积极的世界观、价值观和人生观。他在国内求学期间思考"如何迎头赶上世界先进各国"的过程中,就树立起"科学救国"的宏伟抱负,而且在共产主义思想启蒙下形成朦胧初心:"要中国能得救,要世界能够大同,只有靠共产党。"正因如此,他在留美求学二十年间矢志不渝初心理想,一切努力均"以作他日祖国成立共产党政权时回来为国效劳"。

"他日归来"是钱学森早年求知岁月的初心理想。事实上,1955年美国通知钱学森取消限制他离开美国的禁令,并非驱逐出境。如果他选择继续留在美国仍旧执教于加州理工学院,无可厚非,或许仍可以在学术研究方面取得骄人成就。但他果断地放弃留美机会,放弃加州理工学院的高薪,放弃美国优渥的物质生活,放弃所有身份和荣誉,毅然决然地选择回到祖国。因此当钱学森回国前接受《洛杉矶时报》记者采访时,不无坚定地说:"当我回到祖国时,我将努力和中国人民一道建设自己的国家,使我的同胞能够过上有尊严的幸福生活。"这是钱学森内心最强烈的愿望,也是一个留学海外二十年中国科学家的真实心声。

回顾钱学森所处的历史时代,一拨又一拨学子负笈海外,如潮起潮落,所追求的不正是民族复兴和国家强盛吗!钱学森赶上了时代潮流,找到了人生方向,最终成为一位在世界科学技术史上享有盛誉的中国科学家,载入史册,写进中国共产党党史。正所谓:

若负时代,何来韶华!

附录一
主要参考文献

一、档案类

（一）国内档案

中央档案馆	中华人民共和国外交部档案馆
中国科学院档案馆	中国第二历史档案馆
吉林省档案馆	清华大学档案馆
浙江大学档案馆	上海交通大学档案馆
西安交通大学档案馆	上海交通大学钱学森图书馆

（二）国外档案

美国国家档案馆	加州理工学院档案馆
麻省理工学院档案馆	麻省理工学院刘易斯音乐图书馆
康奈尔大学档案馆	普林斯顿大学档案馆
俄罗斯科学院档案馆	

二、报刊类

（一）国内报刊

《申报》　　　　　　　　　《大公报》

《新闻报》　　　　　　　　《全国学术工作咨询处月刊》

《空军》　　　　　　　　　《浙江教育行政月刊》

《世界知识》　　　　　　　《航空杂志》

《工程界》　　　　　　　　《世界交通月刊》

《报国友声》　　　　　　　《益世周刊》

《音乐教育》　　　　　　　《浙江青年》

《清华校友通讯》　　　　　《新闻资料》

《前线日报》　　　　　　　《光报》

《力报》

（二）国外报刊

《基督教箴言报》　　　　　《华盛顿邮报》

《洛杉矶时报》　　　　　　《纽约时报》

《芝加哥论坛》　　　　　　《哈德福报》

三、汇编类

中国力学学会、中国科学院力学研究所：《郭永怀文集》，科学出版社，1982年

中国社会科学院近代史研究所中华民国史研究室：《胡适的日记》，中华书局，1985年

清华大学校史研究室：《清华大学史料选编·第二卷（上）》，清华大学出版社，1991年

王寿云：《钱学森文集（1938—1956）》，科学出版社，1991年

耿云志：《胡适遗稿及秘藏书信（42）》，黄山书社，1994年

郑哲敏：《钱学森手稿（1938—1955）》，山西教育出版社，2001年

罗沛霖：《罗沛霖文集》，电子工业出版社，2003年

樊洪业：《竺可桢全集（第10卷）》，上海科技教育出版社，2006年

涂元季、李明、顾吉环：《钱学森书信》，国防工业出版社，2007年

樊洪业：《竺可桢全集（第13卷）》，上海科技教育出版社，2007年

李佩：《钱学森文集（1938—1956海外学术文献）》，上海交通大学出版社，2011年

顾吉环、李明、涂元季：《钱学森文集》，国防工业出版社，2012年

李明、顾吉环、涂元季：《钱学森书信补编》，国防工业出版社，2012年

四、著述类

（美）威廉·福斯特：《美国共产党史》，世界知识出版社，1957年

Theodore von Kármán：*The Wind and Beyond：Pioneer in Aviation and Pathfinder in Space*，Little Brown and Company，1967年

陶菊隐：《蒋百里先生传（影印本）》，文海出版社有限公司，1972年

周作人：《知堂回想录》，香港三育图书有限公司，1980年

Clayton R.Koppes：*JPL and The American Space Program*，Yale University Press，1982年

耿云志：《胡适年谱》，四川人民出版社，1989年

任之恭：《一位华裔物理学家的回忆录》，山西高校联合出版社，1992年

中共中央文献研究室：《周恩来年谱》，中央文献出版社，1997年

王焰：《彭德怀年谱》，人民出版社，1998年

钱伟长：《八十自述》，海天出版社，1999年

全国政协暨北京上海天津福建政协文史资料委员会：《建国初期留学生归国纪事》，中国文史出版社，1999年

顾毓琇：《一个家庭、两个世界》，上海人民出版社，2000年

倪卫红：《贝聿铭》，河北教育出版社，2001年

涂元季：《人民科学家钱学森》，上海交通大学出版社，2002年

王道力：《中国航天事业创建与发展历史的回顾》，中国宇航出版社，2005年

刘深：《葛庭燧传》，科学出版社，2010年

魏宏森：《钱学森与清华大学之情缘》，清华大学出版社，2011年

马德秀：《钱学森和他的母校上海交通大学》，上海交通大学出版社，2011年

石磊、王春河、张宏显等：《钱学森的航天岁月》，中国宇航出版社，2011年

吴锡九：《回归》，上海辞书出版社，2012年

王德禄等：《1950年代归国留美科学家访谈录》，湖南教育出版社，2013年

葛能全：《钱三强年谱》，科学出版社，2013年

张现民：《钱学森年谱》，中央文献出版社，2015年

孟雁、吴志军：《航空报国 杏坛追梦：范绪箕传》，上海交通大学出版社，2015年

姜玉平：《钱学森与技术科学》，上海人民出版社，2015年

冯·卡门、李·爱特生著，王克仁译：《冯·卡门：钱学森的导师》，西安交通大学出版社，2015年

张现民：《羁绊与归来：钱学森的回国历程（1950—1955）》，中共党史出版社，2019年

附录二
钱学森大事记（1911—1956）

1911年

12月11日 农历辛亥年十月廿一日出生在上海，祖籍浙江杭州，字伯青，乳名申儿。父亲钱均夫（1882—1969），早年就读浙江求是书院（现浙江大学前身），后留学日本东京高等师范学校（现日本筑波大学前身）专攻教育学，民国时期著名教育家和社会活动家。母亲章兰娟（1887—1934），祖籍广东潮州，杭州富商女儿。

1913年

是年 钱均夫回杭州担任浙江省立第一中学校长，钱学森随父母回杭州居住。

1914年

是年 钱均夫被任命为教育部视学，钱学森随父母迁居北京。

1915年

9月 入北京女子高等师范学校附属蒙养园。

1917年

9月　入北京女子高等师范学校附属小学校。

1920年

9月　入北京高等师范学校附属国民学校高等小学校。

1923年

9月　入北京师范大学附属中学校，读初中。

1926年

9月　入北京师范大学附属中学校，在高中第二部读理科。1929年7月，钱学森的高中毕业证书由"国立北平大学附属中学校"颁发，这是因为当时实行大学院制，北京师范大学改组为"国立北平大学"。

1929年

7月23日至25日　在交通大学参加入学考试，并以总分396分名列交通大学机械工程学院第三名。

9月9日　到交通大学办理入学注册手续。2011年12月11日，钱学森诞辰100周年之际，在钱学森曾经就读的上海交通大学徐汇校区，一座专门为纪念他而建设的钱学森图书馆建成开馆。

1930年

7月间　因染上流行性伤寒申请休学一年。休学期间，经常与表弟李元庆结伴前往杭州青年会听音乐，并从李元庆那里"略闻左翼文艺运动情况"。随后，开始阅读普列汉诺夫的《艺术论》、布哈林的《历史的唯物论》等启蒙书籍。钱学森休学期间经过思想启蒙开始建立共产主义信仰，随后又历经时代淬炼，初心不改，及至回国后于1958年初向中国科学院提出入党申请，并于1959年11月12日成为一名中国共产党正式党员。

1931年

9月　伤寒病愈后返校继续求学。

12月20日　是日出版的《浙江教育行政周刊》（浙江省教育厅印行，1931年第3卷第15期）发表钱学森来函《对于浙省立六中附小"抗日救国中心教材"一文之商榷》。

1932年

4月9日　因一·二八事变，交通大学延期至今日开学。其间，钱学森等浙江籍交通大学学生到浙江大学短暂借读。

是年　加入交通大学管弦乐队、口琴会等。

1933年

4月1日　是日出版的《进修半月刊》（浙江省教育厅师资进修通讯研究部主办，1933年第2卷第12期）发表钱学森署名文章《这是几句忍不住要说的话》。

4月23日　是日出版的《空军》（杭州中央航空学校主办，1933年第24期）发表钱学森署名文章《美国大飞船失事及美国建筑飞船的原因》。《小世界：图画半月刊》（1933年第28期）后以《美国大飞船失事》为题转载该文。

7月2日　是日出版的《空军》（1933年第34期）发表钱学森署名文章《航空用蒸汽发动机》。

7月至8月　按照学校规定前往杭州钱塘江闸口发电厂实习，其间拍摄了大量钱塘江风景照片。

是年　加入交通大学雅歌社。

1934年

3月5日　《空军》（1934年第67期）发表钱学森署名文章《最近飞机炮之发展》。

3月至4月　参加交通大学毕业参观旅行团前往天津、北平、青岛等地。

6月30日　参加交通大学第三十四届毕业生典礼，以机械工程学院第一名的成绩毕业，并入选斐陶斐荣誉学会会员。

8月21日至28日　在南京中央大学参加清华大学留美公费生选拔考试。10月2日成绩揭晓，钱学森获得"航空门（机架组）"资格。随后在清华大学安排下，由王助、王士倬、钱莘觉和王守竞等担任导师，在国内机场或飞机修理厂进行为期半年的专业实习。

12月16日　是日出版的《世界知识》（上海生活书店发行，1934年第1卷第7号）发表钱学森署名文章《飞行的印刷所》。

是年底　母亲章兰娟逝世，年仅四十七岁。

1935年

1月31日　是日出版的《航空杂志》（航空署编辑委员会编辑，1935年第5卷第1期）发表钱学森署名文章《气船与飞机之比较及气船将来发展之途径》。

2月　《浙江青年》（浙江省教育厅《浙江青年》月刊编辑部编辑，浙江省教育厅第四科发行，1935年第1卷第4期）发表钱学森署名文章《音乐和音乐的内容》。

7月　前往北京和天津办理出国护照和签证手续。

7月　《浙江青年》（1935年第1卷第9期）发表钱学森署名文章《火箭》。

8月　出版的《音乐教育》（江西省推行音乐教育委员会编辑发行，1935年第3卷第8期）发表钱学森署名文章《机械音乐》。

8月20日　在上海乘坐"杰克逊总统号"邮轮赴美求学。9月3日抵达美国西雅图，随后前往位于波士顿的麻省理工学院办理入学手续，入读航空工程系。

1936年

4月　《音乐教育》（1936年第4卷第4期）以《美国通信》为题发表钱学森于1936年3月31日写给李元庆谈论国内和美国音乐现状的信。

9月　完成硕士毕业论文《湍流边界层研究》，并获得麻省理工学院航空工程硕士学位。

10月　前往加州理工学院航空系师从冯·卡门，开始博士求学生活。

1937年

年初　参加同学马林纳发起的火箭研究小组，担任理论设计师。

1938年

1月26日　在美国航空科学院第六届年会空气动力学分会上报告"可压缩流体边界层"。该报告是钱学森与导师冯·卡门合作研究的成果，后由冯·卡门与钱学森联名以《可压缩流体边界层》为题发表在《航空科学》（1938年第5卷第6期）。

6月7日　致函清华大学校长办公处，提出希望能够延长奖学金资助年限。

10月　《航空科学》（1938年第5卷第12期）发表钱学森署名论文《有攻角旋转体的超声速绕流》。

12月　《航空科学》（1938年第6卷第2期）发表钱学森和马林纳联合署名论文《以连续脉冲方式推进的探空火箭的飞行分析》。

是年　当选为西格玛赛学会（The Society Sigmax）会员。

是年底　完成博士论文《可压缩流体的流动以及反作用力推进》的写作工作。博士论文由四个部分组成：可压缩流体边界层，有攻角旋转体的超声速绕流，将Tschapligin变换应用于二维亚声速流动，以连续脉冲方式推进的探空火箭的飞行分析。

1939年

5月　通过博士论文答辩，并于6月9日获得加州理工学院哲学博士学位。

8月　《航空科学》（1939年第6卷第10期）发表钱学森署名论文《可压缩流体的二维亚声速流动》，即"卡门—钱近似方程"。

9月　经导师冯·卡门推荐留校，担任加州理工学院航空系助理研究员。

12月　《航空科学》（1939年第7卷第2期）发表冯·卡门和钱学森联合署名论文《球壳在外压下的屈曲》。此文是冯·卡门和钱学森承担美国民航局适

航性研究部资助的研究项目"加筋金属圆柱壳稳定性的一般准则"的成果。

1940年

1月　在美国航空科学院第八届年会结构分会上报告"曲率对结构屈曲特性的影响"。该报告是钱学森和冯·卡门、邓恩合作研究的成果，后由冯·卡门、邓恩和钱学森联合署名以《曲率对结构屈曲特性的影响》为题发表在《航空科学》（1940年第7卷第7期）。

是年　被聘为成都航空研究所委托研究员。8月成都航空委员会航空研究所技术报告第一号出版钱学森《对林博士论文的评论》，这是钱学森科学生涯中第一篇学术评论。12月由钱学森撰写完成的《高速度气流突变之测定》，作为成都航空委员会航空研究所研究报告第二号单行本出版。

是年　为加州理工学院设计弹道试验用的超声速风洞。

1941年

年初　收到姜丹书创作的国画《西湖一角》，国画上有姜丹书落款赠言："他日归来，湖山依旧。"

6月　《航空科学》（1941年第8卷第8期）发表冯·卡门和钱学森联合署名论文《圆柱壳在轴压下的屈曲》。

1942年

1月28日　在纽约举行的第十届国际航空科学年会上报告"薄壳的屈曲理论"。该文后以《薄壳的屈曲理论》为题发表在是年8月出版的《航空科学》（1942年第9卷第10期）。

2月　《航空科学》（1942年第9卷第4期）发表钱学森署名论文《带非线性横向支撑的柱的屈曲》。

3月19日　美国航空喷气公司成立，冯·卡门出任总经理，马林纳为司库，钱学森任公司顾问。

是年　美国军方委托加州理工学院举办喷气技术训练班，钱学森成为教员。

是年　《中国自然科学协会（美国西海岸）简报》（1942年第1卷）发表

钱学森的最新研究成果《通过部分绝热固壁的热传导》。

1943年

2月 《航空科学》（1943年第10卷第2期）发表钱学森署名论文《关于风洞收缩锥的设计》。

7月 《应用数学季刊》（1943年第1卷第2期）发表钱学森署名论文《剪切流中的Joukowsky对称翼型》。

9月1日 被加州理工学院聘为航空系助理教授。

是年 担任加州理工学院喷气推进实验室（JPL）喷气研究组组长。

1944年

暑假 被加州理工学院提升为讲师。

11月 位于华盛顿的美国国家航空顾问委员会以编号"No.961"出版钱学森技术报告《可压缩流体亚声速和超声速混合流动中的"极限线"》。

12月1日 美国国防部陆军航空兵科学咨询团正式成立，冯·卡门担任团长。钱学森经冯·卡门推荐成为咨询团成员之一，此后一段时间经常到华盛顿参加咨询团的会议。

是年 《中国工程院学报（美国版）》（1944年第2卷第1期）发表钱学森署名论文《压气机或涡轮机的扭曲叶片引起的损失》。

1945年

2月 《航空科学》（1945年第12卷第2期）发表钱学森和Lester Lees联合署名论文《格劳特-普朗特近似的可压缩流体的亚音速流》。

4月至6月 作为美国国防部陆军航空兵科学咨询团成员在德国、瑞士等国家调查飞机、火箭和炸弹等军事科学研究现状。6月20日回到美国后参与撰写《迈向新高度》。

4月 《应用数学季刊》（1945年第3卷第1期）发表冯·卡门和钱学森联合署名论文《非均匀流中机翼的升力线理论》。

7月1日 在加州理工学院讲授喷气推进课程。

11月1日　被聘为加州理工学院副教授。

1946年

2月13日　美国国防部陆军航空兵司令亨利·哈利·阿诺德致函表彰钱学森在撰写调查报告中的贡献。

4月　《航空科学》（1946年第13卷第4期）发表钱学森署名论文《原子能》。

6月17日　在五角大楼参加冯·卡门主持的美国国家航空顾问委员会第一次会议。

8月31日　受聘为麻省理工学院副教授。

10月　《美国声学学会杂志》（1946年第13卷第2期）发表钱学森和理查德·沙伯格联合署名论文《稀薄气体中平面声波的传播》。

10月　《数学与力学杂志》（1946年第25卷第3期）发表钱学森署名论文《高超声速流动的相似律》。

12月　《航空科学》（1946年第13卷第12期）发表钱学森署名论文《Superaerodynamics，稀薄气体力学》。

是年　美国国家航空顾问委员会以编号"No.995"出版钱学森和郭永怀合作完成的技术报告《可压缩流体二维无旋亚声速和超声速混合型流动和上临界马赫数》。

1947年

1月　《数学与物理杂志》（1947年第25卷第6期）发表钱学森署名论文《由van der Waals状态方程表征的气体的一维流动》。

3月　晋升麻省理工学院教授。麻省理工学院在钱学森的晋升评语中称他为一颗冉冉升起的"一等星"。

4月21日　获得美国司法部移民归化局颁发的永久居留证。

4月　《数学与物理杂志》（1947年第26卷第1期）发表钱学森署名论文《激波与固体边界交点附近的流动情况》。

5月13日和15日　在加州理工学院JPL举行的第54至55次探讨会上演讲

《利用核能的火箭及其他热力喷气发动机——关于多孔反应堆材料利用的一般讨论》。此次演讲内容于1949年收入爱迪生—韦斯利出版社出版的《核动力科学与工程》（第2卷第11章）。

7月　《应用数学季刊》（1947年第5卷第2期）发表钱学森署名论文《薄壳非线性屈曲理论中的下屈曲载荷》。

7月　清华大学向中央研究院提名院士候选人，钱学森名列数理组，从而入选中央研究院首届院士候选人。中国第二历史档案馆档案显示，钱学森未能进入下一轮评选名单。

7月至9月　回国探亲并于9月17日与蒋英在上海沙逊大厦举行结婚典礼。回国探亲之际，在浙江大学、交通大学和清华大学做"工程与工程科学"的主题报告。其中，钱学森在交通大学的演讲经整理后由《工程界》（1947年第2卷第12期）以《怎样研究工程科学和研究些什么》为题名发表。钱学森回到美国后再次总结凝练，以《工程和工程科学》为题发表在《中国工程学报（美国版）》（1948年第6卷）。

9月27日　钱学森先行从上海龙华机场乘坐泛美航空公司飞机返回美国。是年底，蒋英赴美团聚。

1948年

2月　被推选为全美中国工程师学会会长。

8月　《航空科学》（1948年第15卷第10期）发表钱学森署名论文《稀薄气体动力学中的风洞试验问题》。

9月29日　加州理工学院院长杜布里奇致函钱学森，聘请他担任加州理工学院古根海姆喷气推进中心主任。10月7日，复函加州理工学院院长杜布里奇接受聘请。

10月13日　儿子出生，取名永刚。

10月　《数学与物理杂志》（1948年第27卷第3期）发表林家翘、E.莱斯纳和钱学森联合署名论文《可压缩流体中细长体的二维非定常运动》。

1949年

1月24日至27日　在纽约举行的第十七届航空科学院年会上报告"亚声速和超声速平行流间的相互作用"。该报告是钱学森和芬斯顿合作完成的成果，后由钱学森和芬斯顿联合署名以《亚声速和超声速平行流间的相互作用》为题发表在《航空科学》（1949年第16卷第9期）。

1月　《航空科学》（1949年第16卷第1期）发表钱学森和贾德森·R. 巴伦联合署名论文《弱超声速流中的翼型》。

5月12日　当选为美国艺术与科学院院士。

5月14日　香港大学心理学教授曹日昌受"北方局"委托，起草邀请钱学森回国的信函。20日，由留美中国科学工作者协会美中区负责人葛庭燧将曹日昌教授的来信转寄钱学森。

7月　返回加州理工学院担任古根海姆喷气推进中心主任，同时担任"戈达德教授"。钱学森和蒋英将行李通过运输公司由波士顿寄到帕萨迪纳，他们携带年幼的钱永刚开车，途经康奈尔大学与西尔斯、郭永怀会面，后又到怀俄明州克鲁克县的国家公园等地游览。

12月1日　在纽约市Hotel Statler举行的美国火箭学会年会上宣读报告《Daniel and Florence Guggenheim喷气推进中心的教学和研究工作》。该报告后在1950年6月出版的《美国火箭学会杂志》（1950年第81期）上发表。《航空文摘》（1950年3月第60期）同时以《火箭和喷气推进的研究》为题进行摘登。钱学森参加美国火箭学会之后，又于12月1日至2日出席在纽约银行家俱乐部和古根海姆办公室举行的古根海姆基金会第二次会议。

1950年

4月　《应用数学季刊》（1950年第8卷第1期）发表钱学森署名论文《黏弹性介质Alfrey定理的推广》。

5月18日　美国陆海空三军人事安全局召开会议，决定取消钱学森涉密资格许可证。

初夏　向加州理工学院院长杜布里奇提交辞呈，并告知已做出回国决定。

6月26日　女儿出生，取名永真。

7月29日　致函美国国务院表达回国愿望，随后又于8月5日致函美国国际贸易服务协会，咨询回国之事。

9月6日　被美国司法部移民归化局拘禁在洛杉矶以南特米诺岛的监狱。9月23日，缴纳15000美元被保释出狱。

12月1日　出席在纽约举行的美国火箭学会一九五○年年会，并在会上报告《探空火箭最优推力规划》。该报告是钱学森和罗伯特·C.伊万斯合作研究的成果，后以钱学森和罗伯特·C.伊万斯联合署名以《探空火箭最优推力规划》为题发表在《美国火箭学会杂志》（1951年第21卷第5期）。

1951年

4月26日　美国司法部移民归化局做出钱学森"曾经是美国共产党员的外国人"和将其驱逐出境的判决。但后被要求暂缓执行"驱逐出境"命令，于是长期处于"驱而不逐"状态。

4月　加州理工学院院长杜布里奇恢复钱学森在加州理工学院的职务。

6月　《应用力学杂志》（1951年第18卷第2期）发表钱学森署名论文《火焰阵面对流场的影响》。

1952年

2月8日　美国司法部做出驱逐钱学森出境的决定，但是否执行指令仍需进一步等待。2月21日钱学森的辩护律师提起申诉，于11月26日被美国司法部驳回维持原判。

2月　《应用物理杂志》（1952年第23卷第2期）发表S.S.彭内、M.H.奥斯特兰德和钱学森联合署名论文《双原子气体辐射的发射率.Ⅲ.在300K、大气压及低光学密度条件下一氧化碳发射率的数值计算》。

5月2日　致函冯·卡门预言人类将乘坐火箭飞船旅行，以及电脑将在工程和工业领域起到革命性变化。

5月　《化学物理杂志》（1952年第20卷第5期）发表S.S.彭内和钱学森联

合署名论文《确定双原子分子转动谱线半宽度》。

6月 《美国火箭学会杂志》（1952年第22卷5至6月合刊）发表钱学森署名论文《火箭喷管的传递函数》。

6月 《美国火箭学会杂志》（1952年第22卷5至6月合刊）发表钱学森和郑哲敏联合署名论文《快速加热的薄壁圆柱壳的载荷相似律》。

8月 《美国火箭学会杂志》（1952年第22卷7至8月合刊）发表钱学森署名论文《一种用于比较垂直飞行的动力装置的性能的方法》。

8月 《美国火箭学会杂志》（1952年第22卷7至8月合刊）发表钱学森、T.C.亚当森和E.L.克努斯联合署名论文《远程火箭飞行器的自动导航》。

10月 《美国火箭学会杂志》（1952年第22卷9至10月合刊）发表钱学森署名论文《火箭发动机中燃烧的伺服——稳定》。

1953年

1月 《航空科学》（1953年第20卷第1期）发表钱学森署名论文《薄壁机翼受热载荷相似律》。

2月 《美国火箭学会杂志》（1953年第23卷1至2月合刊）发表钱学森署名论文《纯液体的性质》。

2月 《美国火箭学会杂志》（1953年第23卷1至2月合刊）发表钱学森署名论文《物理力学，一个工程科学的新领域》。

3月 本月起获得保释资格，但按照规定必须按月前往洛杉矶移民归化局报告行踪。

8月 《美国火箭学会杂志》（1953年第23卷7至8月合刊）发表钱学森署名论文《从卫星轨道上起飞》。

是年 获得本年度彭德雷航空航天著述奖。由于钱学森未领奖，该奖至今仍保留在加州理工学院。

1954年

8月4日 美国科学促进会致函钱学森拟吸收其为会员，钱学森于8月13日复函表示婉拒。

是年　完成《物理力学讲义》的编写工作。《物理力学讲义》是1954至1955学年钱学森在加州理工学院为研究生开设"物理力学"课程基础上编写的教材，共计13册。1962年《物理力学讲义》中文版在中国正式出版，此后又被译成俄文。

是年　《工程控制论》由美国麦克劳希尔图书公司出版。该书出版后销售一空，出版社于1955年再次加印销售。该书俄文版、德文版、中文版分别于1956年、1957年、1958年翻译出版。1957年钱学森以英文版的《工程控制论》获得"中国科学院1956年度科学奖金（自然科学部分）"一等奖。1980年《工程控制论》（修订版）出版。

1955年

6月15日　致函陈叔通，希望由中国政府出面帮助回国。

8月4日　美国司法部移民归化局宣布钱学森可以离开美国。钱学森翌日收到通知。

8月　《航空科学》（1955年第22卷第8期）发表钱学森和S. Serdengecti联合署名论文《峰值保持最优控制分析》。

9月17日　钱学森一家乘"克利夫兰总统号"邮轮从洛杉矶离开美国。10月8日抵达香港，是日晚抵达广州。10月12日抵达上海，与父亲钱均夫团聚。10月28日，抵达北京。

11月5日　国务院副总理陈毅接见钱学森，代表祖国欢迎钱学森归来。

11月至12月　由国务院安排前往东北考察。11月25日，中国人民解放军军事工程学院院长陈赓与钱学森商谈研制导弹事宜。

12月26日　国防部部长彭德怀接见钱学森，商谈研制导弹事宜。

是年　《喷气推进》（1955年第25卷）发表钱学森署名论文《高温高压气体的热力学性质》。

是年　纽约学术出版社出版的《应用力学进展》（1955年第4卷）收录钱学森的署名论文《庞加莱—莱特希尔—郭永怀方法》。

1956年

1月10日　被增补为全国政协委员。2月1日毛泽东宴请全国政协委员时,特别安排钱学森坐在身边,亲切交谈。

1月16日　被任命为中国科学院力学研究所所长。

2月17日　按照周恩来总理的意见撰写《建立我国国防航空工业意见书》。

3月　参加制定国家十二年科学技术发展远景规划,并担任综合组组长。

4月13日　担任国防部航空工业委员会委员,7月被任命为国防部导弹管理局第一副局长兼总工程师。

6月20日至7月21日　应苏联科学院邀请访问苏联。

10月8日　中央成立国防部第五研究院,并任命钱学森担任院长。

后 记

从2019年2月21日见韩建民院长、吴明华社长和肖真编辑,再经反复多次沟通写作方案,至5月31日交付书稿,前后约百天。虽然我的写作时间只有晚上和周末,但好在坚持下来了。我深知,此书绝非一日之功,而是过去近十年不断搜集和研究材料的成果。书中有些内容虽曾公开发表过,但按照本书主题重新编撰仍是一项系统工程。对我个人而言,写作是一次再学习的过程。

在写作过程中,我努力以大历史观和微观史学为指导,力图将钱学森置于"宏观历史"视野和"日常生活"空间两个维度做考察。为此,我在写作过程中始终坚持三条"故事线"并叙:第一条故事线是"科学自信",叙述钱学森如何经过科学觉醒和个人奋斗从普通学者成长为世界科学家;第二条故事线是"思想启蒙",展示钱学森如何树立"科学报国"初心并追求崇高的人生信仰;第三条故事线是"私人生活",描述钱学森如何实现财务自由以及他组建家庭后的生活。这三条故事线并非平行线,亦无主辅和明暗之分,而是在一定时空范围内交错发展,且往往在交错点上面临选择问题,因而演绎出人生起伏。

这次写作促使我对过往的零星研究做了整体思考,深刻地感受到钱学森的早年人生经历无不体现"科学报国"的初心,写完初稿再三通读之后,此种感受越发强烈。大道至简,用"科学报国"概括钱学森的求知岁月再恰当不过了。不仅如此，钱学森回国后的所有科学贡献和努力仍是这种初心的持续实践。这令我想起20世纪90年代初期钱学森与钱正英讨论中国水利问题时，曾建议钱正英能够"站在社会主义建设的全局的高度看问题"，完成整治水土流失和提高森林覆盖率的"历史使命"，"当一位建国的伟大功臣"。这又何尝不是钱学森的自勉呢！

但我又必须承认，在构建故事线过程中一直未能建立起一个较为清晰的脉络，即MIT和CIT两所大学在美国乃至世界航空航天发展过程中的作用，以及苏联和北约的航空航天发展史，以至于未能对钱学森在世界航空航天领域内的具体贡献做出精准判断。虽在写作接近尾声时想起钱学森藏书中有一本研究JPL发展历程的著作，但已然来不及消化吸收。同时由于交稿时间和篇幅之限定，写作过程中从不少"旧材料"中发现许多有价值的"新问题"，均无法展开深入探讨。这些遗憾只有待他日再补上了。其实，关于钱学森早年生平研究仍有诸多"悬案"，即便某些"定案"仍有探讨和研究的空间。例如，从科学史角度评价钱学森早年科学思想的价值问题便未有充足研究，等等。

我认为这本书应该是一项"集体成果"。何出此言？可以说，我的写作皆缘起于工作之便。这是因为作为个体的我入职上海交通大学钱学森图书馆之后，才有机会查阅到如此多的钱学森档案资料。若非此故，怎能有条件看到那么多国内外公私所藏的钱学森档案资料？我甚至有机会前往北京钱学森故居，并在钱学森的书房和卧室驻足遐想，从而给写作积累了丰富的体验。

当然，还有一个不可或缺的外在条件：钱学森图书馆诸位领导在单位内部积极营造出的学习和研究文化氛围。试想，若无此氛围，一个个体要想在工作上取得成绩，何其难也！因此，我要特别感谢钱学森图书馆的张凯馆长、盛懿书记和魏红副书记，为年轻人创造了积极向上和拼搏奋斗的工作环境，使我有了致力于研究的长久动力。而同史贵全、张现民两位钱学森研究专家的探讨，又经常产生"思想火花"，其中有些观点亦在此书中有所体现。此外，我还要感谢李红侠和李梦涵两位同志审阅书稿，李月白博士通读书稿后提出的建议均已采纳。不仅如此，我也要对钱学森图书馆筹建期间负责档案文献整理的前辈们表示感谢，正因他们的辛勤工作，使得后来者能够非常便捷地查阅档案资料。但需要说明的是，我对此书完全是文责自负。

另外，还要特别感谢钱学森的三位秘书：涂元季将军、顾吉环大校和李明大校。工作期间，有机会聆听他们作为钱学森身边工作人员的"口述"，在某种程度上缩短了我对钱学森的"距离"，真切地感受到人民科学家的魅力所在。"忘年交"陈大亚先生是我最钦佩的人，有关"何为事业"的讨论一直激励我前行，而在私人生活上的诸多关心，尽在不言中。借此机会，还要对欧七斤、姜玉平、熊卫民、张剑、段炼、金富军和朱俊鹏等几位前辈表示谢意。师姐方华得知我在写作，也给予了很多精神上的鼓励。

行笔至此，忽然想到晚年钱学森在思考"编辑系统工程与美学"之间的关系时，曾深入研究过"封面设计、排版、印刷等方面的问题"，并将编辑定性为一项"审美创造"工作，还饶有趣味地比喻说："（1）审文如行文；（2）编排如绘画；（3）成书成刊如构筑。"由此而言，应当真诚地感谢肖真编辑为此书付出的心血和努力，尤其是她从编辑视角给予了我不少写作上的启迪，并且在后续校稿过程中表现出的敬业精神令人赞佩。写作不久，便得知吴明华社长调往浙江出版联合集团任职，但此书能够出版与吴社长最初之决定不无关系，谨向他表示感谢。浙江科学技术出版社新任社长汤弘亮先生和总编辑章建林先生，未曾谋面，但从肖真编辑处得知两位领导对本书的编辑、出版给予了很大力度支持，同时更有韩建民院长前后费心联络和用心策划，均在此表示诚挚谢意。

最后，我还特别要感谢钱学森哲嗣钱永刚教授。在某种程度上，本书是钱永刚教授布置的一份"命题作业"。最初，钱永刚教授询问我能否完成写作任务时，我信心满满地回答没有问题。于是便有了后记开篇提及的约见和沟通写作方案的场景，但启动写作后却忐忑起来，担心无法按期完成。关键时刻，钱永刚教授给予巨大支持，给我一个容量多达10G的优盘。我打开优盘后产生的第一个念头便是：写作有底了！本书成稿之后，我又请钱永刚教授审读了一遍，通过其认可后方觉安心。

仍然记得八年前的一个夜晚，钱永刚教授来沪参加活动后，在陪同他回到住处的路上谈及如何研究钱学森的问题时，他建议不要"一口吃个胖子"，而是选定主题后逐步深入研究。于此之后，我在工作中摸索设计出一个宏伟的"钱学森研究三部曲"蓝图：钱学森家族史、钱学森早年生平和钱学森晚年思想。当然，蓝图之下还有具体计划。未料第一部研究成果即将杀青之际，第二部就先出版了。但接下来我的重心将会转移，尽力完成第三部"钱学森晚年思想"的研究计划。

最后，仍有一句想说的话：家人鼓舞是我写作的最大支撑！

2019年7月21日戌时于钱学森图书馆